AF482571

Cindy Coignard

LAS MILITANTES DEL POUM

Primera edición: febrero 2017

© Cindy Coignard
© de la traducción: Cristina Simó-Nin i Espinosa y Marta Giráldez Puvill
© de esta edición: Laertes S.L. de Ediciones, 2017
   C./Manso 44, 1º 1ª, 08015 Barcelona
   www.laertes.es / www.laertes.cat

Fotocomposición: JSM

Impreso en: ULZAMA

ISBN: 978-84-16783-22-9
Depósito legal: B-3782-2017

Impreso en la UE

CINDY COIGNARD

LAS MILITANTES DEL POUM

Traducción de Cristina Simó-Nin i Espinosa
y Marta Giráldez Puvill

ÍNDICE

INTRODUCCIÓN

Según Mercedes Yusta, la historia de la guerra civil española ha tomado últimamente un nuevo cariz[1] con la construcción del discurso de los «vencidos» y de las víctimas de la represión dictatorial. Gracias a esta «recuperación de la memoria histórica» se puede contar lo que nunca había salido a la luz, completar lo que se dijo e incluso rectificar la historia, parcial y sesgada, defendida por la dictadura del general Franco durante varias décadas: la guerra civil, vista como una «cruzada», servía de legitimación al régimen permitiéndole establecer *su* historia y la memoria «oficial» de la guerra.

La exhumación de este pasado enterrado arroja nueva luz sobre numerosos acontecimientos hasta hoy no reconocidos, incluso ignorados por gran parte de la población. Es el caso, por ejemplo, de la historia del POUM y, sobre todo, de las mujeres —bien militantes que ingresaron en el partido, bien simpatizantes— cuyas voces, acalladas en tantas ocasiones, empiezan a dejarse oír.[2] Hay quien ha querido y sigue queriendo olvidar, pero también hay quien ahora desea recordar en voz alta y contar lo que largo tiempo tuvo que guardarse para sí. Para algunos y algunas, no resultó fácil decidirse a testificar, a explicar las propias vivencias y experiencias. Tal es el caso de Emèrita Arbonès: en el testimonio que ofrece a Isabel Olesti en *Nou dones i una guerra* (2005), explica cómo, hablando un día del POUM con uno de sus nietos, éste le pregunta por qué no le había contado nunca nada de todo aquello, y ella responde: «Por miedo, como todo el mundo».[3] Así pues, en el exilio

---

1/   M. Yusta: Témoins, historiens et mouvement pour la «recuperación de la memoria histórica»: une nouvelle mise en récit de la guerre d'Espagne, en D. Corrado, V. Alary: *La Guerre d'Espagne en héritage. Entre mémoire et oubli (de 1975 à nos jours)*. Clermont Ferrand, 2007, pp. 57-68.

2/   Los testimonios de militantes del POUM comienzan realmente a salir a la luz a mediados de los años 1970.

3/   E. Arbonès en I. Olesti: *Nou dones i una guerra*. Barcelona, 2005, p. 144.

había que ser discreto; el POUM era perseguido, incluso en la Francia de finales de los años 1960, como nos cuenta Maria Teresa Carbonell en una entrevista:

> Es decir que allí [en Francia] la situación fue muy delicada porque si eras extranjero y te cogía la policía, te expulsaba del país, y él [Wilebaldo Solano] todavía era refugiado, o sea que en esto tuvo que ser muy prudente. Y nosotros, por ejemplo cuando había una manifestación y estábamos en la manifestación e iban a hacer algo determinado, nos íbamos; porque si la policía te cogía, puede que te metiera en la cárcel o puede que no, pero a nosotros nos enviaban al país de Franco. O sea que había que ser muy prudente.[4]

Pero son muchos los testigos de la guerra civil española, a menudo veinteañeros en la época, que desaparecen llevándose a la tumba valiosos recuerdos y datos. Tal como Manuel Alberich decía a Isabella Lorusso cuando ésta lo visitó, en 1995: «Muchos de nosotros rondamos los ochenta. A lo largo de los años, cada vez que alguien "se va" deja un gran vacío interior en los demás. Cuando muere uno de nosotros, es como si muriéramos todos un poco; es como si viniera a faltarnos algo a todos».[5] Aunque para algunos el peso del pasado puede ser opresivo y paralizante, conocerlo es esencial. Comprender el pasado puede tener relevancia social porque enseña a no repetir ciertos errores y a entender mejor la sociedad en la que vivimos, con sus inevitables evoluciones y cambios.

Los primeros estudios realizados sobre el POUM, en la segunda mitad de los años setenta, son obra de militantes como Víctor Alba, que publica un libro en dos volúmenes (*El marxisme a Catalunya*, 1974), o de investigadores como Pelai Pagès (*El movimiento trotskista en España 1930-1935*, 1977), Nelly Garcia (*Le POUM: de septembre 35 à juin 37*, memoria de máster, 1975) u Olivier Bertrand (*Le POUM 1917-1939, étude bibliographique*, memoria de máster, 1980).

En las décadas siguientes esta actividad se enriquece y multiplica, pero haremos notar que todos los trabajos y textos aparecidos hasta la fecha ofrecen más bien un punto de vista y un análisis puramente políticos en el sentido amplio: se centran principalmente en la construcción del partido y su ideología, su entrada en el Frente Popular y

---

4/   Entrevista con W. Solano y M-T. Carbonell. Fontenay-sous-Bois, 08.01.2009.
5/   M. Alberich en I. Lorusso: *Spagna'36.* Roma, 2009, p. 117.

los conflictos que surgieron en el momento de la revolución española y de la guerra civil (con el PSUC, por ejemplo); en las figuras de Andreu Nin y de Joaquim Maurín y en las relaciones del partido con la CNT (Confederación Nacional del Trabajo); o también en el proceso al POUM en 1937.

A partir de los años noventa ven la luz memorias de militantes (hombres y mujeres) que serán esenciales para profundizar en el conocimiento de la historia del POUM, así como compilaciones de testimonios de militantes, del POUM y de otros partidos, como *Nou dones i una guerra* (2005), *Dones republicanes* (2006) o también *Veus de l'exili* (2007). Pero si bien se trata de fuentes importantes, a menudo presentan testimonios pero no van más allá de un esbozo de estudio. Asimismo, la Fundación Andreu Nin compiló un dosier titulado *El POUM i la problemàtica de la dona* que recoge documentos capitales de la época (escritos, páginas de periódicos, testimonios), pero, una vez más, no se propone ningún análisis de estas fuentes primarias.

Hasta hoy, nos consta un solo trabajo centrado en este tema y con ánimo global de síntesis: la memoria de Yasmine Dehny *Les femmes du P.O.U.M.*, realizada en 1986 en Grenoble bajo la dirección de Pierre Broué. Ciertamente, hallamos nombres de mujeres y rastro de sus actos en los trabajos antes mencionados, así como en obras más generales sobre las mujeres durante la guerra civil, como en Mary Nash, *Mujer y movimiento obrero en España 1931-1939* (1981) y *Rojas: las mujeres republicanas en la guerra civil* (1999); pero esto no rinde cuenta suficiente del papel que tuvieron las mujeres en el seno del partido y en la sociedad.

Jordi Gordon realizó recientemente, en 2011, un documental titulado muy acertadamente *Doblemente olvidadas. Mujeres del POUM*. El film, de unos quince minutos, subraya la presencia de las mujeres en la guerra civil española y, sobre todo, el papel del Secretariado Femenino del POUM y de su órgano de prensa, *Emancipación*. Tres militantes —Mika Feldman, Maria Teresa Carbonell y Teresa Rebull— cuentan los hechos clave de los años 1936-1937. Dicho documental, a nuestro entender, está más cerca del homenaje que del estudio en profundidad y mantiene un punto de vista generalista sobre la cuestión de las mujeres en el POUM.

Ante este vacío en la historia obrera y también en la historia de las mujeres, nos parecía necesario, por un lado, completar la historia del POUM, todavía parcialmente ignorada, y, por otro, cuestionar la emancipación y la politización de las mujeres del partido en situación de crisis, de guerra o de exilio en el seno de un movimiento revolucionario de extrema izquierda.

A veces, la apertura tardía de distintos archivos así como las restricciones de acceso a ciertos documentos ponen trabas a los procesos de investigación. Era —y sigue siendo, en parte— el caso de los archivos de Moscú,[6] abiertos en 1991 pero siempre de difícil acceso. A ello hay que añadir el hecho de que muchos archivos privados son aún inaccesibles y que la investigación no puede, en consecuencia, avanzar más que a merced de los descubrimientos de documentos personales conservados generalmente por antiguos militantes, miembros de la familia o amigos. Es sabido, además, que «aunque se hayan analizado todos los archivos sobre un tema, si sometemos nuestras fuentes a una serie distinta o más ajustada de preguntas, hallaremos con toda probabilidad respuestas nuevas que cambiarán nuestra visión del acontecimiento estudiado».[7] Partiendo de estas consideraciones, queda por dilucidar si el POUM tiene realmente un espacio que ocupar en este conjunto. Perseguido por Franco, rechazado por Moscú (y en consecuencia perseguido por los comunistas catalanes del PSUC) y muy debilitado en el exilio, el partido parece haber caído en el olvido, voluntario para unos, necesario para otros. ¿Quién se encargará, pues, de escribir la historia del POUM, la historia de quienes perdieron doblemente (la guerra civil española y la guerra interna en el bando republicano)? Tras varias décadas está saliendo a flote la historia de los vencidos para contrarrestar la historia de los vencedores, cuyo monopolio detentaron largo tiempo; pero sigue habiendo olvidados en la historia de los «perdedores».

La documentación sobre las mujeres del POUM es poco abundante en los archivos, y la dispersión geográfica de las fuentes implica muchos

---

6/   Para más información, véase B. Bayerlein, G. Mouradian, B. Studer, S. Wolikow: «Les archives du Komintern à Moscou», *Vingtième Siècle. Revue d'histoire*, n.°61, enero-marzo 1999, pp. 126-132.

7/   J. Aróstegui, F. Godicheau (eds.): *Guerra Civil. Mito y Memoria*. Madrid, 2006, p. 20.

viajes y dificulta el trabajo de campo. Las fuentes primarias versan en gran parte sobre la organización del partido, la ideología y los problemas surgidos con los comunistas del PSUC y de Moscú; pero como los silencios dicen en ocasiones más que las palabras, nos hemos preguntado sobre el vacío de informaciones y documentación a propósito de las mujeres marxistas.

En general, los libros que no tratan del partido tienden a confirmar la teoría de la nula (o escasa) implantación del POUM en según qué regiones. Por ello hemos restringido nuestro estudio a aéreas geográficas concretas (en Cataluña: Girona, Barcelona, Sabadell y Lleida, principalmente). Durante la Segunda República y la guerra civil, Cataluña era la plaza fuerte del partido marxista, de modo que nos detendremos sobre todo en esta zona. Las áreas de Valencia y Madrid fueron asimismo bastiones importantes del POUM y se sabe que también existían núcleos en Galicia, Asturias, el País Vasco y Extremadura. Los hechos históricos pueden explicar la falta de documentación al respecto: resulta que Extremadura y Galicia caen rápidamente en manos de los franquistas (a partir de agosto de 1936); en Galicia, el hecho de que Joaquim Maurín —uno de los dos líderes del partido— caiga prisionero debilita sin duda la militancia; en cuanto a los milicianos extremeños (en particular los de Llerena), huyen hacia Madrid para integrar la brigada motorizada del POUM dirigida por Mika Feldman. Por otro lado, conviene señalar que la mayor concentración de fuentes y de datos referentes al POUM se encuentra en Cataluña.

La consulta de la prensa del POUM es un elemento clave en la documentación, y una fuente esencial para la investigación. Aunque a veces resulta difícil de localizar, en razón del largo trabajo de puesta al día de los catálogos en los archivos, proporciona informaciones de diferentes tipos, como nombres o pseudónimos de militantes, cosa que nos ha permitido, para empezar, establecer la que es hasta la fecha la lista más exhaustiva de las mujeres del POUM. Por otro lado, el análisis en profundidad de la prensa es esencial, puesto que permite captar el punto de vista de las mujeres expresado en sus artículos, así como establecer estadísticas sobre la proporción de colaboraciones escritas y firmadas por mujeres. La prensa del POUM (mayoritariamente publicada durante la guerra civil y en catalán) es, pues, utilizada a este título no como objeto de estudio sino como fuente.

Los testimonios orales son igualmente de capital importancia. Hay quien desconfía de la historia oral por ser demasiado subjetiva y, a veces, poco fiable; pero como aportación complementaria es de innegable valor. No se trata de escribir otra historia, como a veces se ha afirmado, sino de recuperar el testimonio de personas hasta ahora sin historia reconocida, y de *recuperar los vestigios de un pasado que no ha quedado reflejado en documentos,*[8] cosa particularmente exacta en la historia del POUM. Es cierto que la memoria está sujeta a omisiones, a la selección, a errores de fechas o de hechos históricos, etcétera; pero hemos podido comprobar que ciertos recuerdos resultan muy exactos y verídicos. Además, los documentos escritos están igualmente expuestos a errores y falsificaciones. En el caso de un partido hay que tener en cuenta una memoria colectiva reconstruida de manera coral, ya que cada memoria individual es un punto de vista sobre la memoria colectiva. Aunque vividos de manera distinta, los sucesos cobran así más relieve; algunos puntos de referencia comunes pueden tener distintos significados. La memoria es selectiva y cada cual escoge y preserva lo que le marca, o tal vez aquello cuya huella quiere conservar.[9] Las entrevistas son una manera de hacer revivir una historia acallada durante largo tiempo, preservada solo en el ámbito privado o familiar; una historia, en definitiva, clandestina.

Este estudio pretende pues colmar algunas lagunas históricas y ofrecer una visión de las mujeres del POUM, su compromiso y su militancia. Se estructura en tres partes, según la lógica cronológica:

La primera parte trata el período de pre-guerra civil y presenta el POUM en un contexto español e internacional, su construcción, sus reivindicaciones y su posicionamiento en relación a la cuestión femenina. Nos remitiremos a los principios de la militancia femenina dentro del POUM para pasar a analizar el proceso de socialización de las futuras militantes. A continuación trataremos de dilucidar cómo entendieron esas mujeres el paso a un régimen democrático con la proclamación de la Segunda República en 1931, así como su eventual compromiso frente a la Revolución de Octubre de 1934, ejemplo de revolución obrera por excelencia en España. Esta primera parte pretende fijar las bases teóricas sobre las que se asentaba el POUM.

8/   P. Folguera: *Cómo se hace historia oral.* Madrid, 1994, p. 91.
9/   M. Halbwachs: *La mémoire collective.* París, 1997, p. 77.

La segunda parte se centra en las actividades de las mujeres del POUM durante la guerra civil española, principal período de militancia, como por ejemplo en el Secretariado Femenino del POUM entre 1936 y 1937. Algunas fueron al frente como milicianas, otras ocuparon puestos de responsabilidad en organizaciones municipales; en la retaguardia las actividades fueron múltiples: Socorro Rojo, prensa, radio. No hay que olvidar el gran trabajo del partido, especialmente en Girona, en el terreno de la enseñanza, ámbito que ha resultado ser un excelente laboratorio de análisis para la presente investigación, ya que un gran porcentaje de militantes provenía de este ámbito profesional y daba prioridad a los temas relativos a la educación.

La última parte narra la supervivencia del POUM hasta 1980 (fecha de la disolución oficial del partido) y el devenir de aquellas mujeres que, después de la guerra española, se siguen definiendo mayoritariamente como militantes del partido marxista. Veremos cómo el POUM sobrevivió a la doble persecución de que fue víctima: la de los nacionalistas españoles y la de los comunistas de Moscú; cómo la mayoría de los militantes tuvieron que exiliarse, en Francia o en América Latina; cómo siguieron militando las mujeres y en qué medida evolucionaron las relaciones en el conjunto de la militancia de ambos sexos.

CONSTRUCCIÓN DE UN PENSAMIENTO POLÍTICO

Contextualización

Antecedentes

La creación del partido puede atribuirse principalmente a la acción de dos grandes militantes: Joaquim Maurín y Andreu Nin, dirigentes respectivos del *Bloc Obrer i Camperol* (Bloque Obrero y Campesino, BOC), creado el 1 de marzo de 1931, y de la oposición de izquierdas, Izquierda Comunista Española (ICE), creada en mayo de 1931. Aun siguiendo en un primer momento vías distintas, parece que ambos persiguen objetivos similares: defender la Revolución rusa e introducir el marxismo revolucionario en España. Por otra parte, coinciden a principios de 1934 en el seno de la Alianza Obrera,[10] formada por diferentes fuerzas políticas de izquierdas para hacer frente a las medidas consideradas contrarrevolucionarias del gobierno de la CEDA (Confederación Española de las Derechas Autónomas) que accede al poder en las elecciones de noviembre de 1933. Esta alianza nace en Cataluña por iniciativa del BOC y se extiende después al resto de España, reagrupando fuerzas políticas como la UGT (Unión General de Trabajadores), el PSOE (Partido Socialista Obrero Español) y las Juventudes Socialistas, así como la CNT (Confederación Nacional del Trabajo) en Asturias, lo que constituye su fuerza en esta región, la única donde fue posible una revolución, en octubre de 1934, conocida bajo el nombre de Revolución de Asturias.

De esta alianza nace el POUM en septiembre de 1935. Entre los principales problemas que el partido se propone resolver, uno de los que

10/   W. Solano: *Le POUM: Révolution dans la guerre d'Espagne.* París, 2002, p. 37.

aparecen brevemente en el programa, en una enumeración de «conquistas democráticas» a conseguir, es el problema de la emancipación de la mujer:

> El proletariado debe convertirse en el heraldo verdadero de las conquistas democráticas. Ha de ser el gran libertador que aporte la solución ansiada a los problemas de la revolución democrática: tierra, nacionalidades, estructuración del Estado, liberación de la mujer, destrucción del poder de la Iglesia, aniquilamiento de las castas parasitarias, mejoramiento moral y material de la situación de los trabajadores.[11]

Influencia de la Revolución rusa

El mayor obstáculo para Andreu Nin y Joaquim Maurín en la década de 1930 es la ausencia de un verdadero partido comunista, independiente, de masas, capaz de llevar a bien la revolución. En su libro *Los hombres de la Dictadura,* escrito en 1930, Maurín estima que los republicanos dejaron escapar la ocasión de proclamar la República en 1909, cuando la Semana Trágica, y en 1917, fecha en la que Cambó ataca la monarquía pero acaba retrocediendo y aliándose a las fuerzas de Sánchez Guerra. Es interesante la concepción y el análisis marxista que hace Maurín en este libro. Según él, el peligro real radica en que las masas obreras se dejen seducir por los republicanos y los socialistas. Preconiza que las masas obreras ayuden a la República en un primer momento y sin dejarse engañar por las promesas del gobierno, para acabar tomando las riendas de la revolución. Además, según Maurín, «no se trataba solamente de acabar con la monarquía sino que también había que conquistar la distribución de la tierra entre las masas rurales, lograr la autodeterminación de las minorías nacionales, romper el poder de la Iglesia y desmantelar el ejército».[12] No bastaba con que el rey se fuera de España, ya que:

> La monarquía no es el rey sino todo lo que encarna. La fuerza de la Corona, su vitalidad, a pesar de todos los contratiempos, reside en su valor representativo. La monarquía es una sociedad anónima de la cual los principales accionistas son la Iglesia, el militarismo, las oligarquías financieras, el Banco de España, la aristocracia, los grandes latifundistas y los altos

11/   *¿Qué es y qué quiere el POUM?,* febrero de 1936.
12/   A. Durgan: *El BOC...*, *op. cit.,* p. 68.

dignatarios del aparato del Estado. Hay que abatir la monarquía en su totalidad. Y esto no puede hacerse sin una profunda revolución.[13]

Para muchos, la situación en España es comparable en varios puntos a la de la Rusia zarista, cosa que contribuye a desarrollar una cierta simpatía por la Revolución rusa, abre nuevas expectativas e incita a la lectura de las obras de Lenin y Trotski. Es el caso de Joaquim Maurín, que entra en contacto con la CNT de la mano de Salvador Seguí y evoluciona después «del anarco-sindicalismo al comunismo entre 1919 y 1936», como reza el título del libro de Yveline Riottot.[14]

Auge de los comunismos en Europa y en España

La década de 1920 se caracteriza por el ascenso progresivo del comunismo a medida que crece la oposición de ciertos grupos frente a la socialdemocracia después de la Revolución de Octubre de 1917. En 1918 nace el Partido Comunista finlandés, seguido, entre 1918 y 1921, por el Partido Comunista austriaco, el Partido Comunista húngaro y después el polaco, el lituano, el noruego, el yugoslavo, el griego, el checoslovaco, el británico, el italiano y el portugués. El Partido Comunista Español nace, el 14 de noviembre de 1921, de la fusión de un primer PCE (surgido en 1920) y del PCOE (Partido Comunista Obrero Español). Lo fundan, entre otros, Antonio García Quejido, que había sido una de las grandes figuras del PSOE (Partido Socialista Obrero Español) pero que había decidido abandonarlo por motivo de divergencias políticas. El 15 de marzo de 1922 el partido celebra su primer congreso en Madrid.

Joaquim Maurín escribe virulentos artículos contra la dictadura de Primo de Rivera en *Talión,* semanario republicano publicado en Huesca, y se integra en un movimiento más general —anticlerical, pro republicano y antimonárquico— de jóvenes revolucionarios contrarios a la guerra de Marruecos y a la Primera Guerra Mundial. Poco a poco se va acercando al marxismo y se instala en Lleida, donde entra en contacto con el republicanismo político, las ideas pedagógicas de la Nueva

---

13/   J. Maurín: *Los hombres de la dictadura,* citado por V. Alba en *Histoire du POUM, op. cit.,* pp. 38-39.

14/   Y. Riottot: *Joaquín Maurín. De l'anarcho-syndicalisme au communisme (1919-1936).* París, 1997.

Escuela de Ferrer i Guàrdia y la Escuela Horaciana de Pau Vila, institución laica y anarquizante, hecho importante teniendo en cuenta que Andreu Nin era también maestro (en una escuela horaciana) y que el POUM (y particularmente las mujeres) orientarían buena parte de su política hacia la escuela y la enseñanza.

Joaquim Maurín y Andreu Nin asisten al segundo congreso de la CNT, que tuvo lugar del 10 al 18 de diciembre de 1919 en Madrid, con ánimos de reforzar la influencia del sindicalismo y unir las diferentes tendencias revolucionarias. El 28 de abril de 1921 una delegación española es enviada a Moscú, al congreso de la ISR (Internacional Sindicalista Roja, llamada también Profintern en ruso); esta delegación, a la que se ha encomendado que se alinee con la política de la ISR sin subordinarse, sin embargo, al gobierno ruso, está constituida por Joaquim Maurín, Andreu Nin, Hilario Arlandís, Pere Bonet y Jesús Ibáñez. A su regreso, Joaquim Maurín ocupará provisionalmente el cargo de secretario del comité nacional de la CNT (Andreu Nin se ha quedado en Moscú para completar su conocimiento del movimiento obrero) y continúa desarrollando sus teorías y perfeccionando su formación personal, que entiende como preparación para la revolución española, que habrá de contribuir a la emancipación del proletariado a escala internacional. Se desmarca así de la ideología antimarxista de Stalin, materializada en 1928 en lo que el dictador ruso llama el «Tercer período» del Komintern (Internacional Comunista), cuyas principales directrices son: «clase contra clase» y una política destinada a servir los intereses nacionales de Stalin gracias al «socialismo en un único país». Pero esta teoría contradice lo expresado por Lenin y Trotski y suscrito por Nin y Maurín. La revolución socialista debe tener un carácter internacional y complementario; Lenin no cesa de repetir que no se trata de «copiar a los rusos», que en Occidente «se hará mejor»,[15] que «sería una equivocación no tener en cuenta que, después de la victoria de la revolución proletaria, aunque sea en solo uno de los países avanzados, se producirá, según toda probabilidad, un cambio brusco, y, al poco, Rusia dejará de ser un país modelo para quedarse rezagado (desde el punto de vista "soviético")».[16] Nin señala las diferencias entre las cir-

---

15/   Citado por W. Solano: *Le POUM. Révolution dans la Guerre d'Espagne, op. cit.*, p. 61.

16/   Lenin: *La Maladie Infantile du Communisme.* París, 1963, p. 8; escrito en 1920.

cunstancias pre-revolucionarias en España y la Revolución rusa. Por un lado, en España la experiencia política tiene más abolengo: las primeras organizaciones obreras se remontan a 1868-1874, mientras que el partido bolchevique proviene de la socialdemocracia rusa de 1898; por otro lado, para Nin la dictadura del proletariado no se traduce en el dominio de una sola organización sino en la alianza de todos los trabajadores sin excepción.[17]

Cuando Maurín es detenido y enviado a prisión en 1922, los dirigentes de la CNT rompen con la Profintern, marcando así el fin del acercamiento internacional de anarquistas y comunistas. Por consiguiente, Maurín, Bonet, Arlandís, Nin e Ibañez, deseosos de mantener esta afiliación, crean en el seno mismo de la CNT los CSR (Comités Sindicalistas Revolucionarios), una especie de grupos de presión dentro del anarco-sindicalismo destinados a aglutinar los simpatizantes comunistas a fin de crear un frente único revolucionario, ganarse la confianza de los trabajadores y acceder de nuevo a la dirección de la CNT. Durante la dictadura de Miguel Primo de Rivera queda anulado el derecho de reunión de los CSR, y *La Batalla* (órgano de prensa de los Comités en esta época) conoce la censura, como muchos otros periódicos. Sin embargo, el régimen se muestra tolerante con las editoriales: los obreros se instruyen a través de las lecturas marxistas en bibliotecas y ateneos, y asisten a reuniones clandestinas que desafían la represión dictatorial.

En 1924, los sindicalistas catalanes crean a instancias de Maurín la FCCB (Federació Comunista de Catalunya i Balears) dentro del PCE (Partido Comunista Español), en cuyo seno las crisis internas monopolizan todos los esfuerzos y obstaculizan cualquier intento de intervención política. La progresiva subordinación a las directrices de Moscú y la consiguiente burocratización no hacen sino empeorar las cosas; Joaquim Maurín se opone inmediatamente a la expulsión arbitraria de miembros del partido y a los nuevos métodos, que pueden ser calificados de dictatoriales. La FCCB se posiciona como disidente y se distancia progresivamente de la dirección del PCE «oficial». Joaquim Maurín da testimonio de este período de crisis entre los comunistas españoles:

17/   R. Tosstorff: *El POUM en la revolució espanyola.* Barcelona, 2009, pp. 107-108.

> Nosotros opinábamos que era necesario continuar la política que había-
> mos iniciado, es decir, proseguir la acción contra la Dictadura y, al mismo
> tiempo, concentrar en Cataluña la actuación principal del partido: [den-
> tro del PCE] se expulsó a camaradas excelentes que, aun admitiendo que
> sostuvieran tesis equivocadas, no dejaban, sin embargo, de ser elementos
> valiosísimos. Las Federaciones fueron trituradas implacablemente. Se des-
> tituían los Comités a capricho del grupo de dictadorzuelos infatuados. En
> una palabra, el partido era «bolchevizado»...[18]

En esta época Maurín no critica la URSS abiertamente para no gran-
jearse las iras de Moscú, pero más tarde (en febrero de 1932) declarará
que la degeneración de la Internacional Comunista había empezado
con la muerte de Lenin, en enero de 1924, o sea con Nikolái Bujarin,
que se había alineado con la política de Stalin un año antes, y después
con Zinóviev. Es así como, a finales de los años veinte, la regeneración
del PCE desde dentro parece imposible y la escisión, inevitable: el 2 de
noviembre de 1928 un grupo de hombres abandonan la FCCB y crean
en Lleida el PCC (Partit Comunista Català) en torno a Jordi Arquer y
Víctor Colomer, militantes de formación marxista. En 1930, mientras
la dictadura de Miguel Primo de Rivera llega a su fin, hay en España
—y en Cataluña— dos partidos comunistas que no siguen la disciplina
de la Internacional: la FCCB y el PCC, que contabiliza ya entre 200 y
250 militantes.

Primeros pasos hacia la unión del marxismo disidente

El 23 de octubre de 1930, Andreu Nin, de nuevo en España, detalla
a Trotski la situación: el PCE no tiene fuerza; la FCCB es influyente
en Cataluña, Valencia y Asturias pero está excluida del PC oficial; el
PCC domina en Lleida y está presente en Barcelona, Sabadell y Sitges;
y la oposición de izquierdas (la ICE), a la que pertenece Nin, también
carece de fuerza.

Simultáneamente se habla de una fusión entre la Federación (FCCB)
y el PCC para romper oficialmente con el PCE. Aunque Maurín espera
que Nin se sume al nuevo partido, este último se siente dividido: la
creación del nuevo organismo le tienta, pero sus relaciones con Trotski

---

18/   J. Maurín: *El Bloque Obrero y Campesino*. Barcelona, 1932, pp. 13-17. Citado
por V. Alba en su libro *Histoire du POUM, op. cit.*, p. 27.

le hacen dudar, aun a sabiendas de que su experiencia en la URSS es esencial, salvando las distancias y la total divergencia entre la situación española y las ideas de la Internacional. Nin, además, es consciente de que el grupúsculo trotskista que dirige en la Península ibérica es demasiado débil numérica y políticamente para tener una participación activa.

El 1 de marzo de 1930 se materializa la fusión entre la FBBC y el PCC, de la que nace un nuevo partido, de corte marxista: el BOC, nombre que funciona tanto en catalán como en castellano. Al partido se le reprochará ser demasiado catalanista, cosa que rebate el militante marxista Víctor Alba: si bien es cierto que, en sus inicios, la afiliación estaba localizada sobre todo en Cataluña, no es menos cierto que el proletariado catalán contaba con una mayoría de los inmigrantes de lengua castellana; por ende, el BOC contaba extenderse a toda la península. El nuevo partido acoge buen número de jóvenes militantes formados bajo la dictadura de Primo de Rivera, es decir, sin demasiada experiencia política o sindical, pero también cuenta con algunos «veteranos» cenetistas o comunistas provistos, ellos sí, de una gran experiencia. Los militantes apuestan por la formación mutua y continua mediante periódicos, libros, discusiones y diversas actividades; siguen las ideas de Marx pero adaptándolas a la situación española, puesto que las entienden como un modo de ver las cosas, no como un dogma, y se trata de aprender tanto de Marx como de la propia experiencia. Es precisamente partiendo de esta óptica que intentaremos evaluar la importancia del marxismo en la construcción del partido y especialmente en su forma de abordar la cuestión femenina. El POUM es un partido obrero por su nombre pero también por su composición: en sus filas hallamos ciertamente intelectuales, abogados, médicos, estudiantes, pero nueve de cada diez afiliados son obreros. En cuanto a la representación por sexos, aun siendo pocas, hay más mujeres en el BOC que en otras organizaciones políticas (a excepción de las anarquistas). La sección femenina se crea «no para que las mujeres militen en ella, puesto que ya lo hacían en las células, codo a codo con los hombres, sino para aproximarse a las mujeres no afiliadas e intentar politizarlas, abordando con ellas sus problemas de amas de casa, de esposas de obrero, de jóvenes obreras».[19] Sin embargo,

---

19/   V. ALBA: *Histoire du POUM, op. cit.*, p. 57.

Víctor Alba añade que este 10% aproximado de mujeres en el partido se debía a que «el militante del BOC tendía a llevar a las conferencias y a los mítines a la novia, la mujer o las hijas, que a su vez se convertían poco a poco en militantes».[20] Esta afirmación nos interesa particularmente y volveremos a ella con más detalle, ya que conviene estudiar de qué modo se construyen las mujeres del POUM, cómo llegan a ser militantes (y si lo son, realmente), y en qué medida puede decirse que participan en la política del partido. Sobre todo, ¿puede afirmarse que la estructura femenina era una rama del POUM, o más bien un organismo aparte?

Si bien el BOC se asentaba en las ideas de Marx, recogía también las teorías de uno de sus discípulos, Lenin, especialmente en lo tocante a su visión de la revolución, resumida en tres elementos principales: una clase dirigente desmoralizada; unas clases explotadas conscientes de que solo una revolución podrá resolver sus problemas; y un partido capaz de dirigir estas clases. Para Maurín, este tercer elemento es difícilmente realizable en vista de lo delicado de los posicionamientos del BOC, que le hacen aparecer, a principios de los años treinta, como un partido a contracorriente:

> El Bloque no ofrecía perspectivas a los ambiciosos impacientes. Su posición no era fácil: comunista, pero fuera de la Internacional Comunista; revolucionario y obrero, pero afirmando momentáneamente la necesidad de una revolución demócrata-burguesa; partidario de la República, pero empeñado en evitar que la gente quedara deslumbrada por ella; marxista, adversario pues del anarquismo, pero trabajando en la CNT; internacionalista, pero pidiendo el derecho de las nacionalidades a disponer de sí mismas.[21]

El fin de la dictadura de Primo de Rivera en un contexto de crisis económica, social y política precipitará los acontecimientos. Después de la dimisión del dictador, el rey Alfonso XIII, en un infructuoso intento de salvar la situación, nombra jefe del gobierno al general Dámaso Berenguer. Ante la creciente presión de intelectuales, de republicanos,

20/   V. Alba: *El marxisme a Catalunya, 1919-1939, vol. I: Història del BOC.* Barcelona, 1974, p. 117.
21/   V. Alba: *Histoire du POUM, op. cit.,* p. 51.

de las burguesías vascas y catalanas, del PCE y de los partidos dinásticos, convoca elecciones el 12 de abril de 1931.

Los republicanos obtienen mayoría en casi todas las ciudades, y el rey se ve obligado a abandonar el país. Dos días después, el 14 de abril de 1931, se proclama la República. El BOC cuenta entonces con 1.000 militantes aproximadamente; en agosto de 1931, según Joaquim Maurín, ya son 4.000.[22] Estas cifras, sin duda revisadas al alza, reflejan en todo caso la creciente influencia del BOC en el país.

El 6 de junio de 1931, Lola Cos Roget expone en *Avant* —periódico de izquierdas que apoyará al BOC y será su órgano de prensa en 1933, como lo será posteriormente del POUM, en 1936— el trabajo que queda por hacer:

> Las columnas más visibles y representativas que sostienen el edificio de la monarquía española, convertida hace tiempo ya en sinónimo de tiranía, han desaparecido. La República las ha derribado. Pero el edificio del sistema monárquico, que no se aguantaba solo por las decorativas columnas de la familia real, continúa aún en pie. Sería absurdo pretender que los hombres que forman el gobierno provisional de la República hubiesen intentado, de un golpe de guillotina, hacerlas caer. No, la sangre ensucia siempre las manos de los que la vierten y los incapacita eternamente para toda redención. Además, su eficacia es muy discutible.[23]

Pese al cambio de gobierno, el descontento obrero no cede y, a decir del BOC, el poder practica en ocasiones el mismo grado de represión que durante la dictadura de Primo de Ribera,[24] razón por la que urge que el proletariado se organice. Sin embargo, no parece que haya organización alguna, exceptuando el BOC, dispuesta a desafiar la República. El gobierno encarga a las Cortes la redacción de una nueva legislación, cosa que, a entender del BOC, trastoca la lógica de las cosas: primero hay que debatir con el pueblo para, después, legislar. Esta posición atrae a numerosos militantes, y en dos meses el partido dobla la afiliación (que ronda por entonces los 1.400 miembros).[25] De cara a la

---

22/ *La Batalla*, 13.08.1931.

23/ L. Cos Roget: «Renovació», *Avant*, 3.06.1931.

24/ *La Batalla*, 20.08.1931.

25/ V. Alba, *Histoire du POUM, op. cit.*, p. 51. La cifra proporcionada por el autor viene a confirmar que los 4.000 militantes anunciados por Joaquim Maurín para

movilización de potenciales militantes, Joaquim Maurín juega la baza de la toma de conciencia de la clase obrera, cuyas grandes expectativas y esperanzas, alimentadas por la República en sus comienzos, han sido defraudadas, y puede contar con el gancho de algunos puntos clave del ideario BOC, tal como se sintetizaron en febrero de 1931: defensa de la Revolución rusa; la tierra, para quienes la trabajan; derecho de las nacionalidades a la autodeterminación; armamento de la clase obrera; control sindical de la producción; nacionalización de la banca, las minas y los transportes; separación de Iglesia y Estado; disolución de todas las órdenes religiosas y confiscación de todos sus bienes; establecimiento de una república obrera y campesina.[26] Por lo demás, y aunque el BOC y la ICE todavía no se han fusionado, el discurso de Nin y su análisis de la situación en *El proletariado español ante la revolución* son idénticos a los de Maurín.

El BOC, presente en las cuatro provincias catalanas en las elecciones del 28 de junio de 1931 para la Asamblea Constituyente, obtiene unos resultados exiguos (menos del 1% de votos en Barcelona, 1,5% en Girona, 4,6% en Lleida y 2,2% en Tarragona); en las elecciones catalanas del 20 de noviembre de 1932 no sale mucho mejor parado (menos del 2% en Barcelona, 8,9% en Girona, 5,2% en Lleida y 2,1% en Tarragona).[27] Pero el partido no se desanima.

La Segunda República: ¿una madurez acelerada?

Situación de las mujeres al alba de la Segunda República española

Durante muchos siglos el papel de la mujer se había reducido al de ama de casa, a ejercer de «ángel del hogar», en palabras de los conservadores españoles del siglo XIX; sin embargo, en las clases obreras son muchas las mujeres que se ven obligadas a trabajar, cosa que es un primer paso hacia la «emancipación por necesidad». La inferioridad social de la mu-

---

agosto de 1931 fueron sobrestimados.

26/ J. Maurín: «Proyecto de Tesis Política», *La Batalla,* 12.02.1931.

27/ Para la totalidad de los resultados electorales, ver el apéndice 7 en el libro de A. Durgan, *El BOC…, op. cit.,* pp. 561-568.

jer está fuertemente apuntalada y perpetuada por la Iglesia, así como por el discurso médico (entre otras por la teoría de la frenología de Joseph Gall), que postula «la inutilidad de la actividad ciudadana de las mujeres».[28] Las reformas emprendidas por sucesivos gobiernos liberales, especialmente durante el período llamado Sexenio Democrático (1868-1874), denotan un cierto progreso pero siguen relegando la mujer a un estatus inferior al del hombre. Textos como los de Concepción Arenal —*La mujer del porvenir* (1861, publicado en 1868) y *La mujer de su casa* (1883)— defienden la mujer en tanto que individuo y reivindican su derecho a la educación y al trabajo. Según la autora, tanto lo uno como lo otro están perfectamente al alcance de la mujer, que no es menos inteligente que el hombre, y le permitirían salir de su estado de exclusión y de invisibilidad social para ingresar de lleno en un proceso de emancipación. El período de la Restauración (1890-1923) está marcado por la voluntad de conquista del espacio público por parte de las mujeres.[29] Las dos primeras décadas del siglo XX ven nacer y desarrollarse distintas asociaciones femeninas dispuestas a apoyar el todavía tímido proceso de emancipación. Tales asociaciones cristalizan a veces en torno a una personalidad o un periódico determinados; otras, con un objetivo concreto, para lograr una modificación jurídica determinada, o por adopción de modelos llegados de otro país —como ocurre, por ejemplo, con las grandes asociaciones pacifistas internacionales surgidas durante la Primera Guerra Mundial—. Entre estas nuevas formas de sociabilidad femenina, auténtico caldo de cultivo para ideas vanguardistas, están la Agrupación Femenina Socialista, surgida en 1912; la ANME (Asociación Nacional de Mujeres Españolas, 1918), creada por María Espinosa de los Monteros y Celsia Regis, que se propone obtener derechos políticos y sociales para las mujeres (su programa reclama, entre otros, la reforma del Código Civil, la supresión de la prostitución legalizada, la igualdad salarial entre los dos sexos); o la Cruzada de Mujeres Españolas, fundada en 1921 y dirigida por la periodista Carmen

---

28/   C. RABATÉ: «Les femmes espagnoles et le libéralisme, 1808-1868» (pp. 9-25), en M-A. BARRACHINA, D. BUSSY GENEVOIS y M. YUSTA, *op. cit.*, p. 12.

29/   Ver D. BUSSY GENEVOIS: «Féminisme, associationisme, internationalisme sous la Restauration 1890-1923», en M-A. BARRACHINA, D. BUSSY GENEVOIS y M. YUSTA, *op. cit.*, pp. 83-102.

de Burgos. También las mujeres católicas se organizan: en 1919 nace Acción Católica de la Mujer,[30] de vocación nacional-católica, con aspiraciones tales como el acceso de las mujeres a la función pública (especialmente en los hospitales) y a la educación (a fin de transmitir los valores de la sociedad).

A grandes rasgos, los comportamientos femeninos de corte conservador se distribuyen bajo la dictadura de Primo de Rivera[31] entre las feministas católicas, que no se someten al dictador, y los grupos femeninos que le profesan total adhesión. En el otro frente hallamos el feminismo de oposición, de filiación socialista, con la UGT, o anarquista, aglutinado en torno a *La Revista Blanca*. La proclamación de la Segunda República, el 14 de abril de 1931, significa la culminación de un proceso que arranca ya en el siglo xix. El gobierno concede a las mujeres la elegibilidad política y, el 1 de octubre de 1931, el derecho a voto. Otras conquistas políticas importantes del momento son la separación entre Iglesia y Estado, la reforma agraria, la reforma del Ejército, etc. En lo tocante a las mujeres, además del sufragio y la elegibilidad, se promulgan mejoras deslumbrantes: igualdad de sexos, permiso laboral por maternidad, obligación para el empresario de readmitir la trabajadora después del permiso, matrimonio civil e, incluso, divorcio; pocos años más tarde, en diciembre de 1936, ya en plena guerra civil, el gobierno concede el derecho a abortar. La Constitución aprobada el 1 de diciembre de 1931 permite creer que la igualdad de sexos, ahora sí, es posible: igualdad ante la ley (art. 2, 25), igualdad de derechos electorales (art. 36, 53), igualdad en el trabajo (art. 40, 46), e igualdad en el matrimonio (art. 43).

Sin embargo, ¿bastan estos progresos para mejorar el estatus de las mujeres dentro del POUM? La teoría, ciertamente, registraba grandes cambios, pero ¿qué pasaba en la vida real?

En la URSS, León Trotski ha denunciado la dura condición femenina después incluso de la revolución de 1917: además de los prejuicios,

---

30/ Ver I. Blasco: «Militantes, feministas y católicas. La Acción Católica de la Mujer en los años veinte», en M-A. Barrachina, D. Bussy Genevois y M. Yusta, *op. cit.*, pp. 103-118.

31/ D. Bussy Genevois: «Entre la Dictature et la République (1923-1931): le double engagement», en M-A. Barrachina, D. Bussy Genevois y M.Yusta, *op. cit.*, p. 120.

que siguen existiendo, las mujeres han de sobrellevar simultáneamente las tareas domésticas, la maternidad y el trabajo asalariado. La lucha por la emancipación femenina deberá desarrollarse, según él, en dos frentes complementarios: mejorando las condiciones de vida material, y superando la estructura mental que concibe a la mujer como una esclava y la relega a un papel subordinado; es necesario que las mujeres tengan acceso a la educación y cobren conciencia del lugar social que les corresponde en la sociedad; la emancipación opera a nivel cultural pero también en la lucha contra la opresión en otros ámbitos de la vida cotidiana. Trotski censura especialmente la falta de iniciativas en pro de la emancipación femenina y el hecho de que ni siquiera los obreros comunistas sean plenamente conscientes del papel que les corresponde en la liberación de la mujer.

El análisis que hace Trotski de la situación de la mujer en la URSS es extrapolable a la de la mujer española: su emancipación pasa por un cambio en las costumbres y la consecución de su derecho a voto, alcanzando así el estatus de ciudadana. Las primeras elecciones con participación femenina son las de noviembre de 1933, que dan el poder legislativo a la derecha; ante tal coincidencia parece lícito atribuirles a ellas el cambio de rumbo en los resultados. Sin embargo, como afirma Danièle Bussy Genevois, sería un «error histórico» responsabilizar el voto femenino del tránsito de la República hacia la derecha.[32] La falta de unidad republicana sin duda tuvo su parte de responsabilidad, así como la ausencia de mujeres en los partidos (excepto en el Partido Socialista). Además, no podía esperarse de muchas mujeres que se orientaran entre partidos y figuras políticas y que entraran en la esfera política de la noche a la mañana. Otros factores determinantes fueron la decepción respecto al gobierno saliente y el alto porcentaje de abstención en las zonas de obediencia anarquista.[33]

En vista de la situación, no cuesta imaginar que las mujeres pusieran sus esperanzas en la instauración de un nuevo gobierno, más progresista no solo en lo tocante a su estatus individual sino también en razón de otras cuestiones relacionadas con la agricultura, la enseñanza, las na-

---

32/   D. Bussy Genevois: «Citoyennes de la Seconde République», en M-A. Barrachina, D. Bussy Genevois y M. Yusta, *op. cit.*, p. 142.
33/   *Ibidem.*

cionalidades y la Iglesia. Vale la pena, pues, empezar indagando cómo vivieron las mujeres poumistas aquel 14 de abril de 1931, un día simbólico que anunciaba, para quien quisiera creerlo, un «futuro mejor».

Acogida de la proclamación de la Segunda República

Para las masas obreras en particular, la Segunda República tiene que ser, si no revolucionaria, por lo menos reformadora. Todos los esfuerzos aportados en las décadas anteriores, o sea aproximadamente desde mediados del siglo XIX, iban por fin a rendir frutos: la creación de sindicatos, las huelgas, las manifestaciones y sus consecuencias a veces lamentables, con pérdida de vidas de obreros, finalmente no habrían sido en balde.

> El impulso y el entusiasmo de la multitud eran la prueba de las esperanzas que suscitaba la joven república. ¡Desde los balcones, hombres, mujeres, niños, expresaban su alegría con gritos y lágrimas de júbilo! La república significaba —pensábamos— nuestra liberación, el fin de la miseria y de los sufrimientos de los trabajadores. Era nuestra esperanza.[34]

La proclamación de la Segunda República quedó grabada en el recuerdo, no solo por ser un cambio de gobierno y el final de monarquía a favor de un régimen democrático, sino sobre todo por el significado y la carga simbólica del viraje político, tan esperado por buena parte de la población. La cuñada de Maria Sales, Dolors Duró Betriu (o Dolors Sales), simpatizante del POUM, también recuerda aquel momento histórico, casi eufórico, aunque su familia no viera con buenos ojos que participaran en las manifestaciones:

> A mi familia... pues... no les gustaba, pero no eran de aquella gente que iban a hacer un escándalo en la calle ni mucho menos. Eran gente de trabajo, en una palabra. Mi padre no tenía ninguna afiliación política, no más el trabajo... ¡pobre hombre! Los cambios realmente fueron muchos y se dieron principalmente para los trabajadores, que de un lado fueron mejor tratados y con mejor salario, y por otro tenían el sindicato actuando en su favor, en la defensa de sus intereses.[35]

34/   T. REBULL: *En chantant.* Baixas, 2005 (traducción de André Vinas del libro *Tot cantant.* Barcelona: 1999), pp. 47-48.
35/   *Ibidem.*

Antònia Adroher, en Girona, cuenta que su hermano estaba en el BOC pero que su padre, en cambio, nunca se comprometió en política y que no la animaba en este sentido.[36] Recuerda cómo tuvo parte activa en la manifestación de Girona del 14 de abril de 1931 llevando una bandera republicana por las calles.

Dolors Bosch de Ros comenta del derecho a voto: «Eso sí que fue algo grande».[37] En cambio, la futura militante gerundense Carme Bahí de Parera (que primero estuvo en Esquerra Catalana, luego en el BOC y, finalmente, en el POUM) afirma que la Segunda República no le cambió radicalmente la vida: «Pues no, en mi vida no influyó mucho [...]. La tranquilidad de que no había monarquía, ¿verdad?, de que te podías expresar libremente, pero nada más». Y continúa: «Lo que influyó en mi vida fue el Movimiento de... de octubre, no el de julio sino el anterior, el de octubre».[38] Se trata de los hechos de octubre de 1934, que afloran muy a menudo en los testimonios de poumistas.

La simbología republicana

En las manifestaciones y desfiles del 14 de abril de 1931, los elementos simbólicos cobran toda su importancia: cantos, banderas, eslóganes, etc. Como subrayan los historiadores, la mayoría de los símbolos de referencia adoptados por los españoles son símbolos extranjeros.[39] Los más frecuentes en los testimonios de poumistas son *La Marsellesa* y la representación de la República como mujer, elementos ambos en clara relación con la Revolución francesa, cosa que no es de extrañar porque remiten a la toma del poder por el pueblo (pasando por la simbología de la toma de la Bastilla), algo a lo que aspira parte de los españoles —entre ellos las masas obreras— desde hace ya varias décadas.

36/   A. Adroher, en una entrevista de S. Marqués: «Entrevista amb Antònia Adroher», Girona, 1992, p. 19.

37/   *Ibidem.*

38/   Entrevista realizada por E. Tuñón, PHO/10/89, Sección: Exilio español en México. Archivo General de la Guerra Civil, Salamanca, diciembre de 1987 y enero de 1988, pp. 16-17.

39/   D. Bussy Genevois: «Les symboles de la République en 1931 et 1932», en D. Bussy Genevois, J. Maurice y B. Magnien: *Peuple, mouvement ouvrier, culture dans l'Espagne contemporaine.* Saint-Denis, 1990, pp. 245-246.

Salvador Clop (POUM) y Víctor Torres (ERC) afirman que los había que hacían un intento de entonar *Els Segadors,* considerado el himno catalán desde finales del siglo XIX, pero que no se lo sabían y las más de las veces acababan volviendo a *La Marsellesa.*[40] Y durante la proclamación de la Segunda República se vieron mujeres caracterizadas de *Marianne.* Carmel Rosa explica una anécdota ocurrida en la manifestación que tuvo lugar en Barcelona:

> Y puedo explicar una anécdota que como escena es bonita. Había una señora que, imitando la República francesa, iba con una bandera republicana aquí y enseñando un pecho, tú. Y entonces la gente, que no había visto muchos... El pecho de aquella señora iluminaba todas las Ramblas, tú, una cosa curiosa.[41]

Sin duda tal encarnación femenina de la República estaba cargada de significado y de un gran peso simbólico. En una fotografía tomada en Sant Feliu de Guixols, en la provincia de Girona, se repite la escena, excepto en el detalle del seno desnudo evocado por Carmel Rosa: en medio del gentío se ve a una joven, bandera en mano, con vestido y echarpe al cuello, tocada con el gorro frigio. La bandera tricolor, contemporánea de la toma de la Bastilla, se creó durante la Revolución francesa, y el gorro frigio es un símbolo de libertad. La figura de *Marianne* remite igualmente al concepto de libertad; recordemos, por ejemplo, la alegoría pintada por Eugène Delacroix en 1830, en la que ésta encarna la libertad guiando al pueblo. Sin embargo, no hay que ver en tales símbolos referencia alguna a la emancipación femenina; remiten, ante todo, a la libertad para el pueblo y la revolución. Y, el fondo, ¿no es acaso la toma de la calle lo más simbólico y directamente revolucionario?

Estos elementos subrayan ante todo la existencia de dos universos: el de la política y las leyes, y el de lo cotidiano; las personas no necesariamente calibran el impacto de las decisiones tomadas en la vida diaria. Los cambios no iban a ser inmediatos ni, sobre todo, homogéneos, dependiendo de las categorías sociales y de las personas. El júbilo popular que acogió la proclamación de una república sugiere que la gente abrigaba el deseo, la necesidad incluso, de cambios en respuesta a los

---

40/ S. Clop y V. Torres en P. Pagès: *Aquella guerra..., op. cit.*, p. 20.
41/ C. Rosa, en P. Pagès: *Aquella guerra..., op. cit.*, p. 21.

problemas de la sociedad. Dicho en otras palabras, el nuevo régimen se percibía como una alternativa más que como una solución.

La Alianza Obrera y la revolución de 1934

Cuando Andreu Nin considera que ha cumplido con su cometido en la URSS y vuelve a España, en 1930, sus relaciones con Trotski se deterioran: Nin rechaza la política del «entrismo», típicamente trotskista, que consiste en entrar en los partidos socialistas para actuar luego desde dentro y apropiarse de la dirección del partido. Aun así, los dos hombres mantuvieron una intensa correspondencia hasta 1933; además Trotski reconoció en una carta a Víctor Serge, revolucionario y escritor francófono simpatizante del POUM, que nunca se había escrito con nadie de manera tan seguida, y que con las cartas enviadas a Andreu Nin se podría hacer un libro de más de cien páginas. Esta correspondencia se interrumpe en razón de los conflictos entre la oposición de izquierdas y la Izquierda Comunista dirigida por Nin. Se trata de un conflicto político respecto a dos puntos: la perspectiva del partido en España, y el papel y los métodos del Secretariado Internacional de la oposición de izquierda.[42]

Nin cuenta en este momento con un partido comunista de oposición sin fuerza —la Izquierda Comunista— y unas relaciones que se degradan con Trotski; así las cosas, tendrá que ingeniársela para integrarse en el movimiento obrero español. Los acontecimientos de 1934 le brindarán la oportunidad de situarse en primer plano, dirigiéndose a miles de obreros del país, y hallar un marco de acción acorde con sus expectativas.

Recordemos que el 30 de enero de 1933 Adolf Hitler se convierte en jefe del gobierno alemán. El 19 de noviembre de 1933, en España, la derecha llega al poder gracias a la victoria electoral de la CEDA (dirigida

---

42/ W. SOLANO: «Andreu Nin y Léon Trotski», transcripción corregida por el autor durante su intervención en las jornadas «Trotski hoy», organizadas por la Fundación Andreu Nin y celebradas en el Ateneo de Madrid en febrero de 1989. Texto disponible en la web de la Fundación Andreu Nin, versión digital mayo de 2003: http://www. fundanin.org/solano10.htm (consultado el 15 de julio de 2013).

por José María Gil Robles), símbolo por excelencia de la contrarrevolución, y bloquea las reformas emprendidas por el primer gobierno de la Segunda República (sin proponer, por lo demás, una nueva legislación).

En *Comunismo,* Nin se pregunta, en abril de 1933, si existe la posibilidad de un fascismo español.[43] A su entender, no todas las formas de reacción que recurren a la violencia son fascistas, aunque se trate de una confusión muy común. Siempre según Nin, la característica esencial del fascismo es que se apoya en las masas de la pequeña burguesía que, incapaces de asumir una función política o económica independiente, se resignan a servir los intereses de quien las asuma. En un folleto de enero de 1934, Andreu Nin da una definición de lo que entiende por fascismo:

> [El fascismo es] la acción violenta, extralegal, del capitalismo para la consolidación de su poder en la pequeña burguesía industrial y agraria. Sus rasgos característicos son el menosprecio de las fórmulas políticas establecidas por la propia burguesía, tales como la democracia, el derecho, el parlamentarismo, la libertad de palabra, de asociación y de coalición, etc., y el empleo de medidas de violencia extrema contra las organizaciones obreras, cuya destrucción total persigue la burguesía para superar la crisis a que la conducen las contradicciones internas del régimen.[44]

El gobierno Lerroux no es fascista; es reaccionario; goza del apoyo principalmente de propietarios y castas militares, pero no ha perdido, según Nin, su carácter republicano. Por el momento, no hay partido fuerte centralizado, y la unión de fuerzas de las derechas es una auténtica coalición, no una fusión. En *La insurrección de Asturias,* redactada a posteriori en 1935,[45] Manuel Grossi Mier, comunista y vicepresidente de la Alianza Obrera de Asturias, recoge la preocupación de la clase obrera ante la posible entrada del CEDA en el gobierno y, en consecuencia, el avance del fascismo en la península y en Europa. Ha llegado

---

43/   A. NIN: «Las posibilidades de un fascismo español», *Comunismo,* abril de 1933, en *Andreu Nin. La revolución española (1930-1937), op. cit.,* p. 155.
44/   A. NIN: *Reacción y revolución en España. La revolución de octubre de 1934.* Folleto editado por Ediciones Nuevo Surco, enero de 1934, en *Andreu Nin. La revolución española (1930-1937), op. cit.,* p. 173.
45/   M. GROSSI MIER: *La insurrección de Asturias. Quince días de revolución socialista* [con carta introductoria de Ramón González Peña, prólogo de Joaquín Maurín, epílogo de Julián Gorkin], Barcelona, 1935.

pues el momento de crear un frente unido para defender las conquistas obtenidas; pero el BOC no puede contener él solo el avance de la derecha, de modo que se esfuerza en hacer comprender la necesidad urgente de un frente obrero. En el curso de contactos entre el BOC y la USC (Unió Socialista de Catalunya),[46] más que hablar de una fusión (que ninguno de los dos partidos desea) se plantea la posibilidad de una alianza de organizaciones obreras, idea que se concreta el 27 de marzo de 1933 con el nacimiento de Aliança Obrera. La necesidad se convierte así en realidad; pero aún queda por incluir la CNT (la más potente del país), la FAI (Federación Anarquista Ibérica) y la UGT, así como el PSOE de las demás regiones de España. En 1934, el 13% de los obreros españoles están sin trabajo, los patronos despiden a los más revolucionarios; pero el pueblo obrero no cede y no abandona la lucha, y la tensión aumenta.

El 5 de octubre, el seguimiento de la huelga general convocada por la Alianza es tal que no tardan en surgir nuevas alianzas obreras, en Valencia y Castellón primero, que se apresuran solidariamente a convocar la huelga general, luego también en Jaén, Córdoba, Sevilla, Madrid y en Asturias, donde la CNT goza de cierta presencia. El entusiasmo popular parece haber invadido el país. El movimiento, no obstante, no se desarrolla del mismo modo en todas partes: en Madrid y Zaragoza, solidaridad ya el 3 de octubre; en Cataluña, huelga insurreccional a partir del día 5 y proclamación de la República Catalana al día siguiente; en Asturias, una auténtica revolución. Por falta de armas, de movilización y de apoyo de algunos organismos políticos (como la pasividad de la CNT, por ejemplo, o también la negativa del PSOE a coordinar un movimiento nacional), la insurrección se debilita a partir del 11 de octubre, y fracasa, de modo que el día 19 se la declara oficialmente extinta. Según Manuel Tuñón de Lara, el balance es de 1.335 muertos, 2.951 heridos y cerca de 40.000 detenidos.[47] A pesar del fracaso, el movimiento ha cumplido en parte su cometido: ha servido de lección y ha conferido entidad a la idea de un polo de atracción capaz de aglu-

46/   L'USC era un partido catalán creado en julio de 1923 como federación catalana del PSOE. Su líder era Joan Comorera. Fue disuelto en 1936.
47/   M. Tuñón de Lara: *La España del siglo xx, vol.II. De la Segunda República a la Guerra Civil.* Madrid, 2000 [1.ª edición, 1966], pp. 458-459.

tinar las masas populares. Como analizarán más tarde los teóricos del POUM, «el fracaso de la insurrección de octubre en nuestro país fue debido, en primer lugar, a la falta de ese partido».[48]

Entre otras causas del fracaso del movimiento obrero de octubre de 1934, Andreu Nin destaca la ausencia de un plan y de un programa claro definidos por los dirigentes obreros, ya que «para llevar a cabo con éxito un movimiento revolucionario, es indispensable seguir un plan preconcebido [...]. Si se hubiesen tenido en cuenta estos preceptos insurreccionales del marxismo, a estas horas el proletariado sería la clase dominante de España».[49]

Por último, hay que añadir la falta de organización de la Alianza Obrera en algunas regiones de España. De hecho, solo funcionó realmente en Asturias y Cataluña. En Madrid, la huelga general se declara la noche del 4 al 5 de octubre y se sigue durante ocho días, pero los dirigentes socialistas dudan en repartir armas y consignas. En Aragón, la oposición de la CNT resta posibilidades de éxito al movimiento revolucionario. En Extremadura y Andalucía, la derrota de la huelga campesina acaecida en junio de 1934 tiene efectos paralizantes.

A pesar de todo, Maurín considera un éxito la revolución de 1934, hecha posible sobre todo gracias a la formación de un frente obrero. Según Víctor Alba, los sucesos de octubre beneficiaron a los obreros y constituyeron una especie de «ensayo general»[50] para la revolución que empezará en julio de 1936. Dicho de otro modo, se trata de una maduración acelerada, no solo para los militantes de sexo masculino, ampliamente mayoritarios, sino también para las militantes.

La revolución de 1934 y su repercusión en el papel de las mujeres

A pesar de todas las trabas y dificultades, el movimiento revolucionario de octubre de 1934 fue considerable en Cataluña y sobre todo en Asturias, donde la insurrección obrera duró quince días[51] y determinó

48/   *¿Qué es y qué quiere el POUM?*, febrero de 1936.

49/   En M. Bizcarrondo: *Octubre del 34. Reflexiones sobre una revolución.* Madrid, 1977, p. 268.

50/   V. Alba: *Histoire du POUM, op. cit.*, p. 129.

51/   La última proclamación del Comité Regional Revolucionario de Asturias es del 18 de octubre de 1934.

la vida económica, política y social de la región. Hay varias razones que explican la relevancia del movimiento: importantes concentraciones obreras (siderurgia y minas); adhesión anarquista al movimiento junto a las demás organizaciones obreras, contrariamente a lo que ocurre en otras zonas; intervención más organizada de la Alianza Obrera. Durante quince días, el poder obrero releva a la burguesía en numerosas instituciones: transporte, abastecimiento, orden público, propaganda, etc. En La Felguera, por citar un ejemplo, se crean, bajo la dirección de la CNT-FAI, comités de distribución de alimentos en cada barrio y se establece el racionamiento, llegándose incluso a suprimir el dinero.[52]

El mes de octubre de 1934 significa una primera experiencia en el comunismo libertario, práctica que florecerá más tarde, entre 1936 y 1939. Cabe preguntarse cuál fue la participación de las mujeres, y cómo vivieron ellas la revolución de octubre. ¿Era acaso un «ensayo general» para lo que había de venir, es decir, para la guerra civil española?

Octubre de 1934 en los testimonios de militantes del POUM: un recuerdo a veces borroso

En sus memorias, la militante barcelonesa Teresa Rebull alude muy brevemente a la revolución de octubre de 1934. Hay que tener en cuenta que en Cataluña la situación era muy distinta a la de Asturias, y que el impacto de la revolución no fue tan fuerte. En los testimonios de las mujeres del POUM, los episodios más significativos se remontan por lo general a la infancia, y algunos recuerdos son más nítidos que otros en razón de la tendencia de la memoria a seleccionar algunos en detrimento de otros. En el caso de Teresa Rebull —que publica sus memorias en 1999, es decir 65 años después de la revolución de octubre—, el hecho de no haber tomado parte activa en los hechos de 1934 explica que cuanto recuerda de ello no resulte determinante en su recorrido vital. Ella, que tenía entonces 14 años, se refiere a aquel tiempo como a una sucesión de acontecimientos políticos que sirven de telón de fondo a su

---

52/   N. Molins i Fàbrega: *UHP. La insurrección proletaria de Asturias.* Gijón, 1977, pp. 150-151.

relato.[53] Por ende, no emplea la primera persona sino giros impersonales, cosa que acrecienta la distancia respecto a lo narrado. No era más que una niña, espectadora de los sucesos.

Maria Teresa García Banús, esposa de Juan Andrade, fundador del PCE en 1920 y del POUM en 1935, es muy escueta en lo tocante a su implicación en la revolución de Asturias. A la sazón tenía 38 años, y no tomó parte en los combates armados o en la lucha revolucionaria de manera activa. Tal vez por ello —como en el caso de Teresa Rebull— sus recuerdos sean muy sucintos; pero también podría ser que esos recuerdos le resultaran demasiado dolorosos para detenerse en ellos, y de ahí la posible voluntad de pasar rápidamente sobre los hechos. En efecto, sufriría las represalias del movimiento de octubre de 1934: representantes de extrema derecha la habían calificado de «roja a liquidar» en las agencias de prensa para las que trabajaba, como la United Press en Madrid, agencia de prensa americana creada en 1907, una de las cuatro más importantes del mundo.[54]

> Los dos últimos años, del 34 al 36, fueron para mí de verdadera lucha en la redacción de la United Press. Hubo una pelea con motivo de los hechos del 34 en Asturias, como consecuencia de la cual tuve que enfrentarme hasta el 19 de julio con elementos franquistas que había en la redacción, uno de ellos incluso con el carné de Falange. Fueron dos años en los que tuve que luchar contra las maniobras más sucias para ver si esos elementos lograban echarme a la calle. En realidad, estas peleas y luchas internas en una redacción reflejaban, en cierto modo, el estado de enfrentamiento en que estaba España antes de 19 de julio: tiroteos en las calles, luchas de todo género...[55]

En cuanto al testimonio de Dolors Bosch de Ros, los sucesos de octubre de 1934 afloran a raíz de una pregunta sobre su boda, fijada para aquellas mismas fechas:

> ¡Ándele, ándele pues, nos casamos! Teníamos señalada la fecha del 6 de octubre del 34. No, [lo de] novios fue en el 32, yo creo, porque fuimos dos años novios, dos o casi tres, y en octubre del 34 habíamos deci... bueno, habíamos arreglado todo para casarnos, y estalló el movimiento este de

---

53/ T. Rebull: *En chantant*. Baixas, 2005 (traducción de André Vinas del libro *Tot cantant*, Barcelona: Columna, 1999), p. 53.
54/ M-T. García Banús: *Una vida bien vivida, op. cit.*
55/ *Ibidem.*

> Asturias y afectó a toda España, naturalmente, y decidimos aplazarlo. Pero en esto íbamos [...] a una reunión del partido aquella mañana del 6 de octubre, que había pasado... Había sido una noche tremenda, y mi marido me dice: «Oye, ¿y si fuéramos a la estación de tren, que de casualidad no hayan llegado mis padres?». Digo: «Ay, ¿cómo van a llegar, si saben del relajo que hay en Barcelona?». Dice: «Pero no creas, en los pueblos se tarda mucho en enterarse de estas cosas». Vamos, y efectivamente estaban allí el papá, la mamá y el hermano. [...] Nos casamos, a las cuatro de la tarde o a las cinco, y de allí nos fuimos a la manifestación.[56]

Es notable la mezcla de lo público y lo privado que se aprecia en los testimonios. También lo es que, aun en el caso de militantes políticamente comprometidas ya en los años treinta, los recuerdos sean tan escuetos. Según el escritor marxista Pepe Gutiérrez, Antònia Adroher se implicó, junto con su primer compañero, Dídac Tarradell, ayudando a militantes del BOC (perseguidos por su compromiso con la revolución de octubre) a pasar la frontera hacia Francia.[57] En cuanto a la argentina Mika Feldman, que llega a España con su marido Hipólito Etchébéhère al principio de la guerra, en 1936, reconoce que se sentía atraída por la revolución: «Fuimos a renovar nuestros pasaportes para ir allá».[58] Que sepamos, son los únicos momentos de la revolución de 1934 explicados por Antònia Adroher y Mika Feldman. En sus memorias, la primera evoca principalmente sus actividades relacionadas con la enseñanza —aunque explique también su papel en el POUM durante la guerra y su recorrido en el exilio—, mientras que la segunda empieza a narrar su historia a partir de la muerte en combate, en agosto de 1936, de su marido Hipólito, momento en que ella asume el mando de la columna motorizada del POUM en la región de Sigüenza. Se sabe sin embargo de algunas militantes que empuñaron las armas el 7 de octubre de 1934, como las hermanas Cerdán Sánchez, militantes en el barrio de Gràcia de Barcelona (aunque originarias de Castilla-La Mancha).

56/ D. Bosch de Ros en una entrevista con E. Tuñón en 1988. PHO/10/94, Sección: Exilio español en México. Archivo General de la Guerra Civil, Salamanca, pp. 51-53.

57/ P. Gutiérrez: *Retratos poumistas,* Barcelona, 2006, p. 45.

58/ Palabras de Mika Feldman en el prólogo a la edición alemana de 1981 del testimonio de Hipólito Etchébéhère. Citada en P. Gutiérrez: *Retratos poumistas, op. cit.*, p. 129.

Una experiencia singular

Emèrita Arbonès, militante del POUM en Barcelona, al que se afilia en 1937, afirma tener muy vivo el recuerdo de los acontecimientos de octubre porque era la primera vez que oía un cañonazo, y que su madre había salido a comprar los diarios clandestinos que explicaban la situación en Asturias.[59] Otília Castellví, también de Barcelona, dedica todo un capítulo a la revolución de octubre de 1934 en su libro *De les txeques de Barcelona a l'Alemanya nazi*. Con sus compañeros del BOC y cinco mujeres más del POUM, se agencian armas abandonadas en la calle —se les habían negado las que habían pedido— y participan, junto con militantes de la Alianza Obrera y Esquerra Catalana, en un tiroteo con guardias civiles entre el Carrer Gran y la Plaça Lesseps. Fue una experiencia traumatizante, más aún porque una militante muere[60] justo a su lado y utilizan su cadáver y el de dos hombres más como barricada. La costurera barcelonesa sabe muy bien que la muerte le ha pasado rozando, como también se imagina la angustia de su familia, que la sabe en las calles de la capital catalana.[61]

En definitiva, los hechos de octubre propiciaron una mayor participación femenina en la esfera pública, como también ocurriría en 1936 durante la guerra civil.

El ejemplo de la militante Aída Lafuente en la insurrección proletaria es de los que dejan huella, y viene a confirmar que la presencia de mujeres en la lucha armada no era habitual y desafiaba las imágenes clásicas de género. Mientras que muchas mujeres se vuelcan en brindar apoyo moral a los hombres que luchan, algunas, como Lafuente, rehúsan ponerse el brazal de la Cruz Roja para ocuparse de los heridos y optan por empuñar las armas para luchar codo a codo con sus compañeros. Con sólo 16 años, defiende Naranco junto a una amiga. Los del otro bando, viendo que son chicas, se prometen atraparlas vivas.[62] Narcís Molins i

---

59/ Entrevista con Emèrita Arbonès para el programa *La Guerra Civil a Catalunya*, Arxiu Montserrat Tarradellas i Macià, Monestir de Poblet, Tarragona, p. 34.

60/ Podemos suponer, según las informaciones que tenemos, que se trata de Teresa Vives. En el grupo que se opone a la Guardia Civil también estaba presente la militante comunista Lina Odena.

61/ O. Castellví: *De les txeques de Barcelona a l'Alemania nazi*, Barcelona, 2003, p. 27.

62/ N. Molins i Fàbrega: *UHP. La insurrección proletaria de Asturias*, Gijón,

Fàbrega, militante del POUM, también informa en su obra, redactada un año después de los hechos de octubre de 1934, de la sorpresa de los hombres y de lo inhabitual que era ver a mujeres con un arma:

> El oficial quería que Aída Lafuente y su compañera, únicas que el cuchillo de los legionarios había respetado, se rindieran. A sus pies, las dos pequeñas revolucionarias tenían los cadáveres de los compañeros que se habían quedado con ellas en aquellas horas trágicas y heroicas. «¡No nos rendiremos, asesino!», gritó Aída. Y las dos lanzaron el último grito de: «¡Viva la revolución social!», que fue ahogado en sus labios por una descarga.[63]

Según el historiador americano Brian D. Bunk,[64] la poca edad facilita a las mujeres el hacerse milicianas: al enrolarse jóvenes, la mayoría aún están solteras y no han asumido el papel de mujer-esposa y de madre en el hogar.[65] Dicho autor defiende que en las adolescentes el rol social no está totalmente definido y/o asumido, por lo que tampoco lo está la posibilidad de emanciparse mediante el conflicto. Ello explica, siempre según el historiador, la relativa permisividad general respecto a su participación en la lucha armada. En referencia a las mujeres del POUM, la tesis de Brian D. Bunk es discutible, ya que Otília Castellví, por ejemplo, tiene 27 años en 1934; por otro lado, es sabido que en la mayoría de las familias las niñas son «modeladas» desde su más tierna edad para el papel de género que marca la tradición. A nuestro entender, hay varios factores que determinan el compromiso de las mujeres. De entrada, es una cuestión de oportunidades: en el episodio concreto de los hechos de octubre probablemente fuese más fácil entrar en combate en Asturias, por ejemplo, que en Madrid; también son determinantes la eventual formación y la conciencia política previas. Otília Castellví pertenecía al BOC ya en 1932 y Aída Lafuente, al PCE.

1977, p. 187.

63/ *Ibidem.*

64/ B. Bunk: «"La Novia de España": Aída Lafuente, juventud y género en la memoria de la revolución de 1934», en *Memoria e identidades, VII Congreso da Asociación de Historia Contemporánea,* Santiago de Compostela-Ourense, 21-24 de septiembre de 2004.

65/ B. Bunk: «"La Novia de España": Aída Lafuente, juventud y género en la memoria de la revolución de 1934», *op. cit.,* p. 4.

Persistencia de disparidades de género

Sin embargo la mayoría de los testimonios de que disponemos evidencian que, incluso en el fragor de los hechos de octubre de 1934, los papeles de quienes participan activamente siguen estando sexualmente diferenciados. La narración de Narcís Molins i Fàbrega sobre el movimiento insurreccional en Barredos (Asturias) refleja claramente la separación de dos mundos distintos (privado/público, hogar/combate, mujeres y niños/hombres):

> En Barredos se celebraba un baile, y los revolucionarios esperaban el final de la fiesta para empezar el ataque. Sabían que habían de triunfar, y los obreros jóvenes no quisieron perder el gozo de la danza. Dejaron a sus novias, sus hermanas y los niños en casa y tomaron la escopeta, la pistola y la dinamita para rendir a la guardia civil que estaba en su cuartel.[66]

El mismo Molins i Fàbrega afirma que en Turón (municipio de Mieres, centro de la insurrección asturiana según Manuel Grossi),[67] como en todas partes, no solo había hombres, sino también mujeres y niños dispuestos a vencer,[68] pero eran esencialmente los hombres quienes empuñaron las armas y fueron al combate. Unas páginas más adelante, en su descripción de los bombardeos de Mieres y de Turón —apodado en su momento «Turón Rojo» por ser plaza fuerte del comunismo—,[69] nos enteramos de que las mujeres no estaban combatiendo sino haciendo cola delante de las panaderías para conseguir pan,[70] y el propio autor, militante marxista, confirma que, justo antes del primer ataque, estando las mujeres en la cola del pan, nadie podía imaginar que los aviones soltarían bombas sobre «personas no combatientes» y que, en la calle Galán, caerían los cuerpos ensangrentados de mujeres y niños cuyos maridos o hermanos luchaban por la revolución.[71] Las referencias a mujeres son escasas en los testimonios existentes. En todo el libro de Manuel Grossi, por mucho que contenga un subcapítulo titulado «¡Las

---

66/   N. Molins i Fàbrega: *UHP. La insurrección proletaria de Asturias, op. cit.*, p. 77.
67/   M. Grossi: *op. cit.*, p. 28.
68/   N. Molins i Fàbrega: *UHP. La insurrección proletaria de Asturias, op. cit.*, p. 123.
69/   M. Grossi: *op. cit.*, p. 30.
70/   *Ibidem*, p. 131.
71/   *Ibidem*, p. 131-132.

mujeres se incorporan a la lucha!», es esta prácticamente la única frase sobre su presencia en la revolución; no se detalla su presencia, en definitiva, y todavía menos su actuación.[72] En las páginas siguientes Grossi menciona la entrada en acción de las mujeres, su ingreso en el Ejército Rojo, fusil en mano, dispuestas a luchar, pero resulta que «en el frente existen otras necesidades que las de luchar con el fusil en la mano. La alimentación de los combatientes, la recogida y la asistencia de los heridos, etc.», tareas que siguen claramente asociadas al sexo femenino: «Todo esto corre a cargo de las mujeres».[73]

Molins i Fàbrega refiere también que en La Calzada fueron muchas las mujeres que se manifestaron para animar a los numerosos marineros de la zona a sumarse a los obreros, apelando a su propio origen obrero. Esta función de petición de ayuda y apoyo en caso de conflicto es, principalmente y por razones que ya enunciábamos, cosa de mujeres. Es cierto que hubo algunas que empuñaron las armas, pero fueron pocas; los papeles quedaron mayoritariamente sexuados. En Girona, zona en que la revolución de 1934 fue menos importante, las mujeres se involucraron sobre todo en temas de asistencia a la infancia. Tal como recuerda Carme Bahí,[74] en la organización Pro-Infancia Obrera, formada por quince personas, no había un solo hombre: «Todas mujeres, todas mujeres. Había quien nos daba dinero, entre los señores, ¿verdad? Pero no, no, no, socias éramos todas mujeres».[75]

El relato de Molins i Fàbrega ratifica la impresión de que las mujeres priorizan los sentimientos, cosa que viene a reforzar las división de roles: los hombres son valientes y fuertes en el combate; las mujeres, sensibles y diligentes en la retaguardia.[76] Y en algunos casos, como el de Otília Castellví, los sentimientos suelen prevalecer sobre la dimensión política, independientemente de la envergadura del momento histórico. Es una faceta del ser humano que no puede quedar excluida del presente análisis:

72/ M. Grossi: *op. cit.*, pp. 36-37.
73/ M. Grossi: *op. cit.*, p. 37.
74/ Entrevista con Carme Bahí de Parera, por E. Tuñón en diciembre de 1987 y enero de 1988. PHO/10/89, Sección: Exilio español en México, Archivo General de la Guerra Civil, Salamanca, p. 24.
75/ *Ibidem*, p. 27.
76/ N. Molins i Fàbrega: *UHP. La insurrección proletaria de Asturias*, op. cit., p. 200.

> No hace falta explicar la alegría indescriptible que a todos nos produjo
> su retorno. A mí, su presencia me hizo olvidar por completo el fracaso de
> nuestro esfuerzo político y los peligros que, fatalmente, nos vendrían en
> consecuencia.[77]

Las negociaciones para acabar con el levantamiento revolucionario de octubre de 1934 se inician el 18 del mismo mes entre el general Eduardo López Ochoa, entonces inspector general de los Ejércitos, y Belarmino Tomás Álvarez, sindicalista socialista y uno de los principales dirigentes del movimiento obrero, cuyo objetivo principal era conseguir garantías de que no habría represalias contra el pueblo. Otília Castellví concluye: «No triunfamos, pero el hecho de haber intentado algo nos libraba de la vergüenza del fracaso».[78]

Se hace difícil afirmar que la participación de las militantes en los acontecimientos de octubre de 1934 formó a las mujeres, ya que su participación fue en realidad escasa, incluso en las zonas en las que la revolución fue mayoritaria, como en Asturias o Cataluña. Si en algo influyó, fue a través de la experiencia de los hombres, cosa que evidencia la cuestión de su ingreso en el POUM: las mujeres entran, de algún modo, de la mano de un homólogo masculino ya afiliado al partido:

> La mujer, salvando algunas excepciones, ha quedado al margen de las
> cuestiones políticas, y hoy las secciones femeninas de los partidos están
> integradas solamente por las familiares de los antiguos militantes. Esta es
> la verdad. Y la mujer, en el fondo, se mantendría apolítica si alguien no
> tratase de orientarla y asimilarla. No falta buena disposición por parte de
> ellas. Han comprendido, mejor dicho, van intuyendo la necesidad de una
> teoría, de una guía que señale el camino a seguir dentro del movimiento
> transformador que se opera.[79]

Las mujeres de otros partidos políticos participaron también en los acontecimientos de 1934. En Asturias, concretamente en Gijón, se crea en 1933 el Comité de Mujeres contra la Guerra y el Fascismo —que, en 1936, se convertirá en la Asociación de Mujeres Antifascistas— por iniciativa del Comité Nacional; esta sección, aunque dominada por las

---

77/   O. Castellví: *De les txeques de Barcelona a l'Alemania nazi,* Barcelona, 2003, p. 28.

78/   O. Castellví: *op. cit.,* p. 29.

79/   «La dona dintre del partit polític», *L'Espurna,* 07.01.1937.

comunistas, cuenta con el apoyo de mujeres afines al socialismo y el republicanismo. Dolores Ibárruri también participó en el Socorro Rojo después de la Revolución de Asturias por solidaridad con los prisioneros políticos. Clara Campoamor, del Partido Republicano radical, viajó a Oviedo para organizar la asistencia a los hijos de los mineros muertos o hechos prisioneros, y denunció enérgicamente la represión instituida por el gobierno y practicada en las prisiones, donde se torturaba o fusilaba a los acusados, incluso sin cargo alguno.[80]

La cuestión de la mujer en el seno del POUM

El POUM construyó su pensamiento sobre la problemática femenina apoyándose en teóricos extranjeros, con la voluntad de mantenerse fiel a los grandes pensadores socialistas y comunistas de finales del siglo XIX, que sentaron las bases teóricas del movimiento obrero. Los militantes marxistas españoles construyen su cultura política fuera de España: Karl Marx, Friedrich Engels, Lenin, Aleksandra Kolontái, August Bebel, etc.

Por esta razón prescinden de las aportaciones de antecedentes feministas españoles (especialmente Concepción Arenal), pero también de los pensadores anarquistas, algo paradójico teniendo en cuenta que el POUM se halla muy próximo a sus teorías. Baste recordar la inspiración anarquista de su ideario y su militancia en cuestiones como la educación y la enseñanza, o, entrados ya en la guerra, la prostitución, el amor libre e incluso el aborto. La documentación que hemos consultado no aporta una explicación clara a tal preferencia por el pensamiento extranjero. Por otro lado, poumistas y anarquistas colaborarán a menudo en la acción.

Antecedentes marxistas

Partiendo de las bases teóricas adoptadas por el POUM, analizaremos la construcción de la postura del partido respecto al estatus de las mujeres y, sobre todo, respecto a los logros atribuibles a la revolución; a continuación analizaremos si hubo relación dialéctica entre este discurso

80/   C. Campoamor: *Sobre la represión del levantamiento revolucionario de Asturias*, 1934.

y la realidad. El POUM se decía un partido progresista en lo tocante a la cuestión femenina, pero ¿lo era realmente? ¿Cuál era el verdadero estatus de las mujeres?

Marx y Engels: la lógica comunista

El enemigo capitalista considera la mujer un simple objeto de producción y solo la revolución socialista puede, según Marx y Engels, poner remedio a ello. Existe, además, una relación dialéctica entre condición femenina y revolución socialista: por un lado, la revolución es necesaria para la liberación de la mujer y, por otro, todo partido comunista, para llevar a buen término la empresa revolucionaria, debe movilizar las masas femeninas; en caso contrario, si no pone empeño en ello, otros lo harán en su lugar y para su descrédito. El camino de la libertad pasa necesariamente por la abolición de la propiedad privada —inherente al capitalismo— pero también por la desaparición del sometimiento de la mujer a las obligaciones familiares que la aprisionan (ocuparse de los hijos, garantizar su educación o soportar los trabajos domésticos). Una vez liberadas de estos trabajos, las mujeres podrán cultivar plenamente sus capacidades como miembros activos, creativos y productivos —y no solo reproductivos— de la sociedad. Es el concepto marxista del materialismo dialéctico: los seres humanos son a la vez producto del mundo natural y actores de la transformación del entorno en el que viven, entorno que, a su vez, transforma a los seres humanos.

En 1984, la I.ª Internacional fundada por Marx y Engels emite algunas ideas fundamentales sobre la cuestión femenina mientras la Asociación Internacional de Trabajadores elige por primera vez a una mujer en su Consejo General: la inglesa Henrietta Law. Es por entonces que Marx y Engels formulan como imperativo el que la mujer acceda al mundo del trabajo y que este trabajo esté reglado, escapando así al yugo marital y familiar y adquiriendo progresivamente la independencia económica. Según Engels, el sometimiento de las mujeres no es natural sino producto de las relaciones socioeconómicas. *El origen de la familia, de la propiedad privada y del Estado,* publicado en 1884, aborda la cuestión de la mujer, aunque el tema central sigue siendo la evolución de las sociedades y, sobre todo, los factores que contribuyen a encaminar dicha evolución hacia una sociedad dominada por la propiedad privada.

Respaldándose en trabajos coetáneos (Johann Jakob Bachofen, Lewis Henry Morgan), Engels afirma que la opresión de la mujer no coincide históricamente con la aparición del capitalismo sino que se remonta a la división social del trabajo (lo doméstico para la mujer, la caza para el hombre) y al desarrollo de la propiedad privada, que arrastra profundas transformaciones. Puesto que a las mujeres les corresponde dar a luz y amamantar, los hombres asumen los trabajos agrícolas más duros, en el exterior, y pasan a ocuparse del ganado (como ya se encargaban de la caza). Los trabajos agrícolas exigen muchos brazos, es decir, una numerosa prole, cosa que incide en la prioridad reproductora asignada a la mujer. Simultáneamente, al desarrollarse la agricultura, la producción se aleja cada vez más del hogar.

Estas transformaciones progresivas llevan a la familia nuclear monógama, cuyo objetivo es transmitir la propiedad privada de una generación a otra mediante la herencia, y al divorcio de las esferas pública y privada.

August Bebel

Marx y Engels no van más allá en el análisis de la cuestión femenina; la mencionan, pero siempre inserta en la problemática general del proletariado, cuya lógica reza que la mujer se emancipará cuando lo haga el proletariado mediante la revolución. Insisten, eso sí, en que la mujer debe integrarse en el proceso del trabajo remunerado.[81] Aun así Marx y Engels están entre los primeros en abordar la cuestión femenina. Otra figura de referencia para los poumistas es el alemán August Bebel. En 1883, el dirigente más destacado del SAPD publica su célebre libro *La mujer y el socialismo* (del cual saldrá una versión revisada en 1891, titulada *La mujer en el pasado, el presente y el futuro*), donde explica —al lector tanto como a la lectora—[82] las raíces de la opresión de la mujer y la consiguiente necesidad de una revolución socialista que abra camino

---

81/ F. ENGELS: *L'origine de la famille, de la propriété privée et de l'État*, 1884. Edición electrónica disponible en http://www.marxists.org/francais/engels/works/1884/00/fe18840000.htm [consultado el 12 de agosto de 2011].

82/ «Cada vez que en este libro hablo del lector, me dirijo naturalmente también a la lectora.» A. BEBEL, *La femme dans le passé, le présent et l'avenir*, Ginebra, Slatkine Reprints, 1979 (1.ª edición 1891), p. 105.

a la emancipación femenina. Ya en la introducción Bebel plantea el problema del «lugar que ha de ocupar la mujer en la organización social para convertirse en miembro completo de la sociedad humana, con los mismos derechos que todo el mundo»,[83] y acusa a ciertos socialistas de ser hostiles a la emancipación de las mujeres.[84] A su entender, la menor competencia femenina se debe a la falta de educación, a una inferioridad intelectual coyuntural.[85] El cerebro, como otros órganos del cuerpo, necesita ejercicio y alimento para desarrollarse.

August Bebel analiza de cerca el matrimonio obrero, una empresa económicamente peliaguda ya de por sí y más aún a consecuencia de los nuevos métodos industriales, de los avances técnicos que originan paro o de la creación de impuestos indirectos. Si la mujer trabaja, o si los cónyuges hacen horas extras para cubrir las necesidades básicas de la familia, la prole queda abandonada a sí misma y privada de la base que, según Bebel, es la educación.

La burguesía necesita mano de obra para conseguir la máxima productividad en sus empresas; pero como la mujer es considerada inferior, no accederá más que a puestos de menor exigencia material que el obrero. Además, a la mujer se le paga casi invariablemente un sueldo inferior ya que se le supone menos fuerza y una mayor propensión a accidentes que conllevan interrupciones del trabajo, cosa que, en suma, tiende a entorpecer la organización de las fuerzas productivas. En lo tocante al embarazo y el parto, el patrón saca provecho de la coyuntura pagando salarios más bajos como compensación por los inconvenientes que le acarree. Por otro lado, aunque los obreros entiendan que la maquinización y la mecanización suponen un progreso, es un progreso que suprime empleos, y de ahí su hostilidad hacia la supremacía de la máquina y las luchas cada vez más feroces por un trabajo. La solución sería un orden social en que los instrumentos de trabajo fueran propiedad de todos.[86]

En cuanto a la educación, hay que considerar cómo se imparte a

---

83/   A. Bebel: *La femme dans le passé, le présent et l'avenir,* Ginebra, 1979 (1.ª edición 1891), p. 1.
84/   *Ibidem*, pp. 2-3.
85/   *Ibidem*, pp. 174-175.
86/   *Ibidem*, pp. 156-157.

hombres y a mujeres, porque eso es lo que condiciona su manera de ver el mundo: la mujer, que no recibe instrucción en lo tocante a la vida pública, no puede entender el interés del hombre por los acontecimientos públicos, mientras que este considera que sus aspiraciones no van con ella y no se toma la molestia de darle explicaciones.[87] Por lo demás, la mujer, está demasiado absorbida por las tareas domésticas para hallar el tiempo de instruirse, aunque lo desee.

Se ha dicho con frecuencia que si la mujer tuviese derecho a voto no lo ejercería, o haría mal uso de él por falta de instrucción, A ello Bebel replica que son muchos los hombres que no votan y no por ello se les retira el derecho a hacerlo. Para que la mujer haga el mejor uso posible del sufragio, una vez adquirido por derecho, hay que proporcionarle los medios jurídicos y prácticos oportunos.

> Si nunca voy al agua, nunca aprenderé a nadar; si no estudio una lengua extranjera, si no la practico, no la entenderé nunca. Todo el mundo encuentra esto natural, y dentro del orden establecido, pero no entiende que esto también se aplica a las condiciones del Estado, de la sociedad.[88]

En lo tocante a la prostitución, Bebel considera que es una institución social necesaria para el mundo burgués y que goza del apoyo de la Iglesia.[89] El control policial tiene como único objetivo proteger a los hombres de posibles contagios, tarea por otro lado imposible puesto que el número de prostitutas rebasa la capacidad de las fuerzas del orden y, en caso de plantearse revisiones médicas, estas tendrían que hacerse varias veces al día, cosa igualmente impensable. Por lo demás, el control médico únicamente de las mujeres es inoperante ya que también los hombres son transmisores de contagios.

Por último, August Bebel afirma que los socialistas son conscientes de su situación de dependencia respecto al capitalismo pero que, en cambio, raramente se permiten el mismo grado de conciencia cuando se trata de la dependencia de la mujer respecto al hombre, pues ello cuestionaría su propio «yo».[90]

87/ *Ibidem*, p. 93.
88/ *Ibidem*, p. 205.
89/ *Ibidem*, p. 132.
90/ *Ibidem*, p. 160.

Lenin, Kolontái y la Revolución rusa

El primer tercio del siglo XX asiste a un acontecimiento capital para los comunistas: la Revolución rusa. Por ese entonces, Rusia —como España más tarde— es un país atrasado: gran parte de la población vive en zona rural, en condiciones deplorables; las obreras no cobran más del 50% del salario de un hombre y trabajan entre once y dieciocho horas por día según los oficios; a ello se suma el problema de la Iglesia y del ejército. Son muchas las mujeres acosadas sexualmente por el patrón y muchas las que se ven obligadas a prostituirse, aunque solo sea para obtener un empleo. Son circunstancias equiparables a las de la España de los años veinte y treinta. En ambos países solo las fuerzas obreras parecen capaces de transformar la sociedad[91] pero, a diferencia de lo que ocurre en Rusia, en España la influencia del PC es, como ya señalábamos, muy escasa. La referencia a Rusia y a las ideas de los revolucionaros rusos es obligada porque los periódicos del POUM citan sus escritos y discursos y animan a la militancia a leer sus obras.

A partir de 1912, Lenin otorga mucha importancia a la cuestión femenina, y a partir de 1913 el diario *Pravda* incluye regularmente una página sobre el tema de la mujer.

Como afirma Aleksandra Kolontái, feminista rusa (y después soviética), a principios del siglo XX el partido (el POSDR, partido obrero sociodemócrata ruso) todavía no muestra excesivo interés por la cuestión de las mujeres.[92] Ni siquiera entre los comunistas hay unanimidad sobre el asunto: Kolontái y algunas compañeras más hubieron de escuchar de boca de sus camaradas hombres que daban demasiada importancia a problemas que nada tenían que ver con ellos.[93] En 1908 empieza para Aleksandra Kolontái un período de exilio político de resultas de la escisión, ocurrida algunos años antes (1903), entre bolcheviques y mencheviques. La activista recorre varios países (Francia, Bélgica, Suecia, Alemania, Dinamarca, Noruega, Estados Unidos) y organiza huelgas, difunde sus ideas, tiene trato con Karl Liebknecht y con Clara Zetkin,

---

91/ P. BROUÉ: *Staline et la révolution. Le cas espagnol,* París, 1993, p. 26.
92/ A. KOLONTÁI : *Autobiographie suivie du roman Les amours des abeilles travailleuses,* París, 1976 (autobiografía de 1926), pp. 25-26.
93/ *Ibidem,* p. 27.

a quien acompaña en 1910 a la Conferencia Internacional de Mujeres Socialistas (conferencia donde se decide instaurar el 8 de marzo como día de las mujeres). Es también en esta época cuando inicia una correspondencia con Lenin.[94] En *Las bases sociales de la cuestión femenina* (1909) —texto reeditado en Francia por Éditions Maspero en 1973 bajo el título *Marxismo y revolución sexual*—, retoma la obra de Bebel en lo tocante a la unión libre, la emancipación sexual de ambos sexos y la disección del matrimonio, la familia y la prostitución.

En marzo de 1917, antes de que estalle la revolución, Kolontái vuelve a Rusia apresuradamente; no todo el mundo ve con buenos ojos su regreso, a pesar de lo cual es nombrada, en octubre, ministra de Asuntos Sociales. Se entrega a las tareas propias de su cartera: programa social para los heridos de guerra, pensiones, alojamientos para la infancia y la vejez, orfelinatos, hospitales, sistema educativo para las chicas (con especial ahínco en la abolición de la instrucción religiosa), clínicas para mujeres y, sin duda su mayor logro, creación en enero de 1918 de una oficina central de ayuda a la maternidad y a la infancia.

En 1921, en *El comunismo y la familia* (publicado por el Secretariado Femenino del POUM en 1937), da su punto de vista sobre la familia afirmando que «hay que cambiarlo todo»,[95] empezando por las cargas de trabajo de las obreras.

La revolución de octubre de 1917, liderada por Lenin y los bolcheviques, significa un gran paso hacia la emancipación de las mujeres: igualdad política, económica y sexual de ambos sexos, abolición de la autoridad del cabeza de familia, derecho de voto femenino, supresión del concepto de hijo ilegítimo, igualdad en los derechos laborales (mismo salario por mismo trabajo), matrimonio civil, divorcio por consentimiento mutuo, derecho a escoger el apellido (el del hombre, el de la mujer o los dos), permiso de maternidad, jornada de ocho horas y semana de 48, seguros sociales. También el adulterio y la homosexualidad dejan de considerarse delito y se suprimen del Código Penal. Algo más tarde, en 1920, se legaliza el aborto.

94/ *Ibidem*, p. 37.

95/ A. Kolontái: *El comunismo y la familia*, publicado por el SFPOUM en 1937. Texto disponible en la revista *Asparkia* n.° 20, 2009, pp. 215-227 en línea en: http://www.raco.cat/index.php/Asparkia/article/view/226325/307923

Es cierto que Lenin se preocupaba por la problemática femenina en la medida en que consideraba que la revolución no podía llevarse a cabo sin las mujeres, y que reproducía, apropiándoselo, el análisis marxista de sus predecesores alemanes para denunciar la situación.[96]

En marzo de 1918, Aleksandra Kolontái señala que la Revolución rusa ha aportado grandes logros que benefician a las mujeres, pero que en la práctica las cosas no son tan sencillas de aplicar, como también ocurrirá en España bajo la Segunda República. Por esta razón los bolcheviques apoyan las campañas políticas de movilización dirigidas a las mujeres y, en noviembre de 1918, se celebra en Rusia el primer Congreso de las Mujeres Trabajadoras, organizado, entre otras, por la propia Kolontái. Se crea una comisión femenina (Zhenotdel) vinculada al Partido que se encargará de la propaganda.

Al final de la guerra civil rusa (1917-1923), el Estado se enfrenta al completo caos: Rusia es todavía un país esencialmente agrario, con una industria demasiado débil y una población urbana demasiado escasa, falto de los recursos económicos necesarios para pasar al socialismo.[97] En 1922 Lenin funda (a propuesta de Stalin, entonces secretario general del Partido) la Unión de las Repúblicas Socialistas Soviéticas (URSS), pero no estará mucho tiempo a la cabeza, puesto que muere el 21 de enero de 1924. Stalin instaura una larga dictadura que significará un retroceso en lo tocante a los derechos adquiridos: la homosexualidad vuelve a ser un delito que puede costar ocho años de prisión; el aborto y el adulterio vuelven a estar prohibidos; el Zhenotdel se disuelve; la libertad sexual no está autorizada; los divorcios se sancionan con multas. Paralelamente, el discurso oficial regresa a las loas a la familia y a la maternidad. El gobierno ofrece incluso medallas a las madres de más de cinco hijos.

España experimentará una involución similar con la dictadura del general Franco y la abolición de numerosos adelantos conseguidos durante la Segunda República.

96/   Lenin en un discurso pronunciado en el primer congreso de las obreras de Rusia, el 19 de noviembre de 1918. En *Sur l'émancipation de la femme*, Moscú, 1966, p. 63 y p. 82.

97/   Lenin: «Más vale menos pero mejor», artículo escrito en ocasión del XII Congreso del Partido Comunista de Rusia, publicado en *Pravda*, n.° 49, 04.03.1923.

El POUM (1935-1937): ¿Emancipar a las mujeres o al proletariado?

¿Se puede hablar de emancipación femenina cuando el POUM habla de lucha de clases? Sin duda se trata de emancipar el proletariado, pero ello conlleva una serie de cuestiones específicas que hay que considerar una a una. Se puede entender la cuestión femenina como un tema más de los que componen las reivindicaciones del POUM: agricultura, nacionalidades, enseñanza, sindicato, ejército, municipios, etc. Dado que la mujer es discriminada por ser lo que es, los problemas que la afectan no pueden ponerse en el mismo plano que los del hombre obrero. Hay que indagar las causas de la discriminación de la mujer.

Además, el POUM, heredero de las ideas de Marx, plantea resolver la cuestión desde la óptica de la lucha de clases, pero ¿se puede, se debe hablar también de una lucha de sexos? ¿O se puede considerar a las mujeres como una clase social? No, si nos atenemos a la definición de clase social, puesto que el concepto remite a un grupo de personas que ocupan una posición determinada en el sistema productivo. Ahora bien, existen diferencias entre las mujeres: el feminismo burgués no sostiene las reivindicaciones de las obreras; la burguesía busca cierta igualdad que no altere el orden social capitalista.

Es cierto que algunas militantes del POUM afirman que, antes que hombre o mujer, se consideraban militantes: «No había la distinción de si eres hombre o mujer. Yo nunca he pensado si soy hombre o mujer. Era militante y ya está. No estaba en la mentalidad del POUM. Ni del POUM ni de la época».[98] No dudamos de la afirmación de Maria Teresa Carbonell, pero hay que matizarla a la luz de las actividades de las mujeres dentro del partido y, sobre todo, considerando la existencia de un Secretariado Femenino y, a partir de febrero de 1937, del órgano de prensa de las mujeres *Emancipación*. Es, pues, lícito indagar sobre la existencia, dentro del POUM, de una lucha de sexos.

En definitiva, para el POUM la lucha de clases enfrenta proletariado y burguesía, pero no por ello deja de existir un problema femenino específico en el seno de la clase obrera; el error del marxismo consiste en abordar la cuestión desde el ángulo puramente económico. Ade-

---

98/   M-T. Carbonell: Entrevista con Wilebaldo Solano y Maria Teresa Carbonell, Fontenay-sous-Bois, 08.01.2009.

más, como afirma Christine Delphy,[99] la opresión de la mujer no es producto de la sociedad de clases ni del capitalismo, sino consecuencia del patriarcado, es decir, de la dominación de los hombres sobre las mujeres.[100] Reivindicar la igualdad salarial significa revisar también la igualdad de derechos en educación y de derechos sociales.

Para analizar la cuestión de la mujer en el POUM nos basaremos en el trabajo de Mary Nash,[101] que completaremos examinando algunos periódicos importantes como *L'Espurna, Avançada, Impuls, Front* y *Juventud Comunista,* que la autora no incluye en su estudio. Por ende volveremos sobre algunos temas, como el divorcio, que merecen ser tratados con mayor profundidad.

La documentación que hemos estudiado hace patente una diferencia notable entre los artículos de principios de los años treinta (época del BOC y de la ICE) y los aparecidos durante la guerra. Entre estos últimos hay menos artículos de fondo en torno a la cuestión de la mujer, cosa que puede explicarse por las urgencias inmediatas del conflicto armado y por la necesidad de informaciones directas, breves y concisas, a expensas de la reflexión.

Una última precisión: en los años anteriores a la fundación del POUM, las fuentes provienen mayoritariamente del BOC. Como dice Mary Nash,[102] las fuentes de información en torno a la IC raramente tratan la cuestión femenina, a diferencia de las del BOC, cosa que demuestra un interés, tanto a nivel teórico como político y de organización, dentro del Bloque.

Origen de la opresión

En los periódicos del BOC y del POUM la cuestión femenina recibe poca atención en comparación con otros temas, pero algunos artículos firmados por militantes sí lo abordan, principalmente para denunciar la situación de esclavitud en la que vive la mujer.

99/   C. Delphy: *L'ennemi principal. 2. Penser le genre,* París, 2001.
100/   *Ibidem*, p. 46.
101/   Véase M. Nash: *Rojas: las mujeres republicanas en la guerra civil,* Madrid, 2006, y *Mujer y movimiento obrero* en España, Barcelona, 1981.
102/   Véase capítulo 6, «Los partidos marxistas disidentes», en *Mujer y movimiento obrero en España, 1931-1939,* Barcelona, 1981.

A partir de 1931 (todavía en tiempos del BOC), unos diez días después de la proclamación de la República, Maria Recasens denuncia la persistencia de una concepción machista de la mujer:

> Todavía trabaja en fábricas y talleres, a destajo o por el miserable jornal de seis duros por semana. La obrera es considerada como una bestia productiva, ya sea de hijos o de objetos de la industria. Y la explotan siempre, porque saben que ella no se queja. El marido todavía ejerce sobre la mujer una autoridad injusta, el hombre todavía ve en ella el ser débil del cual se puede disponer siempre que se quiera. Los padres, en su mayoría, aún ponen tantas trabas a la libertad de las hijas que queda anulada. [...] La mujer no es libre, la sociedad se opone a ello.[103]

La mujer burguesa, a su entender igualmente explotada, tiene el camino algo más fácil por tener acceso a institutos y universidades, algo totalmente fuera del alcance de la obrera. Concluye que las mujeres deben tomar la iniciativa para emanciparse y acabar de una vez por todas con «la sociedad pútrida» en la que viven.[104]

A finales de abril de 1931, «Jew» expone nuevamente la necesidad de emancipación femenina en *L'Hora*: «Tienen que pasar muchos días antes de que la mujer se sienta libre. Ella, antes de liberarse del yugo burgués, lo tiene que hacer del padre y del macho».[105] Hallamos aquí el concepto de una doble opresión, económica y patriarcal, concepto que reaparece en un artículo de Manuela Villar en *L'Hora* del 21 de julio de 1932 titulado «Las esclavas», y en los artículos sin firma «A las mujeres que trabajan»[106] y «A las mujeres proletarias».[107]

Según Marx, la raíz está en la explotación capitalista de la mujer en tanto que instrumento de producción, y los marxistas del BOC y del POUM adoptarán esta fórmula pero con ciertos matices: Àngel Estivill y Maria Manonelles proponen que la burguesía no solo se aprovecha de la supuesta inferioridad de la mujer para explotarla a discreción, sino que ha sido quien se la ha inventado: «La burguesía, para defender sus intereses de clase, ha procurado crear el concepto de la inferioridad fe-

103/ M. Recasens: «I les dones», *L'Hora*, n.°17, 23.04.1931.
104/ *Ibidem.*
105/ Jew: «L'Emancipació de la dona», *L'Hora*, n.°18, 30.04.1931.
106/ «A les dones que treballen», *L'Hora*, 13.06.1931.
107/ «A las mujeres proletarias», *La Batalla*, 05.05.1932.

menina. Este concepto de la inferioridad de la mujer favorece en gran manera sus intereses económicos».[108] Con fecha del 20 de marzo de 1937, un militante (o un grupo de militantes) firma una declaración de apoyo de los hombres poumistas a las mujeres en su lucha por la emancipación.[109] En cambio, en *Emancipación* María [¿Andrade?], al incitar a las mujeres a asumir su responsabilidad en la obtención de sus derechos, especialmente la igualdad salarial y social, está asumiendo implícitamente que los hombres no se los reconocerán sin más:

> Aunque Cataluña tiene una constitución bastante avanzada respecto a la situación de la mujer, la mujer en la opinión pública, en las cuestiones de la vida de todos los días aún no goza de los mismos derechos que el hombre. [...] Tenemos que considerarnos igual a los hombres, tenemos que querer disponer libremente sobre nosotras. Pedimos la más amplia libertad para aplicarla voluntariamente en beneficio público.[110]

Según Marx, Engels y Bebel, la entrada de la mujer en el mundo laboral es un paso hacia su emancipación; Àngel Estivill y Maria Manonelles, por su lado, recalcan que la mujer obrera aporta mano de obra para mayor provecho de la burguesía, y Pilar Santiago, en *Emancipación,* llega a definir a la mujer como un objeto de compra-venta para la burguesía.[111]

Es pues un paso adelante que acaba generando nuevos beneficios a la burguesía. Además, como dice Mary Nash, si el POUM aboga por la incorporación de la mujer al trabajo (con la conformidad explícita de las militantes), las tareas domésticas o la educación de la infancia siguen mencionándose únicamente en relación a las mujeres. Hay en *Emancipación* un artículo que retoma el título de un escrito de Aleksandra Kolontái, *El comunismo y la familia,* para denunciar con crudeza esta disparidad entre discurso y realidad:

> Creen muchísimos hombres que el trabajo político debe ser relegado por sus compañeras a segundo término, dando prioridad al trabajo casero. Exigen de ellas que ocupen la casi totalidad del día en el trabajo doméstico.

108/ M. Manonelles: «La mujer en la lucha de clases», *La Batalla*, 04.01.1934.

109/ La-vi: «Solament amb el triomf de la revolució arribarà la dona proletària al seu total alliberament», *Avançada*, 20.03.1937, p.4.

110/ María: «Emancipación», *Emancipación*, 24.04.1937, p. 6.

111/ P. Santiago: «Nuestra lucha femenina», *Emancipación*, n.º 1, 20.02.1937, p. 1.

> [...] En la casi mayoría de los casos el hombre, aun llamándose comunista o revolucionario, es en su casa un burgués y en sus relaciones con su compañera se comporta como burgués. No es una paradoja afirmar que muchos militantes comunistas hacen posible en sus hogares lo que el nazismo ha impuesto en Alemania: que la mujer desaparezca de la vida social, cultural y política y quede relegada al simple deber de bestia productora de material humano para la guerra.[112]

En *La Batalla*,[113] Paquita Vallés, del BOC de Lleida, confirma tales términos remitiéndose a los tres estadios de la evolución social propuestos por August Bebel: salvajismo, barbarie, civilización; no lo cita explícitamente, pero la referencia es clara. Cosa que, por otro lado, no sorprende, ya que en *Emancipación* se calificará el trabajo de Bebel como «uno de los mejores estudios marxistas que se han escrito sobre la situación de la mujer a través de la historia, y los problemas que la afectan, sexual, familiar y políticamente»[114] y se recomendará su lectura muy especialmente a las militantes, que tienen que saber identificar el origen de sus sufrimientos y tomar conciencia de las injusticias que las aquejan.[115]

Lenin es otra de las referencias importantes para las militantes poumistas. En *L'Espurna*,[116] Júlia Serra transmite las declaraciones de una compañera que afirma que no conocía los trabajos de Marx pero sí los de Lenin; fue el revolucionario ruso que la condujo hasta el sociólogo alemán y a interesarse por el marxismo. Es más: el ejemplo de la Revolución rusa la empujará a ingresar y comprometerse en el partido. También en el órgano de prensa de Girona, Antònia Adroher, en un artículo dedicado a Lenin y a la mujer obrera, recalca la importancia de la mujer en el proceso revolucionario, una consideración que ya se había expresado anteriormente pero que vale la pena repetir hasta que arraigue plenamente en la sociedad. Las mujeres, según Lenin, deben tener acceso a la enseñanza y la cultura a fin de participar en los movimientos de clase y liberarse de la esclavitud capitalista: «Por fin, la mujer ha dejado de ser

---

112/   En «El comunismo y la familia», *Emancipación,* 24.04.1937, p. 6.
113/   P. VALLÉS: «La familia y la esclavitud de la mujer», *La Batalla*, 14.01.1932, p. 3.
114/   *Emancipación,* 24.04.1937, p.2.
115/   CARMEN: «La mujer en la edificación de la nueva sociedad», *Front* (Sitges), 17.01.1937, p. 3.
116/   GRACIETA: «Entre companyes», *L'Espurna*, 26.03.1937, p. 1.

esclava del macho para convertirse en su compañera y empezar a pensar por sí sola».[117] La emancipación de la mujer le permitirá así forjarse una personalidad que rompa con la anterior. Tal es la idea que emana del artículo del 23 de enero de 1937 «La personalidad de la mujer en la nueva sociedad», en oposición a lo que enseña e inculca la Iglesia.[118]

También la militante Teresa Pons denuncia en un artículo la incomprensión de los hombres respecto a la situación de las mujeres, doblemente explotadas, y los exhorta a ayudarlas a romper las cadenas que las aprisionan;[119] en un folleto redactado por el SFPOUM en 1937, *La mujer ante la revolución,* se emplaza incluso a las militantes a tomar la iniciativa:

> La igualdad de derechos tampoco nos la puede regalar el socialismo. Solo nos puede dar toda clase de facilidades para conquistarla con nuestra obra, tomando parte en la responsabilidad de la vida social y en su formación. Nos equivocaremos, cometeremos faltas; en el proceso del trabajo aprenderemos y nos desenvolveremos.[120]

Es interesante constatar que, pese a la diversidad geográfica de las publicaciones, las ideas son las mismas. Así, en Girona como en Puig-Alt de Ter (Sant Joan de les Abadesses), a unos sesenta kilómetros de aquella ciudad, se aconseja a las mujeres que tomen parte en la revolución, pero también que se instruyan para lo venidero a fin de integrase lo mejor posible en la nueva sociedad.

Lo expuesto da fe de cómo se percibía desde los periódicos poumistas el tema de la opresión de la mujer; algunas contribuciones van más allá de la simple reivindicación generalista de liberarla del yugo masculino (ya sea familiar, capitalista o burgués), como *La Batalla* y *L'Hora,* que publican una serie de puntos, presentan las reivindicaciones de las mujeres del BOC y establecen un programa, como venían haciendo las asociaciones feministas y sindicales desde 1917; en junio de 1931, dicho programa implica presionar a los nuevos gobernantes.

117/ A. Adroher: «Lenin i la dona obrera», *L'Espurna,* 21.01.1937, p. 4.

118/ J. C.: «La personalitat de la dona en la nova societat», *L'Espurna,* 23.01.1937, p. 2.

119/ T. Pons: «Por el bien de la mujer ha de hacerse la revolución», *Emancipación,* 24.04.1937, p. 8.

120/ SFPOUM, *La mujer ante la revolución,* 1937, p. 9.

1. Igualdad salarial para el hombre y la mujer.
2. Reducción de la jornada de trabajo.
3. Protección para la obrera madre, casada o soltera, exención laboral, con salario completo, entre los tres meses previos y los tres meses posteriores al parto.
4. Pensión para las obreras no aptas para el trabajo por causa de enfermedad.
5. Jubilación para las obreras de más de 50 años.
6. Creación de guarderías para los vástagos de madres trabajadoras en el horario de fábricas y talleres.
7. Abolición del trabajo a domicilio y de la esclavitud del trabajo doméstico.
8. Igualdad jurídica de ambos sexos.
9. Derecho a ser electora y elegible para todos los cargos.
10. Mayoría de edad la mujer a los 20 años.
11. Instauración del divorcio y reforma del contrato matrimonial para que la mujer sea jurídicamente independiente del marido.
12. Creación de la escuela única y gratuita.
13. Separación de la Iglesia y el Estado, y expulsión de las órdenes religiosas.[121]

Como cabía esperar, son reivindicaciones de índole mayoritariamente económica, entendida como fundamento de la emancipación femenina, que ya eran objeto de debate durante la Segunda República española, o incluso antes: el matrimonio civil, el divorcio y, sobre todo, el derecho de voto.

Relaciones entre sexos

La prensa del POUM no abunda en la cuestión del sufragio femenino, y quienes la airean son militantes mujeres. Clara Font plantea el problema ya en el título de su artículo del 21 de mayo de 1931 (o sea, algo más de un mes tras la proclamación de la Segunda República): «¿Quiere o no quiere votar la mujer?». Son todavía muchos los hombres que se de-

---

121/   Grupo femenino del BOC: «A les dones que treballen», *L'Hora*, 13.06.1931; Grupo femenino del BOC: «A las mujeres que trabajan», *La Batalla*, 04.06.1931.

claran en contra, aduciendo la escasa formación intelectual de la mujer y la todavía alta tasa de analfabetismo, lo que parece justificar que se la confine a las tareas domésticas. Así las cosas, ¿cómo iba a formarse una opinión? Clara Font se niega rotundamente a dar por bueno que la política sea un ámbito que solo interesa a los hombres. De entrada, ¿acaso las mujeres han tenido oportunidad de conocerlo?[122] Se sabe que fueron pocas las que, una vez obtenido el derecho a voto, se presentaron a las elecciones. En las listas electorales de 1932 en Barcelona, solo aparecen los nombres de dos mujeres militantes del BOC o del POUM: Maria Recasens Novell y Carme Martí Banque.

Los temas del matrimonio civil y del divorcio tuvieron mayor cabida en la prensa del POUM, con un enfoque muy próximo al ideario anarquista. En *L'Hora,* Maria Recasens aborda el tema del matrimonio (obrero) insistiendo en la parte «material» y «animal», es decir, sexual. Apoyándose en los argumentos de Engels, se remonta a la Prehistoria, al tiempo anterior a la monogamia y, por tanto, a la familia como institución tal como se conocerá después. La familia empieza a perfilarse a medida que los humanos se establecen formando tribus; con la instauración de la monogamia, la mujer se convierte en propiedad del hombre; el matrimonio propugnado por la Iglesia es puramente convencional, ajeno a los sentimientos. Por todo ello, la instrucción debe capacitar a la mujer para discernir con quién desea tener relaciones sexuales.[123]

Paquita Vallés reanuda esas mismas teorías en 1932, en *La Batalla,* y denuncia la monogamia (para la mujer) y el poder del hombre sobre su familia que, asegurándose de su paternidad, se asegura de quiénes serán sus «herederos»; de ahí el plano puramente práctico, de transmisión de la propiedad privada, y la ausencia de auténticas relaciones amorosas y sexuales. No obstante, en el matrimonio obrero, al tener la mujer que trabajar para ayudar a sacar la familia adelante, la monogamia existe únicamente en el sentido etimológico del término, y no en el histórico: el espacio de la mujer ya no es exclusivamente la esfera privada, ya que puede —y debe— ir a la fábrica.[124] ¿Acaso no es esta una de las causas

---

122/   C. Font: «La dona vol o no vol el vot?», *L'Hora,* 21.05.1931.
123/   M. Recasens: «El matrimoni proletari», *L'Hora,* 30.04.1931.
124/   P. Vallés: «La familia y la esclavitud de las mujeres», *La Batalla,* 14.01.1932, p. 3.

de la doble opresión de las mujeres obreras? Saliendo de la esfera doméstica ¿acaso se librarán de ella? La respuesta que apunta Paquita Vallés es rotunda: la obrera acarrea dos cargas, la doméstica, de la que no se ha librado, y la discriminación laboral y salarial. Así las cosas, Paquita ve la solución en la eliminación del capitalismo, lo que permitiría a la mujer emanciparse económicamente del yugo del hombre.

Más tarde, en plena guerra, las reflexiones a partir de las teorías de Marx y Engels en torno a la aparición del patriarcado, de la monogamia y de la creación de la familia vuelven a ser aireadas en *Emancipación*.[125]

El matrimonio civil se autorizó el 2 de marzo de 1932, bajo la Segunda República. Luego, el 2 de octubre de 1936 y siendo Andreu Nin *conseller* (ministro) de Justicia de la Generalitat de Catalunya, se aprobaron unos decretos que estaban en ciernes desde agosto y que reconocían todos los matrimonios de militares o milicianos movilizados, celebrados ante cualquier autoridad o funcionario, comité, jefe militar o comisario de guerra, a partir del 18 de julio de 1936, fecha de inicio de la guerra civil y de la revolución proletaria. Además, si un hombre que ya convivía con su pareja moría en el frente, su compañera podía legalizar su unión inscribiéndola en el registro civil.[126] En *La Batalla* del 20 de octubre de 1936 se notifica uno de estos matrimonios.[127] En cuanto a los divorcios, en la misma *La Batalla* —y en el resto de números— hallamos reseñas como esta: «Divorcios notificados hoy: Tomás Agustí y Felicia Miró, a las 11h; Rita Llamas y Ernesto Sans, a las 11h05; Magín Pelahí y Carmen Guitart, a las 11h10; Juan Molina y Rosa Urpí, a las 11h15»;[128] en cambio, son pocos los artículos de fondo sobre el tema.

El periódico *Combat* publica un artículo, firmado por un tal Higios, que lamenta que se confunda la libertad de unión con la aventura donjuanesca; también puntualiza que acusar la monogamia —en el sentido

---

125/ «El comunismo y la familia», *Emancipación*, 29.04.1937, p. 6.
126/ Véase «Los matrimonios libres, legalizados», *La Batalla*, 14.04.1937, p. 5, «De interés para los milicianos que quieran contraer matrimonio», *La Batalla*, 21.08.1936, p. 3, «De interés para los que deseen contraer matrimonio», *La Batalla*, 25.08.1936, p. 2, «Los matrimonios celebrados ante los organismos responsables de los partidos políticos y sindicatos, tendrán valor legal», *La Batalla*, 04.10.1936, p. 3.
127/ *La Batalla*, 20.10.1936, p. 1.
128/ *La Batalla*, 17.12.1936, p. 2.

capitalista del término, es decir como unión indisoluble— de favorecer la discriminación no implica estar a favor de la poligamia, que hay que proscribir. El autor opta decididamente por la monogamia, pero en concierto con el amor libre y sincero por una persona. Valora la opción del divorcio porque permite sentirse libre en la relación, sin que ello implique desprecio hacia la mujer o un cambio en los sentimientos.[129]

Juventud Comunista y *Emancipación*[130] publican un artículo de Lenin sobre la cuestión sexual y, más concretamente, sobre el amor libre. Que nadie se llame a engaño: el amor libre no es sinónimo de libertinaje, y de ahí que sea esencial que sobre todo los jóvenes lean y estudien para desarrollar su intelecto.

> Todo esto enriquece mucho más a la juventud que todas las discusiones y charlatanerías de siempre sobre los problemas sexuales y lo que nombran disfrutar de la vida plenamente. Un cuerpo sano, un cerebro sano. Ni monje, ni donjuanismo, pero tampoco una castidad estilo alemán, como en la Edad Media. [...] Tampoco confío en los hombres que van detrás de cualquier falda que encuentren y se dejen seducir por toda mujer joven. No, esto no va de acuerdo con la Revolución.[131]

Finalmente, el proyecto de ley sobre el matrimonio que no se votó en 1933 reconocía los mismos derechos matrimoniales a hombres y mujeres: ninguna de las partes tiene autoridad legal sobre la otra; los gastos del hogar irán a cargo de los dos cónyuges en función de sus respectivos recursos económicos y de sus posibilidades de trabajo; los deberes hacia la prole serán los mismos para ambos progenitores.[132] Andreu Nin también hizo fijar la mayoría de edad de ambos sexos en los 18 años, mientras que la Constitución la había situado en los 21.

Debate de ideas en torno al cuerpo de la mujer

Como también ocurre en los círculos anarquistas, hay algunos temas

129/ Higios: «El divorci simplificat i l'amor lliure», *Combat,* 26.01.1937, p. 4.
130/ Mismo artículo publicado en los dos periódicos. «Víctor Illich L. y el problema sexual», *Juventud Comunista,* 19.11.1936, p. 3, y «Lenin y los problemas de la vida sexual», *Emancipación,* 24.04.1937, p. 4.
131/ «Víctor Illich L. y el problema sexual», *Juventud Comunista,* 19.11.1936, p. 3.
132/ «Se le reconocen iguales derechos matrimoniales que al hombre», *La Batalla,* 05.02.1937, p. 4.

que, sin llegar a ser centrales, por lo menos se mencionan, son motivo de reflexión, o incluso abren o alimentan el debate.

Sexualidad

Las informaciones sobre la sexualidad en la vida cotidiana de la militancia son escasas. Algunas militantes como Lie o Carlota Durany abordan el tema en *Emancipación,* donde abogan por una sexualidad libre y sin restricciones económicas ni morales, pero manteniendo cuidadosamente las distancias con lo que pudiera parecer libertinaje o una vida sexual frívola contraria a los valores revolucionarios; y no faltan las reivindicaciones del placer femenino en clara contraposición a los prejuicios defendidos por la Iglesia católica.

Al principio de la Segunda República, «Jew», militante de Barcelona, aborda la cuestión sexual y reclama, para alcanzar la igualdad a este nivel, una regulación en los ámbitos laboral y cultural que facilite el acceso de la mujer a la educación y a sus derechos; también aboga por el amor libre,[133] del que el anarquismo ha sido pionero.[134] Pero es esta una cuestión que, tal como señala Mary Nash,[135] no despertó en su momento mucho interés entre las mujeres. Entre quienes firman artículos sobre el tema solo tres son mujeres: Maria Recasens, Paquita Vallés e Isabel Polo (con un artículo cada una). La razón podría ser la falta de instrucción, en ellas como en ellos, en este campo.

La cuestión merece más atención en *Emancipación,* que en 1937 dedica una sección a los problemas relacionados con la sexualidad con la voluntad de instruir las masas. Los autores critican la persistente costumbre masculina de mantener relaciones extraconyugales y la doble moral sexual. El artículo «Barreras rotas» pone el dedo en la llaga de la escasa educación sexual: «Uno de los aspectos donde más se nota esa falta de preparación, esa desorientación, es el de las relaciones entre los sexos».[136] Se aconseja pues a los lectores leer los libros de Aleksandra Kolontái y August Bebel. En palabras de la anarquista Antonia Fon-

---

133/   Jew: «Higiene burguesa y proletaria» y «Nudisme del Paral·lel», *L'Hora,* 27.06.1931 y 19.08.1931.

134/   Entrevista con Antonia Fontanillas, Dreux, 23.09.2009.

135/   M. Nash: *Mujer y movimiento obrero, op. cit.,* p. 220.

136/   R. Vallespi Torrent: «Barreras rotas», *Emancipación,* 24.04.1937, p. 5.

tanillas, había que «leer mucho para hacerse cargo de las cosas», y no imponerse, sino dar ejemplo para el bien social.[137]

Para Carlota, la vida sexual es un factor importante de la vida del individuo, que tiene todo el derecho a disponer de su cuerpo y a mantener las relaciones que quiera, salvo si la intención es criminal, como sería en caso de transmisión consciente de una enfermedad. El sexo forma parte de los instintos más naturales y no se puede moralizar.[138]

La escasez de declaraciones sobre la sexualidad del militante es comprensible; baste recordar una anécdota, narrada por Mary Low y que la impresionó profundamente: en plena guerra, vio a hombres y mujeres desnudos bañándose juntos, y un compañero le espetó riendo: «Qué, camarada, toda una revolución para ti, verdad?»,[139] comentario que ya muestra el desajuste que mediaba entre la situación real y el discurso defendido por las mujeres del POUM, un amor libre y exento de cualquier dominación de un sexo sobre el otro. Entonces llamaron a las mujeres que estaban en la orilla para que se uniesen al baño:

> [Ellas] se desabrocharon los vestidos, los dejaron caer al suelo y se precipitaron hacia el río. [...] La suiza nadó hacia nosotros, con sus brazos trazando arcos en el aire y, a cada movimiento, la mitad de su cuerpo salía fuera del agua, dejando ver sus senos espléndidos.[140]

Cuando Mary Low preguntó a la mujer suiza si aquello no la incomodaba, ella le respondió: «¿Y por qué? Son totalmente inofensivos. Claro, de vez en cuando alguno de ellos se masturba un poquito, pero con tanto respeto que no hay nada que decir».[141]

Otra cuestión, la homosexualidad socava los conceptos tradicionales del modelo patriarcal, y por ende la dominación masculina, sobre todo si se trata de lesbianas dichas masculinas, más estigmatizadas en la medida en que su subversión es más visible. La única opinión de militantes del POUM que hemos podido obtener en relación a la homosexualidad es la de Teresa Rebull. Según ella, durante la guerra

---

137/ Entrevista con Antonia Fontanillas, Dreux, 23.09.2009.
138/ CARLOTA: «Yo, tú, él y la revolución sexual», *Emancipación*, 29.05.1937, p. 3.
139/ M. Low: *op.cit.,* p. 116.
140/ M. Low: *op. cit.*, p. 116.
141/ *Ibidem*, p. 117.

civil no era un tema que preocupara especialmente y se hablaba poco de ello, aunque existiera. Entre las anarquistas, Antonia Fontanillas opina hoy en día «que hay que abrir una brecha en la realidad», «que la diversidad es lo mejor que hay» y «que hay que atacar la uniformidad»;[142] pero hay que tener en cuenta que son las opiniones de dos mujeres inscritas en la sociedad actual y que las mentalidades han evolucionado. A falta de más documentación, poco puede decirse sobre la situación durante la guerra.

El curso de los hechos históricos limitó en mayor o menor medida el alcance de las ideas de las militantes; aun así, hay que subrayar el pensamiento vanguardista (pese a ciertas desigualdades y discriminaciones tan reales como evidentes) de las militantes del POUM —de la mano de las anarquistas principalmente— en torno a la cuestión femenina.

Son pocos los periódicos que abordan el tema. *La Batalla*, *L'Espurna* y otros órganos de prensa del POUM se limitan a aconsejar ciertas lecturas pero no van más allá. Los hombres no parecen tener mayor interés que las mujeres en tratar el tema, pero es que, como afirma la anarquista Antonia Fontanillas, «antes era tabú o estaba mal visto hablar de sexo»;[143] y Blanca Marcellan, hija de anarquistas, confirma que en su casa «era un tema muy discreto»[144] y que sus padres eran muy pudorosos, cosa que confirmaría que en la España de los años treinta era muy difícil abordar la temática sexual.

En cuanto a «Mujeres Libres», Mary Nash subrayó su mutismo en lo tocante a la sexualidad, apuntando que quizás era debido a una cierta inhibición generalizada. Durante nuestra entrevista con Antonia Fontanillas, militante anarquista reconocida, esta nos confirmó que la sexualidad en su conjunto era tabú y que se hablaba muy poco de ello porque «estaba mal visto», a pesar de las numerosas publicaciones médicas anarquistas.

> Una vez traje un libro de Martí Ibáñez, *La reforma eugénica del aborto*. Y mi madre me pegó una bronca. Y dije: «¡Menuda mentalidad!». Y eso que era liberal. Quizás pensó que yo tenía un problema y que quería abortar.[145]

142/   Entrevista con Antonia Fontanillas, Dreux, 29.09.2009.
143/   *Ibidem.*
144/   Entrevista con Blanche Marcellan, París, 08.10.2009.
145/   Entrevista con Antonia Fontanillas, Dreux, 23.09.2009.

No olvidemos el trabajo llevado a cabo por las propias mujeres: por ejemplo, Amparo Poch propugnaba, en tanto que doctora en Medicina, una reforma de la sexualidad, y se esforzó en difundir, especialmente en los entornos obreros, el máximo de información; fue, además, una de las fundadoras del grupo Ogino para la difusión de este método anticonceptivo natural.[146]

Prostitución

La institucionalización de la prostitución, en época de Isabel II, se debe principalmente a la propagación de las enfermedades venéreas, a la presión higienista y a una voluntad, por consiguiente, de controlar a las prostitutas. En este primer momento, la reglamentación se limita a crear la categoría de la prostituta y establecer así la distinción entre la que ejerce de forma «legal» y está inscrita en los registros, la prostituta clandestina y la simple concubina. En la mayoría de las ciudades españolas, el grueso de las prostitutas proviene del servicio doméstico, que apenas da para sobrevivir, además de conllevar el más que probable acoso sexual por parte de los *señoritos* (que puede llegar al abuso e incluso la violación) y frecuentes acusaciones de robo en las casas. La mujer no tiene entonces otro remedio que pasar de la «domesticidad privada a la domesticidad pública».[147] Rosa Capel enumera otras posibles razones para la prostitución: motivación psicológica (falta de afecto parental y deseo de acceder a algo), factor cultural (muchas de estas mujeres son analfabetas), factor social (incitación permanente al lujo).[148] Por otro lado, desde el punto de vista moral y religioso, la prostitución representa una «válvula de seguridad» para el matrimonio burgués, como expone Mary Nash,[149] al garantizar la castidad de la mujer burguesa y proteger su virtud; punto de vista corroborado por Aleksandra Kolontái.[150]

146/   Véase A. Rodrigo: *Una mujer libre. Amparo Poch y Gascón, médica y anarquista,* Barcelona, 2002.

147/   A. Navarro: «La prostitución en la ciudad de Madrid», citado por J-L. Guereña en: *La prostitución en la España contemporánea,* Madrid, 2003, p. 230.

148/   R. Capel: *op. cit.,* pp. 271-272.

149/   M. Nash: *Mujer, familia y trabajo en España 1875-1936,* Barcelona, 1983, p. 29.

150/   Cita de Aleksandra Kolontái en J. Stora-Sandor: *Aleksandra Kolontái,*

En 1931, Maria Recasens escribe un artículo titulado «La prostitución» donde afirma que la prostituta ha de ser considerada una mujer como las demás.[151] En esa época, en la que según Recasens se cuentan más de 70.000 prostitutas solo en Barcelona,[152] la responsabilidad de tales prácticas recae sobre la burguesía: a los hombres más acomodados se les permiten relaciones extraconyugales para conservar la «pureza» de su matrimonio, mientras que, en principio, las mujeres burguesas no se prostituyen sino que tienen relaciones sexuales únicamente dentro de su clase social a fin de asegurar la reproducción de esta. Las prostitutas son casi siempre mujeres del proletariado. Además, al igual que Rosa Capel, Maria Recasens achaca a la falta de educación el hecho de que una mujer en apuros elija el camino en apariencia más sencillo. Es el señuelo del dinero fácil frente a salarios míseros que no dan para vivir.

Si hay que creer *L'Espurna,* al principio de la guerra civil la prostitución está aún muy extendida, y ya en el primer número —exactamente el 16 de noviembre de 1936— aparecen dos denuncias de tal práctica: «La prostitución es la baba de la sociedad burguesa. Preguntemos a los organismos responsables: ¿cuándo aboliremos los burdeles gerundenses?», y «En el frente, privaciones, frío, agua y pulmonías. En la retaguardia, bailes, cabarets, burdeles».[153] Queda claro: la burguesía es la única responsable de este caos que existe y persiste, y no cuesta imaginar que si *L'Espurna* aborda el tema es porque sigue siendo una práctica realmente frecuente. Los logros de la Segunda República en España podrían llevarnos a suponer que en 1936 la prostitución estaría en declive, a consecuencia, por ejemplo, del decreto promulgado en 1935 por el gobierno de la CEDA, en el poder desde octubre de 1934; pero aunque el decreto en cuestión suprime la reglamentación de la prostitución, de modo que en España su ejercicio ya no es reconocido como medio legal para ganarse la vida, no nos engañemos: el objetivo principal del decreto es acabar con las enfermedades venéreas, y no alude en ningún momento al cierre de las casas de prostitución. Basta con abrir el segundo número de *L'Espurna,* del 17 de noviembre de 1936,

---

Marxisme et révolution sexuelle, París, 1973, p. 72.
151/   M. RECASENS: «La prostitució», *L'Hora,* 13.06.1931.
152/   M. RECASENS: «Aspectes», *L'Hora,* 18.03.1931.
153/   *L'Espurna,* 16.11.1936, p. 2 y 4.

para encontrar un artículo titulado «Nuestras campañas: ¿Prostitución, todavía?», en que se define —el artículo no está firmado— la prostitución como «una lacra infamante, secreción y rebrote de la sociedad capitalista, [de la que] aún no nos hemos librado».[154] Y continúa exponiendo que «este comercio de carne femenina», que esta «explotación de todas las clases, sexos y condiciones» es inaceptable en el mismísimo corazón de la «inmortal Girona y en las otras poblaciones de las tierras libres del Empordà». Se trata de una diatriba contra la prostitución y contra su instigadora, la burguesía: en un artículo de veintiséis líneas que no ocupa más de un cuarto de página, se concentra una treintena de epítetos o expresiones peyorativas. Así, denuncia el «comercio de la carne humana» y la explotación de las mujeres, esta «tara infame que perdura», mientras recurre a un léxico diametralmente opuesto para contrarrestar la práctica de la prostitución; menudean los imperativos, los verbos como «acabar con» o «cesar de», y la exclamación «basta» (*prou,* en catalán), repetida simbólicamente al final del artículo: «¡Ya basta!» *(Ja n'hi ha prou!).* La solución que propone es simple y clara: para acabar con tal explotación degradante del «bien público», hay que apartar a las mujeres de las «casas inmundas, de los burdeles y los cabarés» y, puesto que será la revolución proletaria quien entable el combate, hay que matar dos pájaros de un tiro y acabar al mismo tiempo con el «lobo capitalista». Finalmente arremete contra los hombres que perpetúan esa lacra: «Basta de brazos masculinos sin escrúpulos. Hay que acabar con estos hombres transformados en bestias, llevados por sus instintos desenfrenados de animal en celo».

A juzgar por los contenidos de *L'Espurna* y de *Avant,* órgano de prensa del POUM en Figueres, la cuestión se aireó sobre todo en la provincia de Girona. Núñez Soler afirma: «Hoy [en 1937] nos ocupamos de un problema que parece haber pasado desapercibido en la obra nueva y purificadora de la Revolución: la prostitución».[155] Según el militante marxista, ha llegado el momento de acabar con la prostitución, pero el pueblo no está preparado para zanjar de golpe una cuestión demasiado arraigada en la sociedad y sus prácticas; se trata, pues, de idear soluciones para superarlo, aunque solo sean medidas que garanticen

---

154/ «Les nostres campanyes: Prostitució, encara?», *L'Espurna,* 17.11.1936, p. 4.
155/ N. Soler: «Cal abolir la prostitució», *Avant,* Figueres, 13.01.1937, p. 8.

una higiene irreprochable y eviten contagios venéreos y nacimientos con deformidades o patologías graves. El dibujo que ilustra el artículo representa una mujer que no tiene nada de prostituta sino más bien de indigente: sola, con las mejillas hundidas, sobre un fondo de lo que parecen ser fábricas; sin duda representa una mujer obrera (con un mono de trabajo, probablemente), y lo hace con trazos geométricos que nos remiten al constructivismo ruso y sus representaciones de mujeres de la revolución de 1917.

Reflexión sobre el papel de madre

En la prensa del POUM destacan dos enfoques de la cuestión: el primero, y más frecuente, consiste en exaltar la figura de la mujer-madre, abnegada para con los suyos y especialmente —en período de guerra— para con el marido y los hijos combatientes; el segundo —el más innovador— se centra en la contracepción y la maternidad deseada.

Podemos preguntarnos qué relación existe entre «la figura de la madre» y las luchas de las mujeres; pero el combate (o, incluso, los combates) referido en la prensa es de otro tipo: la figura materna aparece ante todo como soporte moral para el miliciano. Este no olvida a su propia madre mientras combate en cuerpo y alma en las trincheras; se esfuerza por evocar su imagen y lo daría todo para volverla a ver, aunque solo fuera un instante, y darle ánimos, mientras que el *topos* de la madre que sufre por su hijo combatiente adereza los discursos y la iconografía. Pero hay más: la madre proletaria toma progresivamente conciencia de las injusticias que se ciernen sobre ella y los suyos, y aspira cada vez más a la justicia; es una madre para quien el combate armado parece, cada día que pasa, más indisociable del combate revolucionario en la retaguardia.

Varios periódicos del POUM publican el mismo artículo, titulado «La figura simbólica de los milicianos: la madre»,[156] donde un joven miliciano estacionado en el frente de Huesca, entre andanada y andanada de disparos, escribe una carta a su madre instalado en una mesa precaria (una caja de municiones) a la luz de una pequeña vela.[157] El plantea-

---

156/ *L'Espurna*, 23.11.1936, p. 4.

157/ Según el autor del artículo, J. Pallarols, el testimonio es el de un joven miliciano desconocido, combatiente del frente de Huesca. El reportaje del enviado al frente data del 17/11/1936.

miento es del todo sentimental, casi novelesco: un miliciano joven que, al enrolarse pocas semanas antes, se consideraba lo bastante maduro y preparado para afrontar la vida solo, se da cuenta de que en la dureza de su presente la única capaz de darle ánimos por el simple hecho de pensar en ella es su madre. Una madre a quien quisiera contar qué es el frente, con los combates, los muertos, los heridos...; una madre a quien quisiera explicar cuánto ha madurado y hasta qué punto es consciente de tomar parte en una lucha emancipadora de la que surgirá gente más humana y más digna, más libre en definitiva.

En un artículo del 30 de noviembre de 1936, titulado «Abnegación y tacañería», redactado y firmado por Júlia Serra, el enfoque se invierte: ya no se nos muestra al miliciano evocando a su madre, sino a la madre de un soldado. En efecto, si el joven combatiente sufre en el frente, en la retaguardia, su madre —la «figura más sublime de la retaguardia»— también sufre, en silencio; no llora, pero alimenta la llama de su amor; «ha sabido vencer el impulso del destino pero no vencerá la fuerza del sentimiento».[158] Gracieta —Júlia Serra— continúa censurando a quienes no comprenden a esas madres, esas «heroínas del dolor» que no deberían dejar indiferente a nadie.

Finalmente, el artículo «Nos habla una madre», también publicado en varios periódicos, presenta la figura de la madre proletaria, su clamor y su toma de conciencia ante las injusticias que sufre el proletariado cuando, al llevar a su hija herida al hospital, le aseguran repetidas veces que alguien las atenderá pero no acude nadie, ni médico, ni enfermera ni auxiliar, aunque la sala de espera está vacía. Es el grito de una madre que aspira a la verdadera justicia, igual para todos; una justicia que dicte, por ejemplo, que un hospital no está para acoger a «las víctimas del capital», sino que es un centro sanitario abierto a todo el mundo, una institución humanitaria al servicio del pueblo «que ha conquistado con la muerte el derecho a la vida». Este ejemplo viene a ilustrar una toma de conciencia generalizada: las mujeres, ante situaciones de la vida cotidiana, —en este caso, las madres— empiezan a requerir y reivindicar con voz propia mejoras y derechos para la clase obrera.

El análisis de estos artículos demuestra que la figura materna pre-

---

158/   «Abnegació i tacanyeria», *L'Espurna,* n.°13, 30.11.1936, p. 1.

sentada por el POUM no es una mujer en el sentido biológico de la palabra, o sea un simple organismo procreador, pero que sí subyace en ella una determinada visión arcaica de la mujer, manifestada por la insistencia en su indestructible capacidad de abnegación.

Un artículo publicado en *Combat* condensa la visión poumista de la figura de la madre. Trata de la Inclusa, un orfelinato gestionado por monjas para acoger las criaturas abandonadas por las familias o por madres solteras que no pueden, o ya no pueden, ocuparse de ellas. El POUM preconizaba la desaparición de este tipo de establecimientos gracias al embarazo deseado por la mujer, o sea, mediante la implantación de la maternidad llamada consciente; en este horizonte se evitarían, además, los abortos clandestinos, a menudo peligrosos, o bien el abandono de criaturas por motivos económicos, por no poder cubrir las propias necesidades. Pero como no se podía esperar que las cosas cambiaran radicalmente de un día para otro, y menos en un tema tan controvertido, el POUM prefirió, al menos en un primer tiempo, mantener un establecimiento como la «Casa de la Maternitat», creada por el grupo anarquista Mujeres Libres en Barcelona, que se proponía ofrecer su apoyo a las chicas solas con su criatura y devolverles las ganas de ser madre. Se había estipulado una ayuda de cincuenta pesetas mensuales, y la Casa contaba con agua caliente, calefacción, salas de juegos, una biblioteca y una sala de espectáculos; con ello se pretendía que la madre pasase tanto tiempo como le fuera posible con su retoño y desarrollara el deseo de educarlo en el futuro.[159] Se impartían cursos sobre control de natalidad, sexualidad y eugenismo, con el propósito de capacitar a las jóvenes, mejor informadas así sobre su cuerpo, para asumir el control de otros aspectos de su vida.

Contracepción

La cuestión de la maternidad deseada también se expone en algunos artículos, firmados especialmente por mujeres. Maria Teresa Andrade aspira a que la mujer disponga libremente de su cuerpo y decida si quiere ser madre o no.[160] La falta de educación sexual incitó a las militantes del

---

159/   *Combat*, n.º 55, 28.09.1936, p. 4.
160/   M-T. Andrade: «La mujer joven tiene todo un mundo que ganar», *Juventud*

POUM a perseguir un cambio radical. «Insistimos en decir que no era suficiente dicha medida y que lo que procedía era hacer una gran campaña para aclarar las cuestiones referentes a los problemas sexuales, y esto no solo entre las mujeres», escribía «Lie» en «Por la creación de Consultorios para la propaganda y práctica de los medios preventivos».[161] Pero de toda la prensa del POUM, el tema solo se menciona en *Emancipación,* el periódico del SFPOUM, ¡y en ningún otro periódico del partido! Por un lado, «no olvidemos que frecuentemente son también los mejores militantes del movimiento obrero los que necesitan consejos sobre estas cuestiones»[162] y que, por ende, solo las militantes implicadas en el proceso revolucionario escribían en los periódicos y los leían regularmente; en cambio, el número de mujeres analfabetas, privadas de toda educación, ni que solo fuera la primaria, era elevadísimo en aquella época.[163]

En *Emancipación,* «Lie» esgrime la necesidad de crear espacios de información, en particular sobre métodos de prevención del embarazo. La ley sobre el aborto del 25 de diciembre de 1936, firmada por el primer ministro Josep Tarradellas y publicada en el *Diari Oficial de la Generalitat* el 9 de enero de 1937, tuvo muy buena acogida. Cataluña estaba en la vanguardia europea en materia de legislación sobre el aborto. El decreto representaba un progreso importante en comparación a legislaciones anteriores al legalizar la interrupción artificial del embarazo por causas terapéuticas (enfermedad física o mental de la madre), motivos eugenésicos (taras que se pudieran transmitir), factores neo-maltusianos (deseo consciente de limitación voluntaria de la natalidad) y razones sentimentales o éticas (maternidad no deseada por la madre, artículo 2 del decreto). Una de las motivaciones importantes de la ley era acabar con los abortos clandestinos y peligrosos.[164] Por otro lado, la ley establecía ciertos límites: estaba prohibido el aborto pasados los tres primeros meses de gestación, salvo en caso de justificación terapéutica (artículo 3), así como abortar más de una vez al año, excepto en caso de

---

Comunista, 21.01.1937.

161/   *Emancipación,* n.º4, 29.04.1937, p. 4.

162/   *Ibidem.*

163/   En 1931, el 39,4% de las mujeres todavía era analfabeta. Citado por M. Pérez Galán: *La enseñanza en la segunda república española* (2.ª edición corregida), Madrid, 1977, p. 45.

164/   Decreto del 25 de diciembre de 1936.

necesidad terapéutica (artículo 4), y era obligatoria la ficha médica con recomendación de un médico (artículo 10).[165]

La ley iba acompañada de más medidas: creación de servicios gratuitos en todos los hospitales y clínicas a fin de proporcionar un acceso fácil a los medios anticonceptivos y, tan importante o incluso más, lanzar campañas de información y educación sexual para subsanar las evidentes carencias en este campo. La revolución había hecho posibles muchas cosas, pero había que comprender que «no [podía], de golpe, proporcionar una nueva moral sexual».[166]

En relación al aborto, el POUM bebe en gran medida de las ideas anarquistas. Como expone Mary Nash,[167] la cuestión del control de la natalidad y la problemática neomaltusiana se debatieron en escritos anarquistas en las primeras décadas del siglo xx, especialmente en las revistas *Generación consciente* y *Estudios,* e influyeron en el desarrollo ideológico del movimiento obrero: necesidad de educación sexual, abolición de la prostitución, lucha antivenérea, divorcio, libertad sexual, control de la natalidad. En su estudio sobre el Hospital de la Santa Creu i Sant Pau, de Barcelona, la historiadora contabiliza, de enero de 1931 hasta 1938, 6.504 pacientes, de las que 3.551 eran mujeres embarazadas y 1.216, casos de aborto,[168] y comenta el número reducido de abortos voluntarios. A finales de 1936, con la entrada en vigor del decreto, no se observa un aumento particularmente significativo del número de interrupciones del embarazo. Mary Nash propone varias explicaciones: en primer lugar, la falta de aceptación popular y el miedo a las consecuencias, no tanto penales sino sociales, de modo que buen número de mujeres, en vez de acudir a los hospitales, probablemente prefiriera abortar en la clandestinidad; en segundo lugar, la movilización al frente

---

165/ Decreto del 25 de diciembre de 1936 sacado de Lola Iturbe: *La mujer en la lucha social,* capítulo «Algunas conquistas de la Revolución de 1936 con referencia a la mujer», México D.F., Editores Mexicanos Unidos, S.A., 1974.

166/ Lie: «Por la creación de Consultorios para la propaganda y práctica de los medios preventivos», *Emancipación,* 24.04.1937, p. 4.

167/ Véase M. Nash: *Mujer y movimiento obrero, op. cit.*

168/ M. Nash: «El estudio del control de natalidad en España: Ejemplos de metodologías diferentes», en *La mujer en la Historia de España (siglos XVI-XX),* Actas de las segundas jornadas de investigación interdisciplinaria, Madrid, Universidad Autónoma, 1984, pp. 258-561.

de muchos hombres y la subsiguiente reducción del número de embarazos; y, finalmente, la falta de difusión de información y la eventual hostilidad de algunos médicos hacia tales intervenciones.[169]

Influencia de la religión

El POUM, heredero de las ideas marxistas, adopta la concepción materialista del mundo y no reconoce las creencias religiosas. Si bien hubo militantes poumistas claramente anticlericales que participaron en acciones contra iglesias y otros edificios religiosos y en asesinatos de curas, no creemos que ello refleje el auténtico espíritu del partido.[170] Es cierto que la prensa publica opiniones virulentas, pero los programas del POUM contemplan más bien el declive de la relevancia social de la Iglesia. En *¿Qué es y qué quiere el POUM?* se puede leer que los mayores enemigos del marxismo son el fascismo y la burguesía; el problema religioso solo radica en el poder de la Iglesia.

La iconografía tampoco contiene, salvo en poquísimas excepciones, mensajes sobre la religión.[171] En *Front* nos llama la atención una imagen con estética futurista[172] en la que unos religiosos, deshumanizados por las formas geométricas y los gruesos trazos negros a que se reducen sus facciones, recuerdan a robots, repitiendo mecánicamente los mismos gestos de cada día; a su derecha, la figura de un industrial, fácilmente identificable por estar rodeado de fábricas. Es este el aliado de la Iglesia y el fascismo, y el enemigo del POUM y de los marxistas, tal como nos confirma el pie: «La magnífica acción de la clase trabajadora ha proscrito para siempre de nuestro país el opio de la religión. El aliado de las castas feudales y del fascismo asesino no podrá volverse a levantar». En cambio, en los periódicos del POUM son muchos los artículos que denuncian esta alianza, y en *Avançada* se acusa incluso a la Iglesia de esconder importantes sumas de

---

169/ M. Nash: «El estudio del control de natalidad en España: Ejemplos de metodologías diferentes», en *La mujer en la Historia de España (siglos XVI-XX)*, Actas de las segundas jornadas de investigación interdisciplinaria, Madrid, Universidad Autónoma, 1984, p. 253 y p. 262.

170/ Véase C. Coignard: «Le POUM face au religieux: école et laïcité», *op. cit.*

171/ Véase C. Coignard: «Las imágenes también hablan: análisis de la prensa del P.O.U.M. en la Guerra Civil», *op. cit.*

172/ *Front,* Terrassa, 01.08.1936.

dinero mientras que el pueblo obrero pasa hambre, carece de escuelas, de carreteras.[173] Pero algunos militantes eran conscientes del capital artístico y arquitectónico que poseía la Iglesia, y de que no se trataba de destruir ciegamente todo lo relacionado con la religión sino de apropiárselo para entregarlo al pueblo. Así, en Girona la joven Júlia Serra impide que la muchedumbre incendie la catedral: en las mismísimas escaleras del templo logra hacerles entender que sin duda hay que controlar y aniquilar el poder de la religión en la sociedad pero que las catedrales, las iglesias y hasta las ermitas son, más que símbolos de opresión merecedores de actos bárbaros, muestra de un patrimonio que debe pasar a manos del pueblo. Puigcúvol también expresa su preocupación por las destrucciones, inútiles por cuanto la religión es algo mucho más profundo: «No ha sido suficiente, sin embargo, lo realizado entonces. De nuevo y a la sombra de las conquistas contrarrevolucionarias vuelve a silbar la hidra venenosa».[174]

En cuanto a la relación entre mujer y religión, Júlia Serra publica en *L'Espurna* varios artículos sobre el tema en los que denuncia la sumisión de las mujeres, por supuesto, pero también y sobre todo de la infancia a través de instituciones escolares religiosas que recurren a los golpes para «hacer entrar la letra», como dice el refrán. Recoge testimonios de alumnos de antiguas escuelas religiosas que recuerdan violencias, malos tratos y hasta torturas; sufrimientos todos ellos infligidos como sacrificios al Señor. Uno dice: «Me di 100 palos con una cuerda en la espalda, el viernes, para hacer un sacrificio a Jesús Sacramentado»,[175] y otro añade: «El viernes toda la tarde llevaba una piedra en el zapato».[176]

En otro artículo, arremete contra las creencias, introducidas a la fuerza y por miedo al castigo, que ofrecen a las mujeres —pero no solo a ellas— una visión maniquea del mundo: o cielo o infierno. «Mortificaciones, ayunos, abstinencias... he aquí el camino hacia la tan cacareada eternidad.»[177] Júlia Serra es consciente de lo difícil que será erradicar de la sociedad los prejuicios ligados a la cultura religiosa, de lo largo que será el proceso. Constata muy oportunamente que la mujer, entre la escuela

---

173/   «La revolució i l'esglèsia», *Avançada,* 14.11.1936, p. 7.
174/   P.G.: «La religión es el opio del pueblo», *L'Espurna,* 27.03.1937, p. 1.
175/   Gracieta: «Religió vol dir anti-Natura», *L'Espurna: portantveu del P.O.U.M. a les comarques gironines,* 17.11.1936, p. 4.
176/   *Ibidem.*
177/   Gracieta: «Deixalles clericals», *L'Espurna,* 21.12.1936, p. 1.

y el confesionario, solo ha aprendido a sufrir y a sacrificarse. En *Impuls,* Caterina Manyalic abona estas tesis: la mujer es sumisa porque el clero explota el ascendiente que tiene sobre los sentimientos de los más débiles.[178] La mujer es quien más ha sufrido la «farsa» de la Iglesia, dirá «LA-VI» en *Avançada,* mientras que «el hombre, ya sea porque tenía más medios de distracción, más lugares de recreo o porque podía acudir al Sindicato o al Partido [...] no acudía con tanta frecuencia a la Iglesia».[179]

Por ello, las mujeres del POUM buscan romper el molde constituido por el catolicismo y la burguesía, marcado por la ignorancia, e incitan a las mujeres a adoptar un nuevo rol social a través de su emancipación personal.[180] Todo un programa a desarrollar en paralelo a la guerra civil,[181] cosa que constituye una de las consignas del POUM: la guerra y la revolución son inseparables. En cambio, el PSUC (y el PC) defiende que hay zanjar el conflicto armado antes de secundar una eventual revolución, algo impensable para el marxismo disidente, que considera que el frente y la retaguardia son consustanciales.[182] En *La Batalla,* Alfonso Torren comenta la insistencia del PSUC en ganar la guerra, que contrasta con el poco interés que le merece la situación del proletariado. Según el POUM, los milicianos no han de ir al frente en defensa de una república burguesa sino para luchar por una república de tipo socialista, dirigida por los obreros; en este sentido, la revolución debe ponerse en marcha lo antes posible.[183]

Sin embargo, hay que hacer notar que la proporción de artículos de fondo en torno a la emancipación femenina era mayor a principios de los años treinta que durante la guerra civil española. En 1936, la urgencia de la situación desplaza el resto de cuestiones: lo primero es ayudar a los heridos, a los huérfanos y a los más necesitados. El SFPOUM se esforzará en compaginar las ayudas primarias con la educación política de las mujeres obreras y campesinas.

178/   C. Manyalic: «Crida a les dones treballadores», *Impuls,* 19.02.1937, p. 3.

179/   La-vi: «La dona i la religió», *Avançada,* 27.03.1937, p. 2.

180/   «Nuestra misión», *Emancipación,* 28.01.1937.

181/   «No hablemos de revolución», *Emancipación,* 29.05.1937, p. 1.

182/   Véase J. Sánchez: «El frente y la retaguardia son inseparables», 23.05.1937, *Front,* Sitges; Editorial, *La Batalla,* 03.12.1936.

183/   A. Torren: «Realidades indiscutibles. Hablar de separar la guerra de la revolución es hacerse reo de alta traición», *La Batalla,* 05.01.1937, p. 8.

De lo individual a lo colectivo: entre el «yo» y el «nosotros». ¿Existe una cultura política femenina del POUM?

Una de las dificultades de estudiar un partido es que debe tenerse en cuenta tanto lo colectivo como las individualidades que lo forman. ¿Cómo hablar de un colectivo sin desdeñar las diferentes personalidades? Según los historiadores franceses Serge Bernstein y Jean-François Sirinelli, la acción no nace únicamente de una elección individual: también influyen los comportamientos colectivos (las creencias, las normas, los valores, los símbolos y las representaciones del mundo). La acción puede ser individual, pero condicionada por la socialización del individuo, por una cultura política,[184] es decir, propia de un grupo y no de una sola persona; el sujeto sigue siendo individual («yo») pero la acción al final es colectiva («nosotros»). En palabras de Serge Bernstein, la cultura política «es el fruto de un proceso histórico que combina, en un conjunto solidario, ciertas ideas y acontecimientos que adquieren el valor de mitos fundacionales, junto con las aspiraciones de la población, para constituir este conjunto de representaciones portadoras de valores y de normas que hace las veces de ideal movilizador de un grupo en un momento dado de la historia».[185]

Puesto que cualquier fenómeno no cesa de evolucionar en el tiempo y el espacio, toda cultura política está viva y es móvil, y evoluciona también según las coyunturas y las influencias de las otras culturas políticas adyacentes. Además, si bien una cultura política se nutre en gran parte del pasado (la simbología, por ejemplo, o los rituales), se inscribe en un tiempo presente y debe acompasarse con lo que la rodea en cada momento para modificar las bases anteriores. La socialización del individuo aúna distintos elementos emanados de su vida: la familia, la escuela, la vida profesional, la pertenencia a un partido, así como la influencia de los medios de comunicación. Todo ello comporta la adquisición de valores y normas, así como una cierta concepción del mundo que no es forzosamente inalterable pero que a menudo marca al

184/   Ver M. Pérez Ledesma y M. Sierra: *Culturas políticas. Teoría e historia,* Zaragoza, 2010.
185/   *Ibidem,* p. 73.

individuo de forma profunda y duradera, aun sin excluir la posibilidad de un cambio. Es el resultado de un proceso de aprendizaje durante un tiempo relativamente largo, que se consolida a lo largo de la vida y en el curso de las diferentes experiencias. Con todo, no se puede hablar de acciones instintivas o emocionales; en la base subyace una profunda reflexión.

Construcción identitaria

La familia, pilar de la socialización política

Antes de poder afirmar o negar que las mujeres que formaban la rama femenina del POUM presentaban una cierta homogeneidad (de grupo, de valores, de acción, de ideología), interesémonos por su situación anterior a la entrada en el partido. En efecto, hay que estudiar el proceso de socialización y ver cómo los años de infancia y adolescencia intervienen o no en la construcción identitaria y, sobre todo, si ello tendrá consecuencias en su recorrido como militantes.

Se puede definir la socialización como un proceso de aprendizaje de modelos y normas que permiten al individuo construirse una identidad e integrarse en una sociedad. En este sentido, no se nace con un bagaje social innato sino que, al contrario, nos convertimos en alguien gracias a la interiorización y la reapropiación de conocimientos y de modelos de comportamiento transmitidos, en el curso de nuestra vida, por diferentes instituciones o agentes socializadores como la familia, las amistades, la escuela, los medios de comunicación, etc. En otros términos, según Durkheim, son los «mecanismos de transmisión de los valores y de las normas necesarios para la integración de los individuos de modo que puedan tener su espacio en su sociedad».[186]

En la España de los años veinte y treinta, las futuras militantes del POUM crecen en un medio obrero urbano, de izquierdas, de tendencia republicana, marxista o incluso anarquista, pero bajo la dictadura de Primo de Rivera (o sea, de un ideario oficial a menudo en contradicción con los esquemas familiares). Otras, las militantes extranjeras, experi-

---

186/ J-P. Schmitt, D. Bolliet: *La socialisation* (2.ª edición; 1.ª edición 2002), Rosny sous Bois, 2008, p. 14.

mentaron en su infancia el exilio político de su familia: la de Mika Feldman, judía, había huido de la Rusia zarista a raíz de los pogromos para establecerse en Argentina; la joven, aun sin haberlo vivido directamente, creció con los relatos de revolucionarios escapados de los pogromos y las prisiones. Clara Thalmann, nacida en Basilea en el seno de una familia obrera con diez hijos, tenía una historia familiar marcada también por la huida del padre de Alemania hacia Suiza, después de negarse a tomar parte en la guerra franco-prusiana de 1870. Tales acontecimientos pudieron influir en la socialización de estas militantes.

El niño, la niña, se hallan expuestos a modelos diversos, contradictorios incluso. En la primera infancia tenderán sin duda a yuxtaponer las opiniones recibidas, pero es probable que acaben interiorizando algunos modelos más que otros y que regresen a ellos en el curso de su vida. En el caso de las militantes del POUM puede afirmarse que el medio familiar es el más constructivo. Como ya mencionábamos, el individuo no está socialmente determinado; tiene la capacidad de influir en su propia construcción identitaria y a él corresponde definir en última instancia cuáles son los principales agentes de su socialización. Ello nos remite a la corriente sociológica comprensiva asociada al filósofo alemán Max Weber, según la cual hay que tratar de comprender comportamientos humanos partiendo de sus acciones: preguntándose por el sentido de los actos del individuo se pueden entender sus motivaciones.

Un recorrido por los testimonios permite proponer la idea de la familia como principal institución de la construcción identitaria primaria, sin que ello reste nada a la complementariedad de los otros agentes socializadores —especialmente las relaciones de amistad, cuya importancia aumenta durante la adolescencia.

La familia parece ser un «crisol de la identidad política»,[187] un ámbito primario de socialización política, ya sea de forma deliberada o fortuita. La mayoría de las mujeres del POUM provienen de un medio obrero en que el padre, y a veces ambos progenitores, se implican tanto profesional como sindical y políticamente. Además, hallamos a

---

187/ A. Muxel: «Socialisation et lien politique», en Thierry Blöss (dir.): *La dialectique des rapports hommes-femmes* (p. 27-44), París, 2001, p. 34.

menudo, por no decir siempre, una o varias personas que servirán de ejemplos potenciales a las futuras militantes.

En el caso de Antònia Adroher, la combinación del entorno familiar, que guiará su orientación, junto con su voluntad personal de querer «cambiar el mundo, hacer que la gente viva bien, que no haya pobres, que no haya estas desigualdades tan enormes que conocen las personas» y de intentar «hacer algo para cambiar la sociedad»,[188] es lo que dará un giro a su vida. Su madre, muy preocupada por las injusticias sociales y las desigualdades, tenía cada semana a comer en su casa a gente del hospicio de Girona. Es este sin duda uno de los modelos sobre los que Antònia Adroher se inspirará más tarde.

El padre de la gerundense Júlia Serra —a la sazón una niña de 5 años— la llevó a una reunión obrera celebrada cerca de una pequeña empresa. Júlia Serra recuerda que esto la marcó, y que ahí empezó a comprender un poco el sentimiento de rebelión:

> Me sentó bien, ¿eh?, Cuando llegamos, el garito estaba tan lleno de gente que no podíamos pasar [...] y entonces, cuando todo el mundo estaba allí, se instaló un comité de lucha [...]. Entonces prepararon comida líquida y sólida para todo el pueblo, no preguntaron si habíamos comido porque eran amplios de miras [...]. Mi padre me explicó lo que era una huelga, ¿entiendes? Me dijo: «Lo hacen porque los trabajadores tienen derecho a comer». Entonces le contesté: «Por eso se rebelan, no quieren trabajar».[189]

En el caso de Teresa Rebull, militante de la zona de Barcelona, ocurre algo parecido, esta vez en Sabadell. Su madre y su padre, obreros los dos, luchan activamente en los sindicatos y constituyen un ejemplo a seguir para la joven. Su madre está sindicada en la CNT y se relaciona entre otras con Teresa Claramunt, dirigente anarquista catalana que fuera, en 1884, una de las fundadoras de la Sección de Trabajadores anarco-colectivistas de Sabadell y, en 1892, artífice de la primera sociedad feminista española, la Sociedad Autónoma de las Mujeres de Barcelona, además de colaborar en varias revistas, como *La Revista Blanca*. Huelguista temprana, es detenida varias veces, entre otras durante la Semana Trágica de Barcelona en 1909.

188/ A. Adroher en una entrevista con S. Marqués: «Treball d'investigació: Antònia Adroher», Girona, 1992, p. 2.
189/ Entrevista entre Júlia Serra y su hijo Michel Martí, por teléfono, noviembre de 2007.

En 1917, la madre de Teresa Rebull llegará a delegada de la federación local de los sindicatos. En cuanto a su padre, milita en el sindicato textil de la federación local y funda el periódico *Vertical,* portavoz de la Federación de Sindicatos en Sabadell (CNT). En casa, donde menudean los debates políticos, se respira un ambiente especial: «Cantábamos a escondidas *Els Segadors, La Santa Espina, l'Emigrant,* y *La Marsellesa* como plato fuerte. En casa decían que eran canciones revolucionarias».[190] Según sus propias palabras, sus padres siempre le enseñaron cuál tenía que ser la actitud hacia su clase, la de los desposeídos, sin traicionarla; le enseñaron también a tener la mente abierta y conservar la confianza en un futuro lleno de esperanza.[191] El ambiente parece haber sido el mismo en casa de Pilar Santiago, en Barcelona: «Mi padre se ponía siempre del lado de la gente pobre, defendía siempre los intereses de quienes no tenían fuerzas para defenderse y rebelarse [...]. En mi familia, casi todos estábamos muy atentos a la vida política del país».[192] Algo muy parecido nos cuenta Maria Gispert Coll, de Sabadell, familiarizada ya desde pequeña con la lucha y las reivindicaciones del proletariado, o Maria Manonelles, que fue militante del BOC y después del POUM barcelonés y que no aceptaba la injusticia social.[193] Para Maria Teresa Banús (Andrade) fueron sus abuelos paternos quienes más la influyeron, como afirma en su testimonio *Una vida bien vivida.* Su abuelo paterno era un hombre muy inteligente, de ideas liberales y francmasón, y ella recuerda todavía cómo la llenaba de orgullo oír decir: «Don Jaime Banús, una de las inteligencias más claras que he conocido en mi vida», y luego, dirigiéndose a ella: «el abuelo de Maria Teresa».[194] De su abuela materna solo conserva buenos recuerdos y valores que cree haber heredado en parte.[195] En cuanto a Emèrita Arbonès, creció en un entorno marcado por la lucha obrera: su padre estaba afiliado a la CNT; con su hermana aprendió a cantar cantos revolucionarios como *Hijos*

190/   T. Rebull: *En chantant.* Baixas, 2004 (1.ª edición en catalán, *Tot cantant.* Barcelona: Columna, 1999), p. 19.
191/   *Ibidem*, p. 56.
192/   Pilar Santiago en I. Lorusso: *Spagna'36,* Roma, 2009, p. 102.
193/   M. Manonellas, en I. Lorusso: *Spagna'36,* Roma, 2009, p. 78.
194/   *Una vida bien vivida,* 1989. Texto disponible en http://www.fundanin.org/garciabanus.htm
195/   M-T. García Banús: *Una vida bien vivida, op. cit.*

del Pueblo; «Meri», como la llamaban en casa, leía el periódico revolucionario que compraba su padre, *El Diluvio*. Finalmente, Maria Sales explica que su padre «fue un gran idealista, luchador y defensor de la libertad» que incluso fue encarcelado por sus ideas cuando la huelga de 1919 en Barcelona. Profesaba a su padre una gran adoración: «Yo adoraba a mi padre [...] era mi compañero y confidente y fue siempre para mí a través de mi vida, hasta su muerte, de un gran apoyo moral».[196]

Padres y madres (o abuelos y abuelas) son sin duda agentes socializadores de envergadura en la familia. En ocasiones, a ellos se suma el ejemplo de hermanas y hermanos, de sus valores y su comportamiento, cuya influencia se hace notar sobre todo en el momento de la construcción social del individuo, es decir, en la pubertad. La adolescente Antònia Adroher debe a su hermano el enriquecimiento de su personalidad: «He tenido la suerte de tener a mi hermano Enric, [...] que tenía ideas muy avanzadas en todo, en política y en tanto que profesor».[197] La trayectoria de Antònia Adroher parece incluso calcada a la de su hermano mayor, con algunos años de intervalo, ya que los dos serán profesores, sindicados en la FETE (Federación de Trabajadores de la Enseñanza) y comprometidos políticamente en el mismo partido.

En la infancia se interiorizan ciertos esquemas de pensamiento, pero a partir de una cierta edad (según algunos, a los 12 años en promedio)[198] puede considerarse que el individuo ya está en situación de orientarse hacia determinados comportamientos y modos de pensar. «No hay —no puede haber— un modelo universal de socialización, porque la socialización es siempre fruto del encuentro entre la historia de cada uno y la de la sociedad entera.»[199] Esta es también la idea que defienden Jean-Pierre Schmitt y Dominique Bolliet cuando afirman que «la socialización no es un proceso de recepción pasiva, implica

---

196/   M. Sales: *Anécdotas y peripecias de la vida de una pequeña mujer*, 1984?, pp. 1 y 7.
197/   S. Marqués: *Entrevista amb Antònia Adroher*, septiembre de 1992, p. 9.
198/   Este promedio de edad está enunciado en el libro de A. Percheron: *La socialisation politique*, París, 1993.
199/   A. Percheron: *La socialisation politique, op. cit.*, p. 193.

también la voluntad del sujeto».[200] Los valores transmitidos se adaptan a cada personalidad y según cada sistema social. «La socialización toma pues forma de acontecimiento, de punto de encuentro o de compromiso entre las necesidades y los deseos del individuo y de los valores de los distintos grupos, con los que entra en relación en cierto momento de la vida del sistema social y político.»[201]

Otros agentes socializadores

La familia no es la única que influye en la construcción identitaria. Hay otros agentes socializadores: la escuela, las amistades. Recordemos que en los años veinte la coeducación es algo inusitado y que la enseñanza que se imparte está basada principalmente en el aprendizaje mecánico de los conocimientos, un modelo que muchos pedagogos españoles ansían reformar, como Luis Bello, que recorrerá España hablando con alumnos y profesores para evaluar la situación e idear posibles mejoras del sistema en vigor.

Según los testimonios que hemos consultado, se diría que el paso por la escuela apenas ha dejado huella en las mujeres del POUM. Por lo general no tocan el tema por iniciativa propia, y si se les pregunta se limitan a responder a la pregunta, sin ampliar ni insistir sobre sus vivencias. En ocasiones relacionan la escuela con el ámbito familiar. En la zona de Santander, Luisa Cortezón, que empezó a ir a la escuela bajo Primo de Rivera, menciona la asistencia obligatoria a las clases de religión; pero si se le pregunta por la enseñanza mixta, no surgen recuerdos sobre los contenidos, que podrían ser distintos, o la estricta separación de sexos durante las horas de clase, sino sobre sus chiquilladas:

> Nunca ha habido juntos niños y niñas, siempre han sido separados. No sé por qué pero ha sido la costumbre del pueblo. Al recreo nos juntábamos todos. Íbamos a jugar, íbamos a hacer tonterías por allí, subirnos por donde podíamos. Porque hay allí en Astillero un sitio que es de los ingleses. Tienen mineral, que queda mucho más lejos, que traen los vagones, y allí hay un paseo muy bonito, a la orilla del mar. Y allí venían a cargar los vagones; y nosotros muchas veces subíamos. Cuando no había el trabajo [sic]

200/   J-P. Schmitt, D. Bolliet: *La socialisation, op. cit.,* p. 27.
201/   A. Percheron: *La socialisation politique, op. cit.,* p. 33.

subíamos allí, y muchas veces veíamos a algunos [...] y los insultábamos, y nos escondíamos y ¡no sabían quién era! Pues esas cosas que hacen los chiquillos.[202]

Lo que más se menciona en los testimonios son las relaciones sociales y, más exactamente, las de amistad. Júlia Serra, por ejemplo, tenía trato con la familia Isgleas, familia anarquista cuyo padre, Francisco, era uno de los dirigentes de la FAI (Federación Ibérica Anarquista). «Acabó siendo una familia adoptiva para [ella].»[203] Hasta que sus caminos se separan en 1939, no perderá el contacto.

Mucho antes de entrar en la Escuela Normal de Girona, aún bajo la dictadura de Primo de Rivera, Antònia Adroher acude ya a reuniones con otros jóvenes para hablar de las inquietudes del momento, ya sean políticas, sociales, literarias o culturales, cosa que para ella representaba «un gran desarrollo personal». Lo mismo sucede en el caso de Dolors Bosch de Ros, que iba a las manifestaciones con su hermana y con amigos, y así fue como conoció al que sería su marido, el militante poumista Jaume Ros. Maria Teresa Andrade también se refiere a esos encuentros de amigos que, sumados a su socialización previa, no hacen sino reforzar el desarrollo de un espíritu revolucionario y rebelde.[204]

Otras, como Otília Castellví, conocen el entorno obrero desde la infancia y la adolescencia. Costurera desde muy joven, se cruza varias veces al día con obreros que van al trabajo, con los que acaba intercambiando opiniones y debatiendo, por lo general, sobre cuestiones de orden político. A los 18 años, en plena dictadura de Primo de Rivera, se manifiesta contra la represión junto a otros jóvenes militantes, lo que le valdrá por un lado sus primeros enfrentamientos con la policía y, por otro, la ocasión de continuar desarrollando un carácter rebelde y el espíritu de lucha contra las injusticias. En sus memorias explica que «durante el movimiento revolucionario, igual que durante [su] juventud, [su] rebelión era más sentimental que teórica»;[205] su actitud de oposición al régimen, su sentimiento re-

---

202/   C. Coignard: *Entrevista con Luisa Cortezón*, 2009, p. 2.
203/   M. Martí: *Diari de la Júlia: el camí*, 2007, p. 5.
204/   M-T. García Banús: *Una vida bien vivida, op. cit.*
205/   O. Castellví: *op. cit.*, p. 44.

volucionario son casi espontáneos, previos a la adquisición de unas bases políticas sólidas.

¿Una socialización con género?

Nada presagiaba que Antònia Adroher —nacida en 1913— tendría un porvenir distinto al de otras chicas de su época. Aprende a coser, a bordar, a escribir a máquina.[206] Por otro lado, en una ciudad que se mantendrá conservadora hasta la llegada de la Segunda República, para ella constituirá una auténtica victoria el poder participar, en tanto que mujer, en aquellas reuniones que la reforzarán en sus convicciones.[207] Firmemente decidida a conquistar el espacio público hasta entonces prohibido a las mujeres, Antònia Adroher —junto con su hermana Emilia— es una de las cinco chicas del GEiEC, Grup Excursionista i Esportiu Gironí (Grupo Excursionista y Deportivo de Gerona) que utiliza la piscina del parque de La Devesa. Movida por la vocación, ingresa en 1930 en la Escuela Normal de Girona, creada en 1844, que según sus propias palabras era por aquel entonces «un caldo de cultivo en el que fermentaban todas las inquietudes del país»[208] y un entorno en perfecta sintonía con sus esperanzas. En 1933 será la instigadora de una huelga en la Normal para exigir igualdad de salarios entre profesoras y profesores, y se saldrá con la suya. La lucha por la igualdad será sin lugar a dudas una de las principales preocupaciones de Antònia Adroher:

> Desde muy jovencita, uno de mis objetivos fundamentales ha sido la lucha por la igualdad entre hombres y mujeres: igualdad ante la ley, en la economía, en la política, en los múltiples aspectos de la vida civil. El sentimiento de discriminación contra la mujer, muy extendido en la sociedad durante las primeras décadas del siglo pasado, es una de las razones que me incitó a ser maestra. Yo veía en la educación una de las armas fundamentales para fomentar esta igualdad [...]. Uno de los escollos que había que sortear para

206/ S. Marqués: *Entrevista amb Antònia Adroher*, Girona, septiembre de 1992, p. 8.
207/ Cita de Antònia Adroher en J. Clara: «Antònia Adroher: la primera dona consellera de l'ajuntament de Gerona», en *Presència*, n.° 546, marzo de 1981, p. 23.
208/ A. Adroher: «Homenatge als mestres exiliats», Ajuntament de Girona, noviembre de 1995.

progresar era precisamente la discriminación de la mujer. En la Normal ya estaba hecho, pero en la sociedad el progreso se presentaba más lento y dificultoso.[209]

Dolors Bosch de Ros afirma que en su casa se educaba igual a las chicas que a los chicos,[210] pero, al preguntar Enriqueta Tuñón si los hombres ayudaban en las tareas domésticas, responde que no porque «no se estilaba en aquella época [...]. Ellos se iban a jugar a fútbol».[211] En aquella época, por cierto, la predominancia del modelo patriarcal no sorprendía: «Tenía las amigas por allí, iba a su casa y veía cómo llegaba el señor y allí quedaba sentado, leyendo el periódico...»[212] En cambio, en casa de Emèrita Arbonès, «era el hombre quien llegaba primero a casa y preparaba la cena».[213]

En los años 1910-1920 (es decir, durante la infancia de la mayoría de las mujeres del POUM), el modelo patriarcal se reproduce no solo en las familias poumistas: incluso entre los anarquistas, supuestamente avanzados en la cuestión femenina, hay hombres cuya actitud difiere claramente de su discurso emancipador. En el caso de la militante anarquista Conxa Pérez, por ejemplo, su padre la anima a ser fuerte y a luchar, pero ella misma reconoce que «por muy libertarios que fueran, a su padre y a su hermano les parecía que las mujeres estaban para servirles, que las tareas de casa no eran asunto de los hombres».[214] Lo mismo le ocurre a Conchita Liaño Gil quien, ya desde muy pequeña, se rebela contra el sistema patriarcal que rige su familia, de tendencia anarquista: «[Los platos] ¡que se los pongan ellos! [...] No veo por qué tengo que ser la sirvienta de mis hermanos; que aprendan a valerse por sí mismos».[215]

209/   A. ADROHER: «Dones: la llarga lluita per la igualtat», en *Revista de Girona*, n.º 201, julio-agosto de 2000, p. 50.

210/   D. Bosch de Ros en la entrevista realizada por E. TUÑÓN, PHO/10/94, Sección: Exilio español en México, AGGC, Salamanca, 1988, p. 18.

211/   *Ibidem*, p. 19.

212/   *Ibidem*, p. 22.

213/   Emèrita Arbonès, en I. OLESTI: *Nou dones i una guerra*, Barcelona, 2005, p. 111.

214/   L. QUIÑONERO, hablando de Conxa Pérez, en *Nosotras que perdimos la paz*, Madrid, 2005, p. 107.

215/   C. Liaño Gil en L. QUIÑONERO: *op. cit.*, pp. 211-212.

Ingreso en el partido

Sabemos que las militantes ingresaron en el partido (el POUM, o bien, para algunas, el BOC y la ICE) por distintas vías: las hay que se afilian animadas por un hombre de la familia (padre, hermano, marido o futuro marido); otras ya llegan politizadas, como las militantes extranjeras que se integran en el POUM cuando la guerra civil; y finalmente algunas se afilian por decisión propia. La mayoría pertenecen al primer grupo, las que siguen el ejemplo familiar masculino. En la España de las primeras décadas del siglo xx a la mujer se le desaconseja firmemente —se le prohíbe incluso— todo planteamiento político; pero hay casos en los que son los progenitores quienes empujan a sus retoños a tomar el relevo. Carme Bahí de Parera, en la entrevista que le hizo Enriqueta Tuñón, testimonia del empeño con que su padre le inculcó el interés por la política: «Decía él que era la juventud la que tenía que actuar, no los mayores, las personas mayores; entonces ya me dejó el lugar a mí».[216] Ingresa en el BOC de La Bisbal (d'Empordà) con 17 o 18 años, según ella tan pronto como se fundó el partido.[217] Para Júlia Pabón, simpatizante, es su excompañero Eduardo quien la incita a hacerse del partido aunque ella «no entendía de esto» y «no comprendía absolutamente nada de ello».[218] En el caso de Dolors Bosch de Ros, es su futuro marido quien le propone ingresar en el POUM. En tiempos de la dictadura de Primo de Ribera, a los 15 años más o menos, ella ya iba a las manifestaciones, visitaba a prisioneros; es justamente en una concentración en la calle donde conoce a su compañero,[219] e ingresará en el BOC con 20 años aproximadamente. Ambos veían que el partido —que se presentaba a las elecciones de la Asamblea Constituyente

216/   Carme Bahí de Parera. Entrevista realizada por E. Tuñón, PHO/10/89, Sección: Exilio español en México, Archivo General de la Guerra Civil, Salamanca, diciembre de 1987 y enero de 1988, p. 7.
217/   Hay sin duda una confusión en lo tocante a su edad ya que el BOC se fundó en 1931 y Carmen Bahí nació el 29 de septiembre de 1909. Tenía pues 22 años en el momento de la fundación.
218/   *Diario biográfico de Julia Pabón Garrido. Primer tomo. Época: 1920 a 1938. España.* Archivos privados L. Blanchard-Rubio.
219/   Entrevista con Dolores Bosch de Ros, por E. Tuñón en 1988. PHO/10/94, Sección: Exilio español en México, Archivo General de la Guerra Civil, Salamanca, p. 30.

en 1931— les ofrecía lo que realmente buscaban, a saber, un programa que propusiera respuestas a sus esperanzas de obreros y campesinos.[220] Poco después confiesa que es claramente gracias a su marido por lo que ingresa en el POUM.[221]

Dolors Bosch de Ros militaba en Estat Català pero pasó al BOC cuando la proclamación de la Segunda República por considerar fuera de lugar exigir un estado catalán. No era catalanista hasta el punto de ser separatista y le parecía absurdo que Cataluña fuera un país a todos los efectos. Con la Segunda República, Cataluña tenía un gobierno propio y legítimo, la Generalitat, y con ello bastaba a ojos de Dolors Bosch de Ros.[222]

Tomemos buena nota de este hecho, que demuestra que ciertas mujeres sí que tenían en cuenta los programas políticos de los partidos. Igual que Dolors Bosch de Ros, Carme Bahí de Parera milita primero en Estat Català pero luego se pasa BOC, con 17 años, porque

> en Estat Catalá la cuestión social la dejaban de lado, no les interesaba mucho, y el Bloc Obrer y Camperol [...] al mismo tiempo que la cuestión catalana, también tenía la cuestión social. Esto fue lo que me motivó a salir de Estat Catalá e ingresar en el Bloc Obrer i Camperol.[223]

En el caso de Júlia Serra, cuando ingresa en el POUM al principio de la guerra civil, a los 22 años, el hecho de conocer a Miquel Martí, que ya milita en el partido, influye sin duda en su decisión, aunque tampoco hay que olvidar que Júlia Serra ya tenía trato con los anarquistas Isgleas de niña, y que había demostrado ya tener espíritu revolucionario. Ella misma afirma que optó por el POUM y no por la FAI porque el primero demostraba mayor rigor y estaba mejor organizado que la segunda; además, al entrar en el POUM «no deja en absoluto el mundo de la enseñanza», que le era tan caro. Por otro lado, si tantos militantes (mujeres y hombres) entran en el POUM antes que en las organizaciones anarquistas es, como afirma Víctor Alba, porque «los jóvenes, en particular, preferían el rigor teórico del POUM a la retórica anarquista».[224]

220/   *Ibidem,* pp. 41-42.
221/   *Ibidem,* p. 47.
222/   *Ibidem,* p. 37 y p. 40.
223/   C. Bahí de Parera, entrevista realizada por E. Tuñón, *op. cit.*, p. 8.
224/   V. Alba: *El marxisme a Catalunya, 1919-1939, Vol. II: Història del P.O.U.M.,* Barcelona, 1974, p. 34.

Maria Manonelles y Elvira Godàs confirman que a menudo las militantes del POUM eran las «mujeres de», «hermanas de» o «hijas de».[225]

En cuanto a Teresa Rebull, trabajaba en la Generalitat, en Barcelona, pero vivía en Sabadell. Como era muy joven, hacía el trayecto acompañada por alguien de confianza: Daniel Rebull, cuyo hermano (Josep Rebull, el futuro marido de Teresa) vivía con Manolo Maurín, hermano de Joaquim Maurín. En el domicilio de los Rebull se celebraban muchas reuniones, y así fue como Teresa conoció el POUM y algunas de sus militantes: Isabel Gironella, Pilar Santiago, Maria Manonellas y Antònia Closa. Cuando ingresó en el POUM, al principio de la guerra civil, tenía apenas 18 años.

No se puede negar la influencia del entorno familiar en la politización de las mujeres, pero tampoco puede concluirse que cuando entran en política son hojas en blanco. Los ejemplos que hemos visto nos muestran mujeres preocupadas principalmente por lo social pero interesadas también en política. Tal vez no se atrevieran a dar solas el paso de afiliarse en un partido, ni se les había brindado jamás la oportunidad de hacerlo; para la mayoría de las mujeres se trataba de un paso y un mundo nuevos que posiblemente las intimidaba.

Algunas militantes no ingresan en el partido hasta el principio de la guerra, que actúa en gran medida como catalizador de cambios sociopolíticos y que, al precipitarse los acontecimientos, permitirá a las mujeres cambiar de estatus. ¿Por qué las mujeres entran el POUM cuando estalla la guerra? El motivo más evidente e inmediato es el de la urgencia de ciertas necesidades: socorrer a los heridos, asegurar el abastecimiento del frente (comida, ropa, etc.), acoger a los refugiados, reemplazar a los hombres en las fábricas e, incluso, cerrar filas con ellos en los campos de batalla. En una guerra fratricida que divide el país principalmente en dos bandos, cada cual debe elegir el propio. Pero no es esta la única decisión que hay que tomar: la izquierda, aun enfrentándose al enemigo fascista, está internamente desunida. En una situación así, una puede ser útil sin una afiliación política en particular, pero las acciones colectivas organizadas por los partidos y los sindicatos permitían sin duda

225/   M. Manonellas y E. Godás, en I. Lorusso: *Spagna'36*, Roma, 2009, p. 78 y p. 164.

ganar tiempo en todos los niveles. Como dice Júlia Serra, «es cierto que la guerra dio determinación a muchas mujeres».[226]

Emèrita Arbonès tiene a su compañero Vicenç Ballester en el partido y trabaja —sin estar afiliada— en el Socorro Rojo. Decide ingresar en el POUM «por casualidad», hacia los 17 años de edad.[227] Pilar Romeu Carnicer tampoco militó hasta el estallido de la guerra civil. Su padre era militante de Esquerra Republicana de Catalunya y tenía por costumbre llevarla a mítines y reuniones, pero no la presionó para que entrara en tal o cual partido. A fin de cuentas se afilia al POUM porque el partido le ofrece la posibilidad de formarse rápida y, sobre todo, gratuitamente, en el oficio de enfermera, y porque se imparten curso de tiro.[228]

Para las mujeres, que tienen cerrados muchos caminos, ya sea porque no se las cree capaces o porque se les niegan las oportunidades, la necesidad de formarse es cada vez más acuciante. Como se puede leer en *Juventud Comunista,* cada vez hay más mujeres en reuniones y mítines, pero se las sigue considerando principalmente «mujeres de».[229] Las mujeres con consciencia política desarrollada, o al menos incipiente, son minoría, y el Secretariado Femenino del POUM (creado en septiembre de 1936) se fija el objetivo de formarlas, no solo en las tareas sociales, sino también políticamente. Maria Teresa Andrade, en marzo de 1937, describe la situación con mucho acierto:

> Se la puede convencer fácilmente para arrastrarla a una violenta manifestación callejera pero, en cambio, solo va a un partido revolucionario a través de la influencia que sobre ella ejerce el compañero, el hermano, etc. La mujer que se decide a ingresar por propia voluntad e impulso en un partido revolucionario es aquella que posee ya una concepción revolucionaria, una mínima educación política de clase. Por lo tanto, no debe extrañarnos el que las filas femeninas de un partido revolucionario aumenten gota a gota.[230]

226/   Entrevista con Júlia Serra, por C. Coignard, *op. cit.*

227/   Entrevista con Emèrita Arbonès para el programa *La Guerra Civil a Catalunya,* Arxiu Montserrat Tarradellas i Macià, Monestir de Poblet, Tarragona, p. 38.

228/   Entrevista con Pilar Romeu Carnicer para el programa *La Guerra Civil a Catalunya,* Arxiu Montserrat Tarradellas i Macià, Monestir de Poblet, Tarragona, p. 42.

229/   «La intervención en política de la mujer obrera», *Juventud Comunista,* 14.01.1937, p. 3.

230/   M. T. Andrade: «Hoy más que nunca, labor de proselitismo revolucionario», *Juventud Comunista,* 11.03.1937, p. 3.

Las militantes y simpatizantes extranjeras que colaboran con el POUM acuden, cuando la guerra civil ya ha empezado, acompañando a sus maridos o compañeros, con quienes comparten antecedentes revolucionarios: llegan a España buscando la revolución que no han tenido en su propio país. Las edades oscilan entre los 19 y los 41 años, lo que da un promedio más alto que entre las españolas (la mayoría de las cuales empiezan a militar entre los 17 y los 22 años). Y un dato importante: por lo general ya eran militantes en su país, y se afilian o simpatizan con el POUM por ser la tendencia más próxima a sus ideas e ideales. Así, en el POUM coinciden Mika Feldman e Hipólito Etchébéhère, Clara y Pavel Thalmann, Lois y Charles Orr, Mary Low y Juan Breá, Virginia Gervasini y Nicola Di Bartolomeo, Katia y Kurt Landau, Eva Eisenschitz y Hans Sittig, Greville Teixidor y Werner Droescher.[231]

Hay ocasiones en las que el deber político puede más que las fronteras geográficas, como testimonia el suizo Pavel Thalmann en su libro *Combates por la Libertad*:

> ¿Qué hacer? ¿Era posible contentarse con observar de lejos este combate por la libertad, sin intervenir? Dudé durante dos días y después dejé mi trabajo y compré un billete a Cerbère, con la intención de entrar en España.[232]

George Orwell expresa algo parecido al principio de su *Homage to Catalonia*.[233] Pese a las disensiones que pudiera haber sobre distintos puntos, el deseo de luchar contra el fascismo es común a todos. Tras la llegada al poder de Mussolini en Italia y de Hitler en Alemania, España ofrece la ocasión de luchar activa y directamente contra los elementos fascistas. Para el alemán Willy Brandt, miembro del Partido Socialista de Alemania (el SPD, Sozialdemokratische Partei Deutschlands), la guerra civil española era «el mayor acontecimiento de la historia del movimiento obrero internacional después de la gran revolución rusa» y

---

231/ Sobre el papel de militantes extranjeros en el POUM, véase C. Coignard: «Militants et sympathisants étrangers du POUM», *Pandora*, n.°10, «Territoires», A. Allaigre y P. Petrich (coord.), Université Paris-VIII, 2011.

232/ P. y C. Thalmann: *Combats pour la Liberté, Moscou, Madrid, Barcelone, Paris*, París, 1997, p. 102.

233/ G. Orwell. Consultado en su traducción francesa: *La Catalogne libre, op. cit.*, p. 13.

traía consigo muchas esperanzas.[234] En el caso de los argentinos Mika Feldman e Hipólito Etchebéhère, miembros del grupo marxista de oposición al estalinismo «Que faire?», un primer impulso los lleva de América del Sur a Berlín, donde son testigos de cómo la izquierda, asolada por las luchas internas, es incapaz de cerrar el paso a los nazis; así las cosas, optan con toda naturalidad por dirigirse a España, que se les antoja el último territorio activo de la lucha contra el fascismo.[235]

Los extranjeros desempeñan en el POUM tareas diversas: algunos entran en las milicias y combaten en el frente, otros se quedan en la retaguardia para allanar el camino hacia la revolución, como Mary Low y Juan Breá o Lois y Charles Orr, que se ocupan de difundir, tanto en España como fuera de ella, las posiciones y los progresos del partido mediante programas de radio y la edición en varias lenguas, con la ayuda de otros compañeros como Benjamin Péret o Ewald König, de boletines y periódicos del POUM. Así, se editan el *Bolletino d'informazione del POUM,* en italiano; el *Bulletin Mededelingen Van de POUM,* en neerlandés; el *Information Bulletin of The POUM* y *The Spanish Revolution,* en inglés; *Die Spanische Revolution,* en alemán; *La Révolution espagnole* y *Juillet,* en francés; e incluso *La Hispania Revolucio,* en esperanto.

Es un momento en el que parece que actuar en España significa propiciar una salida revolucionaria en toda Europa. El sentimiento de exaltación es tal entre los militantes que Mary Low recuerda cómo la embargaba en la capital catalana «la sensación de renacer, de revivir. Todo [la revolución socialista] parecía a punto de hacerse realidad».[236] España se convierte en la base territorial de la (re)construcción de una nueva Europa.

Pero también hay militantes que no se ajustan a ninguno de estos modelos. Otília Castellví afirma que en 1932 se afilió en el BOC por iniciativa propia a raíz de una conferencia de Maurín a la que asistió sola: «Nadie me dijo nada, aunque noté que algunos me miraban extrañados de ver entrar una chica sola en un espacio político».[237] Preguntó

234/ W. Brandt citado por W. BERNECKER: «Willy Brandt y la guerra civil española», en *Revista de estudios políticos,* n.° 29, 1982, pp. 7-26.
235/ M. ETCHEBÉHÈRE: *Ma guerre d'Espagne à moi,* París, 1975, p. 10.
236/ M. LOW: *Carnets de la Guerre d'Espagne* [1979], Ediciones Verticales, 1997, p. 35.
237/ O. CASTELLVÍ: *De les txeques…, op. cit.,* p. 17.

entonces al que tenía al lado si se le permitiría formar parte del BOC, una propuesta tan inesperada que en vez de responderle le preguntaron si conocía o venía de parte de alguien. Ella aseguró que estaba allá por voluntad propia, pero que su hermano le había hablado de una «bloquista», Núria Folch i Pi. La militante en cuestión, que estaba en la sala, confirmó que se trataba de gente de confianza.

La alemana Margarita Zimbal se enrola como miliciana en la JCI con Walter, pero ignoramos si habían llegado juntos a España o si se encontraron allí. Lo mismo ocurre con Augusta Marx, apodada Trude, militante de origen francés y miembro de la juventud socialista alemana que llega al frente español como enfermera de guerra, sin que sepamos si llegó sola o acompañada; o con una tal Toska, militante trotskista de origen lituano o polaco que participa activamente en el SFPOUM, o también con Rosa Winkler, militante maximilianista que forma parte de la columna Lenin del POUM.

El partido es tan importante para los militantes que ocupa toda su vida cotidiana. Como explica Víctor Alba, quien pasa en el BOC (y después en el POUM) toda la semana, participa en reuniones, mítines, conferencias y salidas, al volver a casa no habla más que del partido:

> Ser del Bloc era una manera de ser [...]. Entrar en el Bloc quería decir cambiar de vida, quería decir... pues eso, ser del Bloc, de la misma manera que se era rubio o moreno, alto o bajo, bizco o miope.[238]

El partido viene a ser como una segunda familia; hay casos en los que es casi una necesidad, como les ocurre a Maria Manonelles y a Mary Low.[239] Aun en un colectivo que comparte una misma cultura política se pueden establecer diferencias, culturas políticas en plural; de ahí la importancia de caracterizar en el tiempo y en el espacio la cultura política objeto de estudio. Por otro lado, culturas políticas distintas pueden compartir ciertas características comunes a todas ellas: en España, por ejemplo, el POUM no comulgaba con las líneas del PC «oficial» y hay diferencias claras en la concepción ideológica de ambos partidos, pero no se puede negar que compartían ciertos elementos en diferentes ám-

---

238/ V. Alba: *El marxisme a Catalunya, op. cit.,* p. 118.
239/ M. Manonelles, en I. Lorusso: *Spagna'36, op. cit.,* p. 79); M. Low: *Carnets de la guerre..., op. cit.,* p. 62.

bitos, como los referentes históricos (al menos hasta la llegada de Stalin) o los símbolos (hoz, martillo, puño cerrado, colores).

Un solo elemento no basta para formar una cultura política, y ciertos militantes adscritos a una pueden hallarse próximos a otra; este sería el caso de algunos poumistas en relación con los anarquistas. Si tomamos, por ejemplo, el tema de la laicidad, comprobaremos que el concepto en sí permite enfoques muy diversos según los partidos e incluso de una persona a otra. Se sabe por ejemplo que el CENU (al que estaba adherido el POUM) incluía clases de religión para quienes lo desearan, o que Júlia Serra impidió que se quemara la catedral de Girona, pero que, por otro lado, había poumistas que participaron en masacres de religiosos y en la destrucción de edificios.[240] ¿Puede entonces afirmarse que los poumistas radicalmente anticlericales y los poumistas más moderados en la cuestión religiosa no pertenecerían a una misma cultura política?

En el caso de las mujeres, cabe preguntarse si es su personalidad lo que las empuja hacia un partido u otro, o si es el hecho de entrar en un partido lo que influye en la construcción de su personalidad. Así, «Inmaculada» (sin duda un pseudónimo utilizado por el autor del libro), una militante de Lleida, expresa ese no saber qué llega primero e influye sobre lo otro, si la construcción de la personalidad o la formación política:

> En el año treinta yo ya estaba enrolada con el grupo que después fue el Bloc Obrer i Camperol, que se movían por el CADCI. Yo era una chica muy inquieta, y me hice amiga de esta gente... bueno amiga... Ellos tenían 20 años y yo tenía 13. Y leía, me daban libros... Y yo me movía con esta gente. Y entonces, quizás por esto desde muy pequeña me lié en cosas. O me liaron...[241]

240/ No aparece ninguna información clara en la documentación consultada. Sin embargo, algunos testimonios pueden dejar suponer estos asesinatos. Joan Peiró, que fue secretario de la CNT en los años 1920 y ministro de Industria durante la Segunda República, escribe: «Afirmo con plena responsabilidad que todos los sectores antifascistas, empezando por Estat Català y acabando por el POUM, pasando por Esquerra Republicana y por el PSUC, han dado un contingente de ladrones y asesinos, igual, al menos, al que han dado la CNT y la FAI», en *Perill a la reraguarda*, Barcelona, Llibertat-Mataró, 1936, p. 6.

241/ En C. Feixa: *La ciutat llunyana. Una història oral de la joventut a Lleida (1931-1945)*, Lleida, 1992, p. 40.

Las mujeres cercanas al partido pero que todavía no militaban (que aún no se habían afiliado), las simpatizantes (en espera, o no, de entrar en el POUM), participaban ya en una cultura política puesto que, como expone Berstein, es la adhesión a los principios de la cultura política lo que forma la base de la pertenencia política (y no la inscripción en el partido o el pago de la cuota). Es por ello que el entorno familiar y de amistades es muy importante en el concepto de cultura política: si tomamos el ejemplo del POUM, la influencia de quien milita incide sobre las personas que le son cercanas. El partido es como una segunda familia y ocupa un lugar tan preponderante que no tendría sentido querer zafarse de su influjo, deseado o no, sobre la vida diaria de los revolucionarios.

Esperanzas truncadas

Pese a la legislación progresista promulgada por el gobierno de la Segunda República, Andreu Nin y Joaquim Maurín echan en falta la presencia en el panorama político de un partido capaz de hacer la revolución, y acaban preguntándose si no ha llegado la hora de que el BOC y la ICE[242] aúnen sus esfuerzos. La idea, presentada en el curso de una reunión con la USC, el PC, los catalanes del PSOE y el PCP, no consigue más que unos pocos votos. Solo la ICE y el BOC parecen estar de acuerdo en intentar la fusión, y de aquí parten las negociaciones entre Nin y Maurín. El 29 de septiembre de 1935 se crea en Barcelona el POUM. Los cuatro otros partidos fundan el PSUC el 23 de julio de 1936.

La República emprende muchas reformas, pero le quedan tantos problemas o más por resolver. Como recuerda un militante cenetista, la República despertó el entusiasmo popular como no ocurría desde hacía tiempo, pero la esperanza de ver tiempos realmente mejores resultaría ser pura ilusión: «Estaban borrachos con la idea de república. Creían que era un milagro, una panacea para todos los problemas del pasado».[243]

242/   En abril de 1934, la ICE contaba aproximadamente con 400 militantes (12 en Cataluña, 100 en Madrid, 50 en Asturias y Bilbao, y algunos en Llerena, Santiago y Astillero). V. ALBA: *Histoire du POUM, op. cit.,* p. 147.

243/   Josep Robusté en 1931, en el libro de R. FRASER: *Recuérdalo tú y recuérdalo a*

Según Joaquim Maurín, la Segunda República, con su Constitución, no acertó a colmar los anhelos del pueblo y se limitó a llevar a cabo reformas superficiales.[244] Lo mismo opina Maria Sales: «Teníamos República pero no era lo que habíamos soñado. Además, la clase trabajadora, [estaba] muy dividida, [había] demasiados partidos políticos».[245] Andreu Nin considera que lo del 14 de abril de 1931 no fue una revolución, porque «una revolución es un movimiento popular que destruye las bases económicas del régimen existente para asentar las de un nuevo sistema», y «los acontecimientos del 14 de abril no han modificado para nada la base económica del régimen y, por consiguiente, no ha habido revolución».[246] No obstante, conviene matizar tal opinión: la Segunda República, con todo, es sin duda la culminación de un proceso de democratización y de modernización política.

Una de las cuestiones que tendrá que dirimir el POUM será, pues, si debería entrar o no en el Frente Popular, un debate que enfrentará a los teóricos del POUM entre sí. Mantenerse al margen significa renunciar a la posibilidad de ocupar un lugar en el Parlamento, arriesgarse a quedar aislados y perder el contacto con las masas; por ende, es de esperar que los estalinistas aprovechen la ocasión para acusarles de estar fuera de la ley y de no participar en la lucha antifascista.[247] Parece pues ineludible alinearse, intentar participar en la toma de decisiones políticas e incidir al máximo en la gestión republicana del poder.[248] El partido accede pues a firmar el pacto del Frente Popular, pero sin olvidar que su principal objetivo sigue siendo conseguir una alianza obrera. El 16 de febrero de 1936, el Frente Popular sale victorioso de las elecciones; en Barcelona, Maurín sale elegido, igual que los demás candidatos del Frente. El prin-

---

otros. Historia oral de la Guerra Civil española, Badalona, 1979, p. 40.

244/ J. Maurín: *Revolución y contrarrevolución en España,* París, 1966, p. 50 (1.ª edición 1935).

245/ M. Sales: *Anécdotas y peripecias de la vida de una pequeña mujer,* p. 3.

246/ A. Nin: «El proletariado ante la revolución», folleto publicado por la Biblioteca Proletaria en 1931. En *Andreu Nin. La revolución española (1930-1937), op. cit.,* p. 61.

247/ Palabras de Juan Andrade, en R. Fraser: *Recuérdalo tú y recuérdalo a otros. Historia oral de La Guerra Civil española,* Barcelona, 1979 (Título original: *Blood of Spain. The experience of civil war 1936-1939,* Londres, Penguin Books, 1979), p. 54.

248/ *Ibidem.*

cipal beneficio de todo ello es que el POUM se da a conocer. En julio de 1936 ya cuenta con 10.000 militantes, y la cifra crecerá rápidamente hasta alcanzar los 35.000 algunos meses después.[249]

El proletariado se lanza entonces a hacer la revolución por cuenta propia, una revolución, tal como repiten una y otra vez los militantes, de carácter socialista: «Por la Revolución Democrática: No. Por la Revolución Socialista: Sí».[250] La República y la burguesía han demostrado su ineficacia para reformar el país y, también, para responder al ataque fascista. En esos días históricos son los trabajadores quienes toman las armas para combatir el enemigo fascista y difundir el espíritu de 19 de julio o «espíritu de la Revolución». Uno de los eslóganes más famosos del POUM reza así: «Guerra en el frente, revolución en la retaguardia». En esta exigencia de llevar a cabo ambas cosas simultáneamente el POUM se distancia del anarquismo, que pospone el proceso revolucionario hasta después de la victoria en el campo de batalla. Para el partido marxista, la consigna es, en definitiva, clara y precisa: «República: Sí, pero una república para y por quienes trabajan. Democracia: Sí, pero una democracia para los obreros. En una palabra: Socialismo».[251]

Estalla la guerra

Después de las elecciones de febrero de 1936, el país sigue estando en un aprieto: huelgas, paro, encarecimiento del coste de la vida, ataques de todo tipo (contra iglesias, periódicos, personas, etc.). Los partidarios del Frente Popular esperan que el gobierno cumpla; los anarquistas de la CNT presentan reivindicaciones como el aumento salarial, la semana de treinta y seis horas o la expropiación inmediata y sin indemnización de las tierras de más de cincuenta hectáreas.[252] La derrota de la CEDA ha dejado la derecha sin rumbo.

La violencia aumenta en todo el país: huelgas aparte, se incendian iglesias; entre febrero y julio de 1936 los falangistas asesinados alcanzan la

---

249/   V. Alba: *El marxisme a Catalunya 1919-1939: Vol. II, Història del POUM*, Barcelona, 1974-75, p. 15.
250/   Frase en primera página de *L'Espurna*, el 30.11.1936, p. 1.
251/   Comas: «República democrático-burguesa, no. Socialismo», *L'Espurna*, 20.03.1937, pp. 1 y 2.
252/   J. Pérez: *Histoire de l'Espagne*, París, 1996, p. 755.

treintena, y los republicanos y socialistas pasan de cincuenta.[253] El desfile del 1 de mayo expresa no ya el descontento sino la exasperación de las masas populares. La suma y exacerbación de todos estos conflictos (entre propietarios y proletarios, entre católicos y anticlericales, entre centralistas y regionalistas) fragilizan el funcionamiento de la república. El 12 de julio, Castillo, un teniente de los Guardias de Asalto, es asesinado; como represalia, sus compañeros de armas raptan a Calvo Sotelo, diputado de derechas, lo matan y abandonan su cadáver en un cementerio. Hay quien considera que este episodio fue el detonante del levantamiento militar del 17 de julio de 1936, pero de hecho ya se conspiraba desde la publicación de los resultados de las elecciones, en febrero del mismo año. Después de la victoria del Frente Popular, el general Francisco Franco, entonces jefe del Estado Mayor, propone al gobierno que declare el estado de guerra, arguyendo que el Frente sumirá el país en el caos. Durante meses los generales se preparan: Franco, pero también Mola, Queipo del Llano y Goded, consiguen crear un frente de derechas unido. El levantamiento, que empieza en Melilla el 17 de julio, se generaliza al día siguiente. Es el principio de la guerra civil española. El POUM se prepara para participar activamente en la lucha y no quiere dejar pasar la ocasión de hacer la revolución socialista que el conflicto armado parece hacer posible. Trotski alienta sus esperanzas pese a sus divergencias con Nin.

Durante la noche del 18 al 19 de julio el POUM moviliza sus fuerzas para entrar en combate. Delegaciones procedentes de toda Cataluña se reúnen en Barcelona para aportar informaciones, pedir armas y recabar directivas. El domingo 19, en Barcelona los grupos poumistas entran en acción en la plaza de Cataluña y delante de la universidad. Caen los primeros militantes: Germinal Vidal y Batista.

Para llevar a cabo la revolución habría hecho falta una auténtica organización que dirigiera las masas, y en aquel momento el POUM, implantado casi exclusivamente en Cataluña, no podía pretender asumir este papel en España.

Paralelamente a la entrada en guerra del POUM, muchas mujeres ingresan en el partido para participar tanto en la guerra como en la revolución socialista, con sus promesas de emancipación del proletariado. Cabe preguntarse si el discurso progresista del POUM se verifica en la

253/ *Ibidem.*

práctica. ¿Acaso les corresponde a las mujeres entablar solas su combate? Ello menoscabaría las ideas marxistas, que predican la emancipación del proletariado en bloque. Ahora bien: la emancipación de la mujer parece afectarla solo a ella. ¿Cómo repercuten estas cuestiones en su vida cotidiana? ¿Qué se llevó realmente a cabo siguiendo los planteamientos teóricos? De ello nos ocuparemos en la segunda parte.

AFIRMACIÓN DE UNA MILITANCIA FEMENINA (1936-1937)

La miliciana y la militante: mujeres excepcionales

Cuando en julio de 1936 se entablan los primeros combates, algunas mujeres no dudan en partir al frente, fusil en mano, para combatir al lado de sus homólogos masculinos. Estas mujeres que se lanzan a la batalla actúan de forma espontánea ante la urgencia y rompen sin más con las ideas y los esquemas tradicionales preconcebidos según los que tomar las armas es, en cierto sentido, un privilegio de la masculinidad, instrumento y expresión de su superioridad y su gloria. Como afirma Yannick Ripa, «esta irrupción del género en el espacio que le está más prohibido, además de la toma de conciencia femenina que supone, da fe del camino recorrido desde 1931: el de la integración de las mujeres en lo soberano».[254]

Como ya ocurriera con Lenin o Joaquim Maurín, los civiles —o, más exactamente, los militantes— alcanzan la categoría de héroes no por su talla humana o intelectual sino en función de su conducta en el combate y, por tanto, en defensa del partido. Así, en los periódicos poumistas se dispensa un trato preferente a los militantes caídos en combate. Severiano Rojo observó en la prensa vasca antifascista que «los diarios se pueblan, como si fueran cementerios de papel, de lápidas que toman forma de aviso de defunción o de elogio fúnebre, en las cuales la foto del soldado, como en una estela funeraria, parece inmortalizar su juventud y fundar para siempre su leyenda».[255] ¿Puede decirse lo mismo de la prensa del POUM durante la guerra civil española? Según Rojo, el

---

254/ Y. RIPA: «Féminin/masculin: les enjeux du genre dans l'Espagne de la Seconde République au franquisme», *Le Mouvement Social* 1/2002, n.º 198, pp. 111-127.
255/ S. ROJO HERNÁNDEZ: «Morts exemplaires. L'héroïsation des miliciens dans la presse basque antifasciste (1936-1937)», *Ecrire l'histoire,* n.º 6, otoño de 2010, p. 60.

soldado vasco es «devuelto a su condición de civil [...] como si el lector hubiera de conservar el recuerdo del hombre que fue en tiempos de paz. Su cadáver es inútil, pero su recuerdo y su juventud son esenciales para alimentar la emoción patriótica».[256] Si el texto recuerda el estatus de la persona, el estado civil se consigna brevemente, lo que finalmente importa es el carácter heroico de quien ha dado su vida por un partido, por una ideología, por unas convicciones. Aunque fueron pocas las milicianas, en las filas del POUM había mujeres soldado, que alcanzaron la categoría de heroínas igual que los hombres. Es el caso, por ejemplo, de la militante Margarita Zimbal de las Juventudes del POUM, en el frente de Huesca, que un artículo de *Emancipación*[257] de enero de 1937 califica de valiente y esforzada, o el de Francisca Jordà, que merece un artículo algunos meses más tarde, esta vez de *La Batalla*.[258] Citando de nuevo a Severiano Rojo, «este relato de vida y muerte transforma el soldado en símbolo, los elogios fúnebres describen un combatiente y un ciudadano ideales y su vida ejemplar de miliciano, según el modelo hagiográfico. Como tal es portador de una enseñanza en la que la excelencia estructura la ejemplaridad afín de demostrar lo justo de la doctrina política por la cual se sacrifica el combatiente».[259] Se trata, de todos modos, de casos aislados: en el POUM, como en el resto de partidos del bando republicano, son escasas las mujeres que empuñan las armas, a las que están poco acostumbradas; además, su presencia sigue siendo muy controvertida en las zonas de combate. En octubre de 1936, el grito de la Pasionaria «Hombres al frente, mujeres a la retaguardia», junto con las disposiciones tomadas por el gobierno de Largo Caballero el 16 del mismo mes (para reorganizar las milicias en ejército regular, formando un nuevo Ejército Popular),[260] motivan la retirada de las mujeres hacia la retaguardia, condenándolas a rendir sus armas no al enemigo sino a los hombres de su propio bando.

Aun así, el Secretariado Femenino del POUM sigue ofreciendo en noviembre de ese mismo año formación militar para las mujeres que lo

256/   *Ibidem.*
257/   *Emancipación*, n.° 1, 20.02.1937, p. 3.
258/   «Una heroína de la J.C.I.», *La Batalla*, 26.05.1937, p. 6.
259/   S. Rojo Hernández, *op.cit.*, p. 61.
260/   *Gaceta de Madrid*, 16.10.1936, n.° 290, p. 355.

deseen. En Girona, se programa llevarla a cabo en el cuartel Lenin,[261] donde también está instalada parte de la organización del SFPOUM; pero ignoramos qué acogida merece realmente entre las militantes tal formación, anunciada en *L'Espurna* y en *La Batalla*. Hay que tener en cuenta que ya son muchas las tareas que se les han encomendado, y que se espera de ellas que tengan a bien mantenerse lejos del frente y sean, precisamente, el pilar de las actividades en la retaguardia. Por lo demás, es un hecho que las fuerzas antifascistas no tienen suficientes armas ni siquiera para sus soldados.

Las fuerzas franquistas echan mano de los prejuicios: a partir del término de *rojos* crea el femenino, *rojas*, interpretando así la presencia de las mujeres en un escenario viril como una confirmación de la decadencia y el descarrío del adversario.[262] Las mujeres que se suman a los hombres del frente carecen, según los rebeldes, de feminidad, dulzura o abnegación. Esto nos lleva a preguntarnos qué sintieron las mujeres que fueron milicianas, y qué visión se tenía de ellas.

Los primeros meses de la guerra son un período exaltante en el que todo parece posible. En Cataluña, bastión de la revolución social conducida por el anarquismo y el comunismo, parece que comienza una nueva vida, con la que millares de españoles llevan soñando desde hace ya décadas:

> El 19 de julio de 1936, con su oleada de valentía, hazañas y su violento anticipo de una nueva vida futura, acababa de pasar por Barcelona. El mes avanzó con el ritmo veloz de aquellos días. Las calles estaban desaseadas, sembradas de sucios y viejos papeles, y el aire era caliente, denso y esperanzado. La excitación, la sensación de vivir de nuevo, de haber renacido, era lo más sorprendente. Todo parecía poder hacerse realidad.[263]

La figura de la miliciana es la de una mujer activa y comprometida; pero la óptica del momento se fija sobre todo en la mujer como colectivo, no como individuo; un colectivo encargado de defender la República, es decir, el sistema existente, como paso previo a la revolución y

261/ Véase *La Batalla*, 22.04.1937.

262/ Análisis de Y. Ripa: «Féminin/masculin: les enjeux du genre dans l'Espagne de la Seconde République au franquisme», *Le Mouvement Social* 1/2002, n.º 198, pp. 111-127.

263/ M. Low: *Cuaderno rojo de Barcelona,* Barcelona, p. 25.

la instauración del poder obrero al frente del país. Es una visión que enlaza directamente con uno de los motivos ideológicos del POUM: la lucha internacional contra el fascismo y por el dominio del proletariado, una lucha que incluye, naturalmente, a la mujer.

En el POUM, ya no muy numeroso de por sí, las mujeres que tomaron las armas no fueron muchas. Se conocen algunas como Mika Feldman, seguramente la más célebre de todas, pero se desconocen tantas más, como las heroicas milicianas citadas en los periódicos: Pepeta Guasc, Soletat Casanoves, Maria Manonelles, Pepeta Mañosa, Carme Miquel, Emma Roca, además de aquellas que llegaron del extranjero, como Mary Low, Greville Teixidor, Augusta Marx, Rosa Winkler y Margarita Zimbal.

En el POUM las mujeres son aceptadas o, más exactamente y en conjunto, toleradas por los hombres, pero se las presenta ante todo como «milicianas», dejando su condición de mujer en segundo plano. En el primer número de *Combat* (periódico del POUM de Lleida), Pepeta Guasc y Soletat Casanoves son descritas como «dos soldados más de la columna obrera» que «alzan el puño». Pero aunque el artículo destaca su «silueta en apariencia dura» y las presenta como ejemplos a seguir, no falta la alusión a su «tierno corazón»,[264] característica que el sentido común atribuye naturalmente a las mujeres. En un artículo aparecido en el número 15 del periódico (fechado el 12 de agosto de 1936, es decir, el período en que era más fácil para las milicianas incorporase a filas), tras enumerar los diferentes pertrechos del miliciano, el fusil, el mono azul de obrero y el pañuelo rojo, el autor del artículo exclama: «¿Sabéis qué? ¡Una mujer! Va al frente a luchar ella también»,[265] exclamación que traduce bien el choque de ideas provocado por la presencia de una mujer en las columnas obreras del frente. Algunos militantes parecen haber integrado la idea de la evolución del estatus de las mujeres, según el relato de Mary Low: «De todas maneras, dice pensativamente un miliciano con la boca llena de pan y tortilla, sería más revolucionario acabar con todas estas bromitas y tratar a las mujeres como nuestras iguales».[266]

Aunque al principio de los combates a muchos hombres les cuesta

---

264/   *Combat*, n.º 1, 25.07.1936, p. 1.
265/   *Combat*, n.º 15, 12.08.1936, p. 4.
266/   M. Low: *Carnets...*, p. 107.

aceptar a las mujeres, más adelante las toleran. Pero subsiste el problema de la evolución de la mentalidad masculina (y no solo de la toma de conciencia femenina), que aparece en varios testimonios, especialmente en el de Mary Low al explicar una conversación con un miliciano:

> Es que lo convierten todo en algo demasiado heroico. Especialmente los españoles. Día y noche tienen presente que son hombres, ya sabes a qué me refiero. Todavía no se han librado de esa hidalguía tan trasnochada, por más que estén convencidos de que es una solemne tontería. Si una de las chicas cae en manos del enemigo, inmediatamente hay quince hombres que arriesgan su vida para vengarla. Y así sucesivamente. Cuesta demasiadas vidas y demasiado esfuerzo.[267]

En realidad, pocas de las mujeres que fueron al frente se quedaron. El caso de Mika Feldman es singular: al morir su compañero Hipólito Etchebéhère en agosto de 1936, hereda de él el mando de la brigada motorizada del POUM en la zona de Madrid. Consigue hacerse aceptar y se le «perdona» el ser mujer a condición de que no utilice, justamente, el hecho de serlo.

En *La Capitana*, novela histórica basada en el archivo de Mika Feldman, Elsa Osorio explica que un miliciano pregunta si alguien ha tenido relaciones sexuales con Mika, lo cual le parece lógico «ya que es una hembra», a lo que otro le responde que «Mika no es una mujer como las otras».[268] Su estatus de comandante de la columna prevalecía sobre el hecho de ser mujer. En última instancia, no la veían ni como hombre ni como mujer, sino como su cabecilla.

Muy a menudo las milicianas están asociadas a los hombres, ya sea en los discursos o en la iconografía, donde las más de las veces aparecen en medio de sus homólogos masculinos, a fin de reforzar la idea de una fuerte identidad de clase. Por ejemplo, *La Batalla* del 8 de agosto de 1936 ofrece la imagen de una chica sonriente vestida de miliciana camino del frente con su padre.[269] Para una mujer, el hecho de ir vestida «como un hombre» —o por lo menos de un modo considerado comúnmente propio del hombre— ¿era una manera de minimizar las diferencias entre sexos?

267/   M. Low: *Cuaderno rojo...*, p. 125.
268/   E. Osorio: *La Capitana*, París, 2012, p. 98 y p. 101.
269/   Véase *La Batalla*, 08.08.1936.

Al principio, de hecho, los discursos de los rebeldes se focalizaban sobre el mono azul de las milicianas. Este mono de trabajo era símbolo de pertenencia al proletariado y tendía a masculinizar a las mujeres que lo llevaban.[270] Hay un dibujo que ilustra bastante bien el concepto de esta mujer nueva (el artículo trata de la reinserción de las prostitutas, lo que encaja bien con la idea de necesaria renovación): representa, con un estilo inequívocamente ligado al constructivismo, una mujer con rasgos masculinos —anchas espaldas y hombros cuadrados, aunque sin acentuar la musculatura— y vestida con algo que parece el mono típico de los obreros. Solo la boca y el cabello permiten identificarla como mujer. Es habitual juzgar a una persona en función de su aspecto exterior, y especialmente por su manera de vestir, de comportarse, de andar o de hablar, lo que se ajusta a las representaciones sociales del cuerpo sexuado. Según el antropólogo Bruno Remaury, en la sociedad occidental y según las representaciones que la cultura atribuye a la mujer desde el siglo XIX, esta tiene un primer deber que no tiene el hombre: el de la belleza. La mujer, confrontada constantemente a sí misma, comprueba continuamente su imagen para valorizarse. «Ser bella o no serlo. La mujer sin belleza no es del todo mujer, tal es el mensaje. Y la belleza es tanto más necesaria por cuanto ocupa el primer lugar en el relato del éxito, ya sea este sentimental o social.»[271] Así, en el plano de la indumentaria, un chico llevará preferentemente pantalones oscuros, acordes con su autoridad. En el inconsciente colectivo, un chico no puede vestir de colores, sinónimo de ligereza que, de algún modo, negarían su estatus de autoridad. En cambio, de la mujer se espera que lleve vestidos de colores, que en ella se perciben como lucimiento de juventud y belleza. Todo ello nos lleva a preguntarnos sobre el papel de la indumentaria de las milicianas durante la guerra: ¿Acaso vestirse «de hombre» era el precio que pagaba la mujer para integrarse en el grupo? Mary Low explica en sus memorias un episodio muy acorde con esta hipótesis,[272] y su marido Juan Breá, hablando de Mika Feldman, detallaba la impresión física que le había causado: «Llevaba unos pantalones viejos y la camisa de los milicianos. [...] Me sentí lleno de admiración hacia ella. Estaba

270/   Véase *Avant,* 13.01.1937.
271/   B. Remaury: *Le beau sexe faible,* París, 2000, p. 31.
272/   M. Low: *op. cit.,* p. 65.

allí, sentada sobre una caja, agotada. Los pantalones le caían sobre los zapatos. Ya no tenía nada de chica».[273]

Es interesante seguir la evolución del discurso a lo largo del tiempo. *Emancipación* (que empieza a aparecer el 20 de febrero de 1937) presenta, como ejemplos de referencia de mujeres que tomaron las armas, a Louise Michel —durante la Comuna de París en 1871—, Larisa Reissner —durante la Revolución rusa de 1917— o también Margarita Zimbal —del POUM—, y las pinta como mujeres duras. Pero el mensaje más frecuente es que las militantes servirán mejor a la causa en la retaguardia: en realidad, se citan mujeres ejemplares a sabiendas de que es mejor no seguir sus pasos. Se diría que hay un momento para cada cosa, y que el tiempo en que las mujeres lograban enrolarse —no sin dificultades— como milicianas ha quedado atrás. Lois Orr nos confirma tal impresión cuando afirma, en 1937, que «no ha podido ir al frente por culpa de la discriminación sexual» y que «si hubiera sido un hombre, habría podido hacerlo. Era pura discriminación».[274]

Parece que para las militantes del POUM existe un doble compromiso en la lucha de clases: el militantismo es una lucha común con los hombres y, a la vez, una estrategia mixta para defender derechos relacionados con las diferencias sexuales. En la lucha de clases no aparece claramente un combate feminista *per se,* pero sí la necesidad de separar lo público de lo privado y el proceso de construcción de la identidad personal y profesional. En general, se habla más de «las militantes» que de «las mujeres», como confirma Maria Teresa Carbonell, que ya citábamos en el capítulo 1:

> No había la distinción si eras hombre o mujer. Yo nunca he pensado si soy hombre o mujer. Era militante y ya está. No estaba en la mentalidad del POUM. Ni del POUM ni de la época. Porque eso de la importancia de la mujer y tal, es de ahora, antes nadie se ocupaba de ello. No había esa cosa de qué hacen las mujeres, de la participación.[275]

Aunque no dudemos de las palabras de Maria Teresa Carbonell, ni

---

273/   J. BREÁ: *op. cit.*, pp. 179-180.

274/   L. Orr en G.-R. HORN: *Letters from Barcelona. An American woman in Revolution and Civil War,* Palgrave Macmillan, 2009, p. 142.

275/   M. T. Carbonell en C. COIGNARD: *Entrevista a Wilebaldo Solano y María Teresa Carbonell,* Fontenay Sous Bois, 08.01.2009, p. 18.

de que el POUM tendía verdaderamente hacia esta no-distinción teórica, ni de que, en la práctica, las y los militantes dieran prioridad a sus convicciones políticas e ideológicas por encima de su realidad sexual, no podemos dejar de preguntarnos hasta qué punto pervivían, o no, las distinciones según el género.

Basta detenerse en el detalle de las tareas y actividades realizadas por las militantes para comprender que estuvieron mucho más presentes en la retaguardia, y que incluso las escasas milicianas se hicieron cargo en el frente de las tareas «femeninas». Asignando así papeles diferenciados a hombres y mujeres, los poumistas reafirmaban la división tradicional de las tareas. De esta manera la aportación femenina en los colectivos militantes no es una fuente de reconocimiento, ya que en general se percibe como la simple continuidad de las disposiciones «naturales» de la mujer. Queda por comprobar si ello se ajusta sin excepciones a la realidad de las militantes del POUM durante la guerra civil, y analizar, de haber tales excepciones, cómo se construyó una relación social anti-conformista, revolucionaria incluso.

Imágenes y representaciones femeninas en tiempo de guerra

Las imágenes que aparecen en la prensa del POUM son, en su gran mayoría, imágenes de propaganda cuyos sistemas simbólicos y códigos gráficos remiten a un determinado discurso. Son imágenes portadoras de materiales identitarios enfocados a crear, fortalecer y mantener una conciencia de clase revolucionaria. Durante la contienda, la mayoría de las fotos de guerra no muestran combates. Como dice Laurent Gervereau, «el momento del enfrentamiento es paroxístico, pero muy minoritario».[276] En realidad, el 90% del tiempo en el frente consiste en esperar y aburrirse y, al contrario de lo que suponíamos, las fotos de guerra muestran casi siempre la periferia, es decir, las relaciones entre el frente y la retaguardia. Esto se debe también a las características de aquella guerra, a menudo de guerrilla, que enfrenta pequeños grupos.

276/   L. Gervereau: *Montrer la guerre? Information ou propagande,* París, 2006, p. 12.

La miliciana: ¿una nueva imagen de mujer?

En muchas fotografías se aprecia claramente que no se trata de tomas espontáneas sino preparadas (personas posando, encuadre, expresiones de la cara y también objetos). En *La Batalla* del 11 de agosto de 1936,[277] una joven posa junto a un coche ¡sobre el que descansa una calavera! El título, «Ser o no ser», podría hacer alusión, por qué no, al hecho de ser o no ser miliciana, de acabar, o no, con el enemigo, simbolizado por la calavera. Pero el pie, «Esta bella miliciana parece que se burla un poco del príncipe de Dinamarca...», remite directamente a la obra de teatro de William Shakespeare (acto 3, escena 1). El príncipe de Dinamarca no es otro que Hamlet, y el cráneo de la foto representa el de Yorick. En la obra, Hamlet experimenta un proceso de procrastinación, una tendencia a posponer sistemáticamente al día de mañana lo que podría hacerse inmediatamente. Hamlet es incapaz de actuar, está asustado, y opta por la inacción. En este caso, la puesta en escena es flagrante. Se trata sin duda alguna de una acusación abierta contra Inglaterra, que no se posicionó al lado de los republicanos. Por metonimia, las referencias a Hamlet señalan a Inglaterra, que no intervino en el conflicto español. Uno de los dilemas de Hamlet también aquejaba a Inglaterra: ¿intervenir o no intervenir? La fotografía es evidentemente una denuncia de esta indecisión.

En noviembre de 1936, la no intervención de Inglaterra —y de Francia— es motivo de queja recurrente: «Mientras los países democráticos pierden el tiempo de reunión en reunión, Alemania e Italia trabajan para llegar a un acuerdo más firme, sellado por un pacto entre las dos potencias».[278] Y la cuestión sigue levantando ampollas al año siguiente: el 7 de marzo de 1937, el POUM denuncia de nuevo la pasividad de las democracias europeas. El dibujante Niu presenta a Hitler y Mussolini acercándose a las costas españolas en barco, muy agradecidos a las democracias que, al no intervenir, les ponen fácil ayudar a las tropas rebeldes franquistas.[279] El hecho de que sea una mujer quien posa en la fotografía ¿acaso pretende suavizar la condena a Inglaterra mediante su

277/   Véase *La Batalla*, 11.08.1936.
278/   «Més enllà de les fronteres», *L'Espurna*, 19.11.1936, p. 4.
279/   Véase *La Batalla*, 07.03.1937.

presencia sonriente, que aporta un toque de dulzura a la acusación? ¿O se trata más bien de un toque irónico, como dando a entender que ella tiene más agallas que las grandes democracias europeas?

Otra fotografía, publicada en *Avançada* el 21 de noviembre de 1936,[280] es un claro ejemplo de manipulación, no solo porque no cuesta ver que las actitudes adoptadas por las personas fotografiadas carecen de naturalidad, sino porque, además, la foto ya se había publicado en *Treball,* periódico del PSUC, el 6 de agosto de 1936.[281] El uso que de ella hacen ambos órganos de prensa es una buena muestra de cómo puede manipularse una imagen, obviando simplemente toda la información necesaria para identificar la fuente (nombres de las personas fotografiadas, lugar y fecha exacta del negativo, autoría). En *Treball,* la fotografía aparece en una página dedicada a las milicias antifascistas con el siguiente pie: «Los milicianos que combaten en el Alto del León». Se trata de un punto estratégico en los combates —también llamado Puerto de Guadarrama, Puerto de los Leones y Alto de los Leones— muy disputado entre franquistas y republicanos desde los primeros meses de guerra por resultar fundamental para la defensa de Madrid. En *Avançada* no hay pie, y la foto no parece tener relación con el artículo contiguo, titulado «El fascismo, último recurso del capitalismo», que no menciona ni las milicias ni los combates armados. Ello se podría justificar de dos modos: quizás se trata de una manipulación por parte del POUM, o bien faltaban imágenes más adecuadas. Sea como fuere, en el caso del PSUC es obvio que la foto no data del 6 de agosto de 1936, puesto que para entonces el Alto del León ya llevaba nada menos que dos semanas en manos de los franquistas, y aunque es cierto que los republicanos intentaron recuperarlo repetidas veces, el júbilo de los milicianos de la foto no concuerda con los feroces combates que se estaban librando y la probable desmoralización de las tropas. Se trata sin duda de una foto puramente ilustrativa; su construcción y utilización buscan mostrar la unión, la cohesión y la movilización obreras para dar aliento a las tropas, a los combates y a la revolución en ciernes. La mujer que se ve en la imagen quizás no fuera del POUM ni, quién sabe, una miliciana. Esta fotografía, a fin de cuentas, podría aparecer como una caricatura

<hr>

280/   Véase *Avançada,* 21.11.1936 y *Treball,* 06.08.1936.
281/   *Treball,* n.º 14, 06.08.1936, p. 5.

positiva: una mujer vestida de miliciana, fusil en mano y puño en alto, acompañada de sus compañeros de lucha. Finalmente no importa conocer su afiliación: la imagen es la de una mujer nueva y emancipada.

La composición y el encuadre de las fotos de milicianas permiten también una lectura visual según el puesto ocupado por las mujeres —solas, o en función de los hombres— y las acciones que ejecutan. Además, es conveniente preguntarse si las que aparecen en las fotografías son realmente militantes del POUM. A veces no hay elemento alguno que nos permita afirmarlo, para lo cual habría que identificar esas mujeres. La fotografía que comentábamos, impresa en dos periódicos opuestos (el del POUM y el del PSUC), da buena cuenta de la cuestión. En *La Batalla*[282] hallamos otro ejemplo. Supuestamente, el sindicato socialista UGT se había apropiado una imagen para un número de su periódico, cosa que indigna al POUM, que sostiene que aquellas militantes de la foto son unas camaradas de la JCI que salen de un mitin del partido y se dirigen a un desfile en las Ramblas. ¿Socialistas o marxistas? Es difícil decirlo, ya que las mujeres no han sido claramente identificadas. Sea como sea, este ejemplo de falsificación de información demuestra que todos los medios son buenos cuando se trata de transmitir un mensaje mediante imágenes, y que los partidos se las disputan. Aquí, sin duda, se trata de hinchar las cifras de la propia militancia para dar la impresión de mayor fuerza y presencia.

Pocas son las milicianas fotografiadas en situación de combate. Aun así, ¿qué lugar ocupan las escasas mujeres que todavía están en el frente a finales de 1936 y en 1937? En marzo de 1937, *Front* publica la foto[283] de una miliciana del POUM —o al menos identificada como tal— rodeada de gallinas, y el pie nos acaba de situar: «Las milicianas del POUM en el frente se ocupan de la comida». De hecho, esta fotografía podría muy bien haberse tomado en la retaguardia y no en el frente; nadie notaría la diferencia. En un número de *La Batalla* aparece la fotografía[284] de una miliciana repartiendo el rancho entre sus homólogos masculinos. La composición de la imagen —la miliciana no solo ocupa el centro de la foto sino que se halla también en el centro del círculo que forman los hombres— sugiere que su lugar en la sociedad sigue siendo

---

282/   Véase *La Batalla*, 13.04.1937.
283/   Véase *Front*, Sitges, 14.03.1937.
284/   Véase *La Batalla*, 14.10.1936.

cardinal, sigue constituyendo el eslabón indispensable para el esquema tradicional de la familia (educación de las criaturas, economía doméstica) y en la sociedad (maternidad genitora), pero comúnmente tenida por natural e inferior. En un período revolucionario como fue la guerra civil española, continuadora de los progresos de la Segunda República, cabría esperar que al menos la miliciana desempeñara un papel distinto al tradicional, pero esta foto recuerda inevitablemente a la madre alimentando a sus hijos, velando por ellos.

En este mismo orden de cosas, *Combat*[285] presenta a dos milicianas del POUM como apoyo del hombre combatiente: «Nuestras milicianas saludan a los compañeros que parten al frente». Dos días antes, el mismo periódico había publicado la foto de una miliciana[286] vendiendo *La Batalla* en las calles de Lleida. Parece evidente que está posando ante la cámara, sobre todo por el ángulo de la foto, un contrapicado poco natural. Más que la grandeza de la mujer miliciana, lo que destaca en esta fotografía es el periódico barcelonés. Laurent Gervereau explica esta función ejemplar, a menudo conseguida gracias a la puesta en escena: la foto tiene así la misma función que un cartel.[287] Además, el artículo que acompaña la fotografía refuerza la distribución de papeles según el género: «Los compañeros están en el frente o asumiendo los puestos de responsabilidad del Partido [...] y las milicianas se han puesto a trabajar activamente, poniendo sus esfuerzos al servicio de la Revolución. Venden nuestra prensa, están en el Socorro Rojo, trabajan para los compañeros del frente. En una palabra: cooperan y trabajan para la victoria de la guerra».[288]

Por último, las militantes se encargan también de escribir a los milicianos y brindarles el necesario soporte moral para que no se derrumben en las largas horas de espera pasadas en las trincheras. Maria Sales, que en un primer momento participó en esta tarea de apoyo psicológico, después fue al frente, con los soldados, en la sierra de Alcubierre; la acompañaban dos amigas, Pilar y Dolores (desde diciembre de 1936 hasta febrero de 1937).[289]

285/ Véase *Combat,* 13.11.1936.
286/ Véase *Combat,* 11.11.1936.
287/ L. Gervereau: *op. cit.,* p. 29.
288/ *Combat,* n.º92, 11.11.36, p. 1.
289/ Manuscrito de M. Sales, «Anécdotas y peripecias de la vida de una pequeña mujer», 1984?, p. 7.

El caso de Mika Feldman es particularmente interesante, ya que llega al frente en calidad de «mujer de» miliciano pero acaba asumiendo el mando de una columna del POUM a la muerte de éste. En vida de su marido Hipólito Etchebéhère, y aunque él suscribe totalmente la necesidad de la emancipación femenina, Mika Feldman realiza tareas como la limpieza, el apoyo a los hombres, la redacción de cartas a las familias, la obtención de ropa y comida o la organización de un puesto de primeros auxilios. En su libro, ella misma afirma que había entendido que, cuando su marido decidía enseñar a los hombres a utilizar un fusil, a ella no le correspondía ir con ellos porque, en aquel momento, era «un asunto de hombres. El mío estaba aprendiendo a ser jefe, los otros no me hubieran perdonado su ignorancia o su torpeza».[290] Por otro lado, si Hipólito había pedido a Mika que se quedara en la retaguardia con el médico y otras dos mujeres enroladas (Emma Roca y Carmen), era para protegerlas.

Cuando Hipólito muere en combate, Mika, de modo algo fortuito e inesperado, se encuentra a la cabeza de la columna motorizada. Los milicianos se niegan en un primer momento a barrer el barracón. El Chato, un miliciano, se convierte en portavoz de los hombres para explicar a Mika que el suyo es el único batallón en que los hombres tienen que participar en las tareas domésticas, cuando en principio eso ¡es «trabajo de mujer»! La miliciana replica que a la revolución se le supone la obtención de la igualdad de derechos para los dos sexos, y que es preciso impulsar los cambios cuanto antes mejor. Progresivamente, Mika se gana la confianza de los milicianos de la columna, que acaban sintiéndose orgullosos de ella. Los periódicos del POUM destacan su comportamiento heroico.[291] Es innegable que esta mujer excepcional supo hacer evolucionar las mentalidades, ni que solo fuera en su grupo de milicianos, pero ello no debe hacernos olvidar que instaurar nuevos valores y costumbres en la sociedad era una empresa harto difícil. De hecho, Mika Feldman afirma en su libro que, en ocasiones, tenía la impresión de hacer de «madre de familia» con los milicianos, a los que suministraba una cucharada de jarabe en las trincheras, o les organizaba el barracón. Y algo parecido les ocurría a los hombres, que admiten

---

290/   M. Etchebéhère: *op. cit*, p. 14.
291/   En particular en *Combat*, Lleida, n.°113, 05.12.1936, p. 1.

lo difícil que puede resultar tener una mujer al mando ya que, como hombres, se sienten en el deber de protegerla. En otra ocasión, El Chato explica que «para algunas cosas las mujeres [son] formidables», ya que la idea de Mika «de conseguir todos aquellos termos fue sensacional. A un hombre no se le hubiera ocurrido».[292] El reconocerles ingenio a las mujeres es sin duda un elogio, pero no deja de ser, de nuevo, una recaída en la división sexuada de las tareas y actividades. Además, el concepto que cada cual tiene sobre el otro sexo se basa a menudo en rumores y prejuicios. Un miliciano expone a Mika lo que ha integrado de su aprendizaje social: «Parece ser que las mujeres tienen más frío que los hombres. Se lo he oído decir muchas veces a mi padre».[293]

Persistencia de mentalidades arcaicas

Pese a los progresos en derechos de la mujer en la España de los años treinta, perviven los prejuicios. Las publicaciones presentan invariablemente las figuras femeninas en el papel de madre protectora, y acusan a la barbarie fascista de matar civiles inocentes. De septiembre de 1936 en adelante, las imágenes de mujeres nos las muestran huyendo con sus retoños. Así se nos presentan, por ejemplo, las mujeres del pueblo de Zuera, en la provincia de Zaragoza, en una imagen en que las criaturas se ven débiles y enclenques.[294]

Los periódicos del POUM no pierden ocasión de poner en evidencia la crueldad y la inhumanidad de las tropas rebeldes, que no dudan en matar a una parte de la población civil. Un ejemplo de esta acusación se encuentra en *La Batalla*.[295] El dibujante originario de Santander Rivero Gil adjudica a un personaje de las tropas franquistas rasgos simiescos y la postura típica de Napoleón, deslizando una mano entre dos botones de la chaqueta. Suponemos que tal caricatura pretende presentarlo como un aspirante a dictador que se complace en dar órdenes. El pie de la imagen, subrayando la abnegación que se atribuye en general a las mujeres, tiene un punto irónico: «¿Rendirnos? ¡Resistiremos hasta

---

292/ M. Etchebéhère: *op. cit*, p. 44.
293/ *Ibid.*, p. 43.
294/ Véase *La Batalla*, 13.09.1936, 07.03.1937, *Impuls*, 09.04.1937 y *Front*, Sitges, 16.05.1937.
295/ Véase *La Batalla*, 22.10.1936.

verter la última gota de sangre... de la población civil!». La barbarie fascista era un *leitmotiv* en la iconografía de la prensa del POUM, y el caricaturista no duda en retomar el tema varias veces, como en el dibujo[296] en que el mismo personaje zoomorfo ve un niño y le consulta a su compañero —que tiene los rasgos de un cerdo— si hay que avisar a la aviación. Una ironía suplementaria por parte del dibujante...

El estilo de dibujante Francisco Rivero Gil tienen mucho en común con el del caricaturista Luis Bagaría: una estética de pocos rasgos; la animalización, que a veces va hasta la deshumanización; la recurrencia de sus personajes barrigudos. Rivero Gil reconocerá el talento de Luis Bagaría afirmando que se llevó la palma, en la campaña contra el enemigo alemán, con sus alemanes de cabeza geométricamente cuadrada. Ambos dibujantes tocan los mismos temas: antimilitarismo, antifascismo, la mujer como *mater dolorosa* o como *Pietà*, etc. En el libro que Antonio Elorza dedica a la obra de Bagaría se pueden apreciar todos estos elementos.[297]

Con frecuencia las ilustraciones pintan a las mujeres con una criatura en brazos.[298] Aunque el POUM no apoyaba las prácticas y las creencias religiosas —adoptando una posición neutral que dejaba a cada persona el derecho de practicar la religión que quisiera—, la impronta religiosa sobre la cultura de la época y el inconsciente colectivo se manifiesta en claras referencias al motivo de la Virgen y el Niño.[299]

En las imágenes publicadas en la prensa de la época, las mujeres suelen mostrarse con la cabeza gacha o con los ojos cerrados, en actitud de resignación frente a la fatalidad, o bien alzando ojos y rostro hacia el cielo, como temiendo los bombardeos o clamando por la muerte de sus hijos inocentes. Son fácilmente identificables como proletarias, pobremente vestidas, harapientas y descalzas incluso, rodeadas de ele-

---

296/   Véase *La Batalla*, 29.11.1936.

297/   Véase A. Elorza: *Luis Bagaría. El humor y la política*. Barcelona, 1988.

298/   Véase *La Batalla*, 22.09.1936; *Front*, Sitges, 20.12.1936 y *Avançada*, 27.02.1937.

299/   H. C. F. Mansilla: «La influencia de elementos religiosos sobre la cultura política en América Latina. El caso de las oposiciones binarias excluyentes», pp. 91-115; *Fragmentos de filosofía*, n.° 10, 2012, p. 94 y F. Mires: «Política como religión», *Cuadernos del CENDES*, vol. 27, n.° 73, enero-abril 2010, Universidad de Caracas, pp. 1-30.

mentos característicos de la cultura obrera: fábricas, campos, indumentaria, representados todos ellos en un estilo geométrico que recuerda el constructivismo soviético de principios de siglo. Estas representaciones quieren despertar la empatía del lector: con las referencias al sufrimiento de esas madres y esos niños, víctimas inocentes de la guerra, se pretende movilizar la opinión pública por la vía de los sentimientos. No es casualidad que se recurra a los más vulnerables en la sociedad —mujeres y criaturas— que, como víctimas, son carne de cañón. El enemigo fascista aparece como un monstruo sin escrúpulos y sin ley.

Son también numerosas las ilustraciones que destacan la brutalidad de las fuerzas fascistas. En *L'Espurna,* se la representa metafóricamente por una mano ensangrentada empuñando una cruz gamada que utiliza como estaca para exterminar a la población civil.[300] El dibujo, un grabado, tiene una estética muy cercana al expresionismo del grupo de artistas alemanes Die Brücke, formado en 1905 en Dresde, cuya principal preocupación era la carga social que había de contener toda obra: había que hallar el mejor modo de expresión para perfilar los problemas a los que se enfrenta el ser humano. Los grabados de Pau Planas, en *L'Espurna,* recuerdan las obras de Erick Heckel, que utilizaba mucho esta técnica, mezclando contrastes en negro y blanco y valiéndose de tijeras o cuchillos para acentuar los rasgos y las líneas del dibujo.

A juzgar por las ilustraciones del período, el estatus de la mujer, hasta entonces poco presente en la esfera pública, prácticamente no ha variado. El 22 de octubre de 1936, *La Batalla*[301] publica un dibujo de varios niños que suscita una reflexión sobre la situación de la mujer en la sociedad, ya que parece indicar que solo quienes intervienen en el frente tienen un papel crucial en la guerra. Es una manera implícita de equiparar el niño callado y la mujer en la retaguardia: sin visibilidad, ahora y siempre, en cualquier época y lugar.

En las fotografías que muestran mujeres trabajando es perceptible esta continuidad de modelos de género, aunque durante la guerra tales tareas adquieran un sentido político. Durante los primeros meses de conflicto, *Combat*[302] publica un reportaje sobre un taller de confección

300/   Véase *L'Espurna,* 22.12.1936.
301/   Véase *La Batalla,* 22.10.1936.
302/   *Combat,* n.° 34, 03.09.1936, p. 4.

donde trabajan, en diferentes secciones divididas en subsecciones, unas 175 o 180 personas. La organización de las tareas no tiene nada de sorprendente: diez hombres distribuyen el trabajo entre la plantilla, formada mayoritariamente por mujeres (45 sastres y costureras).[303] Ellas confeccionan la ropa —un promedio de 174 pantalones y 200 prendas interiores que irán al frente para los milicianos de la JCI—. «Todo lo que hacemos está destinado a los compañeros que luchan. Pasan por delante de todo lo demás», dice una mujer. En las diferentes fotos del taller, la puesta en escena es clara y da fe del entusiasmo por los símbolos republicanos. En otras dos fotos, muchas mujeres se afanan cosiendo, a mano o a máquina. La última imagen ofrece una vista general del taller que refuerza la impresión de división sexual de las tareas y la jerarquización: los hombres, de pie, supervisan el trabajo de las mujeres, que están sentadas.

En el número 79 del mismo periódico (27/10/1936, página 4) se publica otro reportaje, esta vez sobre un taller de calzado, que ofrece la otra cara de la moneda:[304] solo se ven hombres, a los que se califica de «compañeros que luchan contra el fascismo», al contrario de las costureras, que eran simplemente «sonrientes», «simpáticas» y «llenas de admiración». En la misma línea, sin que se pueda deducir si se trata del mismo taller (que no se nombra), D. Roca publica en el número del 9 de enero de 1937 (n.° 143, página 4)[305] un reportaje sobre el taller de calzado situado en el Cuartel Maurín de Lleida (el antiguo seminario), donde cada día se fabrican cerca de cien pares de zapatos para el frente de Aragón, y que hasta el momento contabiliza un total de cuatro mil quinientos. Las dos fotos son, de nuevo, explícitas: a la izquierda, una «simpática» mujer trabaja frente a una máquina de coser; a la derecha, unos hombres de pie accionan grandes máquina de pulir. Se trata de un taller de guarniciones que fabrica todo tipo de utensilios para los milicianos (estuches de pistola, cartucheras, cajas de municiones).

Las fotografías de mujeres confeccionando ropa son numerosas en las publicaciones del POUM, especialmente en *La Batalla,* que nos lle-

303/   Véase *Combat,* 03.09.1936.
304/   Véase *Combat,* 27.10.1936.
305/   Véase *Combat,* n.°143, 09.01.1937.

va a Girona, Manresa y Cerdanyola.[306] En todas ellas la puesta en escena es manifiesta. En Girona, las camaradas que trabajan para el frente cosen o hacen punto, con la cabeza baja, concentradas, como para demostrar un ritmo de trabajo imparable: se trata de mostrar que las mujeres están movilizadas. En otra fotografía de las militantes gerundenses, el título deja bien clara la intención: «¡Así se hace, camaradas!». En las fotografías de grupo, la distribución de las personas no parece nunca dejada al azar. Las mujeres están situadas ya sea en medio de un grupo de hombres, ya sea en los lados; en ambos casos, se mantienen juntas, como si la mixidad instaurada y reconocida por la Segunda República no hubiese acabado de calar en las costumbres.

Aunque, como hemos visto, hubo mujeres que fueron al frente, las diferencias entre las fotografías de primera línea de fuego y las de la retaguardia son palpables. Del frente se muestran mayoritariamente hombres mientras que en las imágenes de retaguardia predominan las mujeres. Como ejemplo está la foto de un grupo de refugiados madrileños en Lleida, publicada en *Combat* en diciembre de 1936,[307] en la que son pocos los rostros de hombre en comparación con las caras de mujer, que son mayoría.[308] En *La Batalla,* también en diciembre de 1936, el trabajo con los niños refugiados es, una vez más, cosa de mujeres: «Las trabajadoras de la Casa Coties y Damascos, de la calle Sicilia, abarcan un trabajo de gran calado en provecho de los niños refugiados de Madrid». Ahora bien: detrás del grupo femenino asoman algunos hombres, como enmarcándolo,[309] algo que también ocurre en una toma de militantes oficiales del servicio de salud de la Casa Gastón:[310] tres mujeres posan juntas en el centro de la fotografía, rodeadas por una veintena de hombres.

Finalmente, la fotografía que ilustra un título tan llamativo como «Las mujeres y la guerra» reincide en los prejuicios:[311] nos muestra mujeres en la retaguardia, aisladas en los pueblos, soportando las privaciones que acarrea la guerra. Llevan recipientes sobre la cabeza, seguramen-

306/   Véase *La Batalla*, 27.11.1936, 25.02.1937, 28.02.1937 y 25.03.1937.
307/   *Combat*, n.° 129, 24.12.1936, p. 1.
308/   Véase *Combat*, 24.12.1936.
309/   Véase *La Batalla*, 28.12.1936.
310/   Véase *Combat*, 30.10.1936.
311/   Véase *Combat*, 15.12.1936 y *Front,* Sitges, 22.11.1936.

te unas pocas provisiones que les permitirán sobrevivir. Si no hubiera guerra y el pie no informara sobre el origen de las fotos, se podría pensar que ilustran un momento y un pueblo cualesquiera, que se trata de una ilustración costumbrista con sus típicas campesinas yendo a buscar agua al pozo o la fuente.[312] Según Laurent Gervereau, tal búsqueda de lo pintoresco es habitual en las situaciones de guerra: es la alternativa al tema de los combates armados.

Iconografía religiosa desacralizada

Las líneas directrices y el encuadre contribuyen a crear una determinada interpretación de la imagen. A menudo, la disposición de personas y objetos parece muy elaborada, especialmente en las fotos de entierros, mítines u homenajes a dirigentes.

España es un país históricamente vinculado a la Iglesia católica. El POUM, a pesar de su visión materialista del mundo y de abogar por una sociedad laica, no es anticlerical;[313] si enuncia, entre otros problemas de la sociedad, «el problema de la Iglesia», no ataca la fe sino la manipulación del individuo. Ello, como veremos, no está reñido con el sustrato cultural religioso innegable en la mismísima cultura política del partido. Antes mencionábamos las referencias a la Virgen[314] en las fotografías de madres con su criatura; hay otras, sobre todo en las tomas de entierros, que tienden ya de por sí a ser manifestaciones religiosas, sean cuales sean los dogmas y ritos concretos. Recordemos que los anarquistas, por ejemplo, tienen desde hace tiempo sus propios rituales funerarios laicos.

En la fotografía del entierro del camarada Joan Viñas, en Girona, destaca la puesta en escena geométrica.[315] La simetría, construida a partir del eje central vertical del féretro, divide la imagen en dos: a la izquierda, el grupo femenino y un retrato que parece ser de Lenin; a la derecha, la JCI-POUM y un retrato de Maurín. Se distinguen también dos formas triangulares: la una está formada por los retratos de Lenin y Maurín y el símbolo de la hoz y el martillo; la otra, por los dos car-

---

312/   Véase L. Gervereau: *op. cit.*, p. 32.
313/   Véase C. Coignard: «Le POUM face au religieux: école et laïcité», *op. cit.*
314/   A este propósito, véase L. Gervereau: *op. cit.*, pp. 29-30 y 108-109.
315/   Véase *L'Espurna*, 14.12.1936.

teles («Sección femenina» y «POUM») y el féretro. Tanto la búsqueda de la simetría como la construcción en triángulo recuerdan la pintura religiosa, que recurre regularmente a este esquema. Por ello no causa extrañeza su utilización, como un simbolismo cristiano deformado. Los modelos religiosos preexistentes, muy arraigados, sirven para crear nuevos iconos, como ocurre en el realismo socialista. Hallamos el mismo tipo de composición en las fotografías de *La Batalla* de los entierros de Miguel Lobo,[316] Puz[317] y Juan Guiu.[318] También en un acto de homenaje a Joaquín Maurín en Artés destacan las líneas geométricas: un eje central vertical, dos grupos de personas a lado y lado y, en medio, la bandera del POUM,[319] cuya forma vagamente triangular se repite en la fotografía[320] de una manifestación en Barcelona. Y finalmente, de forma más sutil, no tan clara, en la imagen[321] de un mitin en Girona en enero de 1937 se vislumbra la trinidad del simbolismo obrero, construida a partir de los retratos de Lenin y Maurín.

Estas constataciones nos permiten postular la existencia de rituales religiosos convenientemente laicizados y politizados por la cultura política obrera marxista, especialmente en los entierros, en los que se entonan cánticos (*La Internacional* en lugar de himnos religiosos), se enarbolan iconos (Lenin y Maurín en sustitución de Cristo o la Virgen María) y símbolos (la hoz y el martillo en vez de la cruz). Para acabar, los militantes no creen en Dios pero sí en la encarnación de figuras emblemáticas, y alimentan la esperanza de un mundo mejor, no en el cielo sino en la tierra, forjado por la revolución socialista, que sustituye así la fe cristiana. Se trata de una reapropiación y una adaptación laicizada de los esquemas religiosos.

Dos iconos clave en la simbología obrera marxista

La utilización de figuras emblemáticas en el POUM presenta diferencias respecto a la práctica general en los partidos: las mujeres poumistas tie-

---

316/ Véase *La Batalla,* 23.10.1936.
317/ Véase *La Batalla,* 24.10.1936.
318/ Véase *La Batalla,* 22.09.1936.
319/ Véase *La Batalla,* 03.12.1936.
320/ Véase *La Batalla,* 23.03.1937.
321/ Véase *L'Espurna,* 09.01.1937.

nen por «modelos» o, por lo menos como referentes habituales, figuras masculinas como Marx o Engels, por ejemplo, aunque las más utilizadas son las de Maurín y Lenin. Tales referencias pretendían proporcionar a las «mujeres concienciadas» los medios para forjarse una cultura.

Muy a menudo nos quedamos con la impresión de que la verdadera vida del héroe empieza con su muerte:[322] «la fe de bautismo de héroe es casi siempre su acta de defunción».[323] Aparece como producto de un discurso que, por lo demás, él mismo posiblemente ha contribuido a construir, y ofrece aquellos valores que él defendió en la persecución de un objetivo: fundar una nueva sociedad. ¿Hasta qué punto podemos tratarlo de héroe?

Decir de Lenin o de Maurín que eran santos o mesías era sin duda antinómico con la ideología marxista, pero tampoco se les puede calificar de héroes, como si se hubiesen distinguido por sus hazañas o su valor extraordinario en batallas y combates. No son tampoco «héroes» literarios protagonistas de una novela, que sería la acepción que se da a la palabra durante el siglo XVII. Si se les quiere cualificar de «héroes» ha de ser refiriéndose al «héroe» en el sentido de «gran hombre». Mona Ozouf estableció claramente la distinción entre estas dos figuras de la excelencia:

> El gran hombre no es producto de lo sobrenatural, mientras que el héroe lleva a cabo una acción milagrosa. El héroe es el hombre del instante salvador, mientras que el gran hombre es el que acumula durante largo tiempo los resultados conseguidos con paciencia y esfuerzo diario. Sobre todo el héroe es el hombre de la hazaña especializada, principalmente un guerrero, y el gran hombre no tiene un papel concreto, sino la vida entera tallada de una sola pieza.[324]

El héroe sería una parusía, ciñéndonos a los términos empleados por Laurent Gervereau. La presencia de la imagen equivale a una presencia

---

322/ En el momento de publicación de estos artículos se creía que Joaquin Maurín había muerto, pero en realidad estaba detenido por las fuerzas franquistas. Murió en 1973.

323/ «Les héros, entre mémoire et histoire», dosier realizado por la BNF en 2007, disponible en: classes.bnf.fr/classes/pages/pdf/heros_1.pdf (consultado en 2012).

324/ Citada en el artículo «Les héros, entre mémoire et histoire», dosier realizado por la Biblioteca Nacional de Francia en 2007, p. 3.

real (como en el caso de Maurín), que es a fin de cuentas una de las necesidades de encarnación de las masas, para que estas puedan reunirse y expresarse. El héroe, muerto, permite inmortalizar su imagen, tanto si es Lenin como si se trata de Maurín.

En muchos artículos, Maurín y Lenin se describen como padres o como maestros.[325] En noviembre de 1936, en un mitin en Reus, treinta y seis mujeres del POUM posan, casi en posición de firmes, delante de una foto de Joaquim Maurín, que de este modo resulta magnificado.[326] Para la militancia del POUM, Joaquim Maurín no había muerto, espiritualmente hablando; de hecho no podía morir ya que sus ideas y su personalidad perduraban. Asociándolo a Marx, Engels y Lenin, se ponía a Maurín al mismo nivel que los tres grandes pensadores.[327]

La iconografía ocupa un lugar importante también en la prensa, y no faltan las representaciones de Maurín: fotos, dibujos de perfil o de cara, sellos con su efigie, etc.[328] Se insertan a menudo retratos de Lenin y de Marx, aunque este último en menor número.[329] A juzgar por la frecuencia de las alusiones a Lenin en la prensa del POUM, se trata del segundo gran referente, tanto en la letra escrita como en la iconografía. *Impuls,* órgano del POUM en Sabadell, incluye incluso la efigie de Lenin en su

325/   Roure: «Joaquim Maurín, víctima del feixisme», *Combat,* n.º45, 16.09.1936, p. 1; J. Comabella: «Kim, camarada!», *Combat,* n.º45, 16.09.1936, p. 1; J. Trepar: «La mort del nostre mestre», *Combat,* n.º 45, 16.09.1936, p. 4; editorial de *Combat,* n.º146, 13.01.1937, p. 1; M. García Balaña: «Joaquín Maurín no ha muerto», *La Batalla,* n.º 43, II época, 20.09.1936, p. 1; Indigeta: «Camarada Maurín», *La Batalla,* n.º 43, II época, 20.09.1936, p. 1; L. Cassà: «El maestro ha sido fusilado», *La Batalla,* n.º 53, II época, 02.10.1936, pp. 6 y 8; S. Palacín: «Joaquim Maurín», *La Batalla,* n.º 58, II época, 08.10.1936, p. 8; editorial, *Combat,* n.º 45, 16.09.1936, p. 1; B. Porta: «Joaquim Maurín assassinat pels feixistes», *Combat,* n.º 45, 16.09.1936; «Els alumnes marxistes de Maurín», *Combat,* n.º 52, 24.09.1936; editorial, «Un homenatge a Maurín», *Combat,* n.º 79, 27.10.1936; *Socorro Rojo,* n.º1, 15.11.1936.

326/   Véase foto sacada del artículo de P. Anguera i Nolla: «Notes per la història del BOC/POUM al Baix Camp», en *Quaderns d'Història Tarraconense,* Tarragona, 1987.

327/   M. Garcia Balaña: «Joaquín Maurín no ha muerto», *La Batalla,* n.º 43, II época, 20.09.1936, p. 1.

328/   Véase *La Batalla,* 21.10.1936; *Front,* Sitges, 25.10.1936; *Batalla,* 07.03.1937; *Front,* Sitges, 18.04.1937.

329/   Véase *La Batalla,* 14.03.1937 y *Front,* Sitges, 11.04.1937.

cabecera,[330] y *L'Espurna*, en Girona, le dedica el 21 de enero de 1937,[331] aniversario de su muerte, toda la primera plana.

En la Rusia bolchevique, un decreto del 11 de enero de 1918 preconizaba la función del arte como forma de agitación e invitaba a los artistas a poner su talento al servicio de la causa revolucionaria e ilustrar los ideales del régimen; el 12 de abril, Lenin hacía publicar al Comité Central del partido un decreto sobre el desmantelamiento de los monumentos en honor a los zares, para reemplazarlos por monumentos de homenaje a las grandes figuras del activismo social y revolucionario. Este caso recuerda el del decreto francés del 11 de agosto de 1792 que, para evitar la destrucción de las estatuas del reino del despotismo a manos del pueblo revolucionario, las hizo retirar e instaló monumentos en honor a la libertad. Volviendo al caso ruso, después de la Revolución de Octubre, Lenin hizo erigir el primer monumento a Marx. Como Lenin tomó a Marx como ejemplo, el POUM hizo lo mismo con la intención de incorporar a ambos al imaginario colectivo.

En la prensa del POUM aparece un retrato de Lenin sin duda curioso: en *Front*, por ejemplo, se utiliza una efigie idéntica a un célebre retrato realizado en 1918 en el que aparece de perfil con el rostro vuelto hacia la derecha, pero con la diferencia de que aquí mira a la izquierda. El POUM decide representar a Lenin así, aunque originalmente estaba vuelto hacia el otro lado,[332] y así aparece en la mayoría de las fotos o dibujos de la prensa del POUM.[333] Ello no deja de ser sorprendente y nos lleva a preguntarnos el motivo. Tal vez sea porque de este modo las caras de Lenin y de Maurín se miran de frente, ya que este último suele aparecer con la cara mirando a la izquierda. En una foto de un mitin publicada en *La Batalla* del 17 de diciembre de 1936, el retrato de Lenin está colgado a la izquierda y el de Maurín, a la derecha, cara a cara, como si las dos figuras emblemáticas del partido intercambiaran una mirada, como si se complementaran.[334]

Todo lo anteriormente dicho sobre estas figuras emblemáticas vale

330/   Véase *Impuls,* 22.01.1937 y 21.05.1937.
331/   Véase *L'Espurna,* 21.01.1937.
332/   Véase *Front,* Sitges, 04.04.1937, y el retrato de Lenin en 1918 en http://www.communisme-bolchevisme.net/images_revolutionnaires.htm.
333/   Véase *Avançada,* 23.01.1937, y *La Batalla,* 26.05.1937.
334/   Véase *La Batalla,* 17.12.1936.

también para las militantes, ya que las mujeres tienden a referirse a las mismas personalidades. En *L'Espurna*, Júlia Serra firma un artículo titulado «Krúpskaya», un artículo del que cabría esperar que se refiriera a la mujer de Lenin pero que versa principalmente sobre el revolucionario ruso. Aunque Serra afirma que hablar de Lenin es hablar implícitamente de su mujer, el título es como mínimo engañoso, puesto que el artículo gira casi exclusivamente en torno a él.[335] En el mismo número de *L'Espurna*, Antònia Adroher se refiere a las mujeres pero cita asiduamente la figura de Lenin, a quien nombra «el maestro».[336]

En el primer número de *Emancipación*, órgano del Secretariado Femenino del POUM, publicado en febrero de 1937, se cita, en grandes caracteres a pie de página, una frase de Lenin, muy parecida, por cierto, a una citada por Antònia Adroher: «La verdadera emancipación de la mujer solo es posible en la sociedad comunista».[337] Ahí está, una especie de eslogan, una fórmula que hay que memorizar, capaz de aglutinar las masas, en este caso las femeninas, como en Sabadell por esas mismas fechas: «Escuchad a Lenin, camaradas. Decía que mientras la mujer no estuviera organizada, la revolución no sería posible»,[338] o en *Avançada*: «La movilización de la mujer, realizada con una conciencia clara de los principios y sobre una base firme de organización, es una cuestión vital para los partidos comunistas y para su triunfo».[339] Todo indica que a partir de primeros de 1937 las mujeres están ya más organizadas; pasados los primeros meses de guerra, la mayoría se halla en la retaguardia y se emplea sin duda en coordinar y planificar sus actividades algo más eficazmente que durante la urgencia primera, al estallar la guerra.

En la iconografía utilizada por las militantes del POUM solo hallamos referencias puntuales a mujeres (aunque se trata de mujeres auténticamente revolucionarias), sin recurrencias ni preferencias por alguna figura en concreto.

En un artículo de *Emancipación*, Otília Castellví quien, al igual que Pascuala Cerdán, ingresó en el POUM *motu proprio* tras haber escucha-

---

335/   GRACIETA: «Krupskaia», *L'Espurna*, n.° 57, año II, 21.01.1937, p. 4.
336/   A. ADROHER: «Lenin i la dona obrera», *L'Espurna*, n.° 57, año II, 21.01.1937, p. 4.
337/   *Emancipación*, n.° 1, 20.02.1937, p. 1.
338/   C. MANYALIC: «Crida a les dones treballadores», *Impuls*, 19.02.1937, p. 3.
339/   *Avançada*, n.° 13, 16.01.1937, p. 5.

do un discurso de Maurín, rinde homenaje a tres revolucionarias: Rosa Luxemburgo, Clara Zetkin y Margarita Zimbal; pero, aun presentándolas como «ejemplos a seguir», acaba vinculando a Rosa Luxemburgo con Lenin —como ocurriera con Krúpskaya—, como si una mujer no pudiese luchar sola.[340] La única que se salva de aparecer asociada a un hombre es Clara Zetkin.[341]

También se evocan las pocas mujeres que empuñaron las armas: Margarita Zimbal, miliciana del POUM caída en combate; Larisa Reissner;[342] o Louise Michel, apodada «la virgen roja», que vestía el uniforme de la guardia nacional francesa en clara referencia al siglo XIX francés, símbolo de las luchas revolucionarias en las que el pueblo se alza contra el poder.

Quizás la referencia femenina más frecuente en la prensa del POUM sea la feminista soviética Aleksandra Kolontái, aunque se la recuerda más por sus ideas y publicaciones que como figura ejemplar. Así, el Secretariado Femenino del POUM invita a las mujeres a leer los escritos de Kolontái como complemento de los de August Bebel.[343]

Elementos representativos de la cultura obrera

El principal elemento simbólico es quizás el saludo con el puño en alto, adoptado por el POUM y por todas las militancias españolas de izquierda en general, que lo popularizaron en los años treinta. Es casi tanto un signo de reconocimiento mutuo como la expresión de la fuerza, de la rebeldía y de la solidaridad. El brazo es un elemento fundamental de la cultura obrera: amenaza, pero también protege. Aparece en muchas ilustraciones y, en este sentido, se puede decir que representa una cierta estética del pensamiento obrero.

En los desfiles, también las mujeres alzan el puño, como se ve en una foto del grupo femenino del POUM de Puig-Alt de Ter (Sant Joan de

---

340/   O. Castellví: «Tres revolucionarias. Tres caminos a seguir. Rosa Luxemburgo-Clara Zetkin-Margarita Zimbal», *Emancipación*, n.° 1, 20.02.1937, p. 3.
341/   *Ibidem*.
342/   «Precursoras: Larisa Reissner», *Emancipación*, n.° 4, 29.04.1937, p. 2.
343/   R. Vallespi Torrent: «Barreras rotas», *Emancipación*, n.° 5, 29.05.1937, p. 5. Véase también *Impuls*, 30.04.1937, *La Batalla*, 24.04.1937 y 18.05.1937.

les Abadessses),[344] o en la foto de unas refugiadas madrileñas en Lleida que publica *Combat* el 24 de diciembre de 1936.[345] No es posible saber si las mujeres de la foto son militantes del partido que administran la Colònia Roja de Raïmat y se ocupan del Socorro Rojo del POUM, o si son refugiadas. Sea como fuere, el puño en alto da testimonio de este espíritu de solidaridad. Es tanto expresión de apoyo a las reivindicaciones como afirmación de la propia pertenencia política, como se puede adivinar en la foto de un desfile del POUM en Tarragona, el 23 de septiembre de 1936.[346]

Las ilustraciones de la prensa del POUM suelen realzar el gesto y enfatizar la unidad proletaria.[347] Se trata de recalcar, una y otra vez, que solo la acción colectiva podrá llevar al proletariado a la victoria y a la revolución. El periódico *Front,* de Sitges, representa la unidad como una multitud de obreros agrupados para formar un brazo con el puño cerrado que simboliza su lucha, especialmente contra la burguesía, y que aplasta una horda de burgueses enloquecidos, caricaturizados como aves de corral y debidamente ridiculizados.[348] De nuevo, la estética de las ilustraciones recuerda algunos dibujos de expresionistas alemanes como Otto Dix o George Grosz, artistas comprometidos con la búsqueda de símbolos y la afirmación de su comunismo y su antinazismo.

Hay también ilustraciones como la publicada en *La Batalla* del 21 de abril de 1937,[349] con dos figuras, una de hombre y una de mujer, cuyos puños en alto aferran respectivamente el martillo, atributo del obrero, y la hoz, atributo del campesino. Las dos figuras ocupan el centro de una estrella y forman, así, una especie bandera.

Siempre en *La Batalla,* el 16 de agosto de 1936 se representa a Lenin (una vez más) con el brazo tendido al frente, como un profeta del mun-

---

344/ Véase *Avançada,* 14.11.1936.
345/ *Combat,* 24.12.1936.
346/ Véase foto sacada del libro de J. Piqué i Padró: *La crisi de la reraguarda, revolució i guerra civil a Tarragona (1936-1939),* Publicacions de l'Abadia de Montserrat, 1998.
347/ Véase C. Coignard: «Las imágenes también hablan: análisis de la prensa del POUM en la Guerra Civil», en *Prensa, política e historia,* actas de la jornada de estudios PILAR (París, Colegio de España, 16.10.2010), Pessac, 3 de octubre de 2011.
348/ Véase *Front,* Sitges, 13.12.1936.
349/ Véase *La Batalla,* 21.04.1937.

do moderno, un apóstol de la revolución comunista internacional que guía al pueblo hacia un nuevo porvenir. La figura sobredimensionada de Lenin, por encima de la multitud de partidarios a los que parece conducir, es en parte alegórica y en parte realista: es a la vez la figura de un líder fuera de la norma y el nacimiento de un mito, a medio camino entre el cielo y la tierra.[350]

Hubo mujeres que vistieron o bien un uniforme, seguramente el del SFPOUM, o bien algo parecido al mono de trabajo del obrero, que era el atuendo más habitual —aunque no privativo entre las milicianas—. En el testimonio de Mary Low leemos, por ejemplo: «Una mujer, bajita, corpulenta, vestida con un mono azul y un pañuelo rojo anudado al cuello, se inclinó hacia mí. Su cabellera ensortijada formaba como una aureola en torno a la cabeza». Apenas tres días después de su llegada a Barcelona, Mary Low viste, ella también, el uniforme de miliciana.[351]

Los colores tienen asimismo un fuerte potencial simbólico y pueden ser compartidos por diferentes culturas políticas, como es el caso del rojo y el negro, utilizados no solo por los anarquistas sino también por los poumistas. Justo al principio de la guerra civil, el lenguaje de los colores salta a la calle, marcando la presencia de un partido o de una organización en un lugar concreto:

> Nos llamaban la atención las enormes hojas de papel pegadas a los rótulos de alguna tienda o negocio y nos deteníamos a leerlas. Ponían: «Tomada por...» y seguía el nombre de alguno de los partidos de los trabajadores. En las casas había pintadas realizadas a toda prisa, garabatos rojos con las iniciales de los partidos que las habían incautado.[352]

Si las imágenes vehiculan y refuerzan una concepción particular de las relaciones de género, el vocabulario utilizado en los artículos de prensa también es revelador. Repasando los distintos artículos publicados en los periódicos del POUM, hemos podido recoger un conjunto de palabras empleadas según el sexo de los individuos.

Hay un vocabulario básico, utilizado normalmente tanto por hombres como por mujeres: camarada, trabajador-a, obrero-a; pero se ob-

---

350/   Véase *La Batalla,* 06.08.1937.

351/   M. Low: *Cuaderno rojo...,* p. 36-37.

352/   *Ibidem,* p. 45.

servan diferencias de género que reafirman los conceptos sexuados de la época: las palabras «miliciano» y «campesino» se utilizan por y para los hombres, y la forma femenina aparece muy raramente; el concepto de «madre» menudea en referencia a mujeres, pero casi nunca se nombra a los «padres». Es moneda común que términos como «hombres», «obreros» o «campesinos» designen a hombres y mujeres por igual; si el autor desea dirigirse concretamente a las mujeres, lo especifica. Las palabras «viuda» o «huérfana», frecuentes en los artículos publicados durante la guerra, conllevan sin duda una cierta dignificación del luto; pero, una vez más, definen la mujer a partir del hombre. De hecho, ello ocurre con harta frecuencia: los campos semánticos parecen adaptados a los papeles atribuidos a los dos sexos. El tema «mujeres» lleva inevitablemente a la institución de la familia (la mujer en tanto que esposa y madre), a los sentimientos, la devoción y la abnegación; hablando de hombres, el vocabulario se refiere a la guerra, al honor, al combate y a la justicia. Entre los muchos ejemplos posibles destacaremos un artículo publicado en *Combat*[353] titulado «Mares» («Madres») que ilustra perfectamente la existencia de dos campos semánticos no solo diferenciados sino claramente opuestos.

Definir a la mujer en relación a un hombre, ya sea el padre, el marido, el hermano o el hijo, es algo habitual. Aun ocupando su puesto en la sociedad y en la revolución, tiene que demostrar continuamente que lo merece, y hacerlo en relación a alguien, preferentemente entregándose en cuerpo y alma. Y ha de hacerlo para liberarse, sí, pero sobre todo para contribuir a la liberación del proletariado en general. La guerra civil quizás atribuyó nuevos papeles a las mujeres, pero no redefinió categóricamente las relaciones de poder y de género.

No se puede negar que hubo un cierto progreso, en la medida en que las mujeres pasaron a ocupar un lugar en fotografías, ilustraciones y artículos. Se trataba, en cierto modo, de integrarlas al espacio público a través del medio de comunicación de mayor difusión en la época: la prensa escrita. Pero hay que tener en cuenta qué mensaje se vehiculaba con ello. Hombres y mujeres desempeñan, en el mismo lugar, en la misma situación, papeles bien diferenciados: en el frente, los hombres luchan, la mujer alimenta las gallinas; en los mítines, los hombres ocupan

353/ «Mares», *Combat,* n.° 156, 27.01.1937, p. 4.

el estrado y hacen discursos, y las mujeres están entre el público o en un lateral del escenario. Cierto que algunas mujeres, como la militante barcelonesa Pilar Santiago, toman la palabra durante las reuniones, pero las fotos que se publican no las muestran en este nuevo rol. No sucede así entre los comunistas, donde la Pasionaria enardece las masas, tanto femeninas como masculinas. El militante poumista Ignacio Iglesias reconoce que «tenía dos importantes cualidades: sabía hablar bien en público y era muy hermosa. Era una mujer fascinante, atractiva. Utilizaba en sus discursos palabras sencillas, claras y directas. La gente la quería, estaban dispuestos a escucharla».[354] Sin embargo, aún reconociéndole estas cualidades, los poumistas no le profesan una admiración sin límites sino más bien todo lo contrario. La figura emblemática del PCE, era, según Víctor Alba, una mujer «cruel y vengativa»;[355] según Carmel Rosa y Antònia Adroher, «una estalinista convencida, nada más», «muy autoritaria» y «egoísta».[356] Ignacio Iglesias también la llama «la arpía» y la tiene por «diabólica, misteriosa e intrigante»,[357] apreciación que parece contradecir sus anteriores palabras, pero que, a nuestro entender, da fe tanto de las innegables capacidades políticas y demagógicas innegables de la Pasionaria como del empeño con que las ponía al servicio de un partido fiel a la estricta línea política dictada por Moscú.

Entre los comunistas del PC, la Pasionaria se convirtió en un mito y un símbolo popular gracias a sus discursos y a frases que quedaban grabadas en la memoria. *Treball* la nombra ya el 16 de agosto de 1936, bajo un título tan elocuente que la consagra como pieza importante en la lucha que se ha entablado.[358] En todo caso, y tal como confirmará su discurso pronunciado en París en junio de 1947, «Intervención en el consejo de Unión de Mujeres Antifascistas», la Pasionaria se presenta como un ejemplo a seguir, pero acusa, ya en la década de 1930, la dificultad de zafarse del doble discurso maternalista. Sigue sosteniendo la igualdad teórica entre los dos sexos sin conseguir oponerse al modelo arcaico que defiende la abnegación y el sacrificio de las mujeres.[359] En

---

354/   I. Iglesias, en I. Lorusso: *op. cit.*, p. 57.
355/   V. Alba en I. Lorusso: *op. cit.*, p. 193.
356/   C. Rosa y A. Adroher, en I. Lorusso: *op. cit.*, p. 215.
357/   I. Iglesias, en I. Lorusso: *op. cit.*, p. 57.
358/   Véase *Treball*, 16.08.1936.
359/   M. Yusta: «Vierges guerrières et mères courage: le panthéon des communistes

los dos periódicos comunistas que hemos podido consultar *(Treball, Companya)*, se observa la misma tendencia a atribuir campos semánticos distintos a uno y otro sexo. Las figuras masculinas de referencia —que no aparecen en *Companya*— son Lenin y, sobre todo, Stalin, como puede verse en *Treball* con fecha del 13 de agosto de 1936.[360]

A fin de cuentas, no había diferencias notables entre la situación de las mujeres comunistas del PC y las marxistas del POUM, ya que, en rasgos generales, la tensión entre las dos luchas, la proletaria y la de la emancipación femenina, es común a ambas formaciones políticas. La única diferencia consiste, quizás, en el hecho de que la Pasionaria es un mito entre los comunistas mientras que ninguna mujer del POUM alcanzó tal estatus. Hubo en el POUM mujeres muy activas e influyentes, pero sus rostros no aparecen. Se dio prioridad a la camaradería sobre la auténtica jerarquía. Dicho de otra manera, la diferencia entre los dos grupos se halla en el impacto de las figuras emblemáticas. Además, entre las mujeres del POUM no hay ejemplos femeninos: sus iconos de referencia son por lo general masculinos; la identificación es, pues, más cultural y política que sexuada.

Llegados a este punto, conviene examinar las formas de movilización de las mujeres del POUM para rastrear las posturas y las reivindicaciones femeninas. ¿Se las puede calificar de feministas, y en qué se diferencian de las comunistas del PC? Las reivindicaciones de los dos partidos ¿se situaron exactamente al mismo nivel, asumiendo a fin de cuentas un combate femenino, común y unidireccional? ¿O acaso las diferencias en el posicionamiento político conllevaron una lucha distinta?

Actividades en la retaguardia

El Secretariado Femenino del POUM

Si bien el POUM siempre aspiró a una igualdad manifiesta entre hombres y mujeres, la cuestión se hace explícita al principio de la guerra civil. En realidad, como afirma Wilebaldo Solano,[361] el Secretariado Femeni-

---

espagnoles en exil», *CLIO. Femmes, Genre, Histoire*, 30|2009, pp. 99-117.
360/   Véase *Treball*, 13.08.1936.
361/   Entrevista de Cindy Coignard con Wilebaldo Solano, 01.03.2008, Fonte-

no se creó para atender los problemas que preocupaban a las mujeres,[362] pero en las Juventudes del POUM no se deseaba separar mujeres y hombres. Por lo que parece, la iniciativa de crear el Secretariado se debe en gran parte al empeño de algunas mujeres como, en Barcelona, Pilar Santiago y Maria Teresa Andrade. Esta última reconoce en sus memorias[363] que la idea fue de Pilar Santiago, militante importante y reconocida de las Juventudes del partido, que convocó a sus compañeras para explicarles las ventajas que tendría crear un organismo donde poderse reunir. Todas estuvieron de acuerdo, y así nació, el 3 de septiembre de 1936, el Secretariado Femenino del POUM (SFPOUM). Es probable que influyera la existencia de otras organizaciones femeninas. En 1930 se crea el BOC, que al poco cuenta ya con una sección femenina —dirigida por Maria Recasens— para ocuparse más particularmente de los problemas relacionados con las mujeres (igualdad salarial, derecho al voto, educación); en 1933 nace la AMA (Asociación de Mujeres Antifascistas) y, en abril de 1936, la organización anarquista Mujeres Libres.

En Barcelona, el Comité Ejecutivo está formado, entre otras, por Pilar Santiago, Maria Teresa Banús (compañera de Juan Andrade, militante del POUM, miembro del Comité Ejecutivo del partido en Barcelona), Isabel Peiró (compañera de Enric Adroher, hermano mayor de Antònia Adroher) y Luisa Gorkin (compañera de Julián Gorkin, militante de origen valenciano). El Secretariado acoge también mujeres extranjeras como Katia Landau (cuyo marido, Kurt Landau, es uno de los principales dirigentes de la Oposición Comunista de Austria) y la escritora y pedagoga inglesa Mary Stanley Low; símbolos todas ellas de una solidaridad internacional. En Barcelona el grupo cuenta con unas ochenta mujeres; en Girona son una cincuentena, encabezadas por Antònia Adroher. El Secretariado, implantado en varias localidades como Lleida, Sabadell, Tarragona, etc., suma un total de quinientas mujeres aproximadamente.[364] En *L'Espurna* del 12 de abril de 1937 se puede leer que, en una reunión del SFPOUM, Isabel Peiró comunica que ya son

---

nay-sous-Bois.

362/   En V. ALBA: *Historia del Marxisme a Catalunya,* vol. I, Barcelona, 1974-1975, p. 129.

363/   M. T. GARCÍA BANÚS: *Una vida bien vivida, op. cit.*

364/   Cifra citada por N. GARCIA en *Le POUM de septembre 35 à juin 37,* París, Tesina de Máster, 1975.

ochenta las secciones constituidas. Girona, Barcelona y Sabadell son las que cuentan con más militantes.

El organismo pone rápidamente manos a la obra y lanza llamamientos desde la prensa y la radio para intentar movilizar a las mujeres. Con éxito, por lo que parece: «Recibimos más solicitudes de las que podíamos aceptar».[365] Las mujeres se distribuyeron según sus capacidades y aspiraciones, ya fuera seguir la formación de enfermeras, o ir a clases de idiomas, o de costura. Para Maria Teresa Andrade y sus compañeras dirigentes, esto ya era un triunfo, que se confirmó después cuando estas mujeres empezaron a asistir regularmente a los mítines organizados por el POUM y se convirtieron en militantes fieles a la revolución ansiada por el partido. Mary Stanley Low confirma este «éxito» en su libro *Cuaderno Rojo de Barcelona*,[366] y la militante australiana Lois Orr recuerda cómo la conmovió que los militantes se trataran de «camarada» o «compañero/a», término este último que también utilizaban en el sentido de «marido» o «mujer». La intención era suprimir toda connotación; nadie te trataba de «señora», por ejemplo, pues el hecho de estar casada o no era irrelevante. Lo que predominaba era el afecto que conllevaba la militancia y el sentimiento de la camaradería.[367]

En Barcelona, la información generada por el Secretariado Femenino se difunde, además de en *La Batalla,* mediante *Emancipación,* órgano de prensa del SFPOUM; en las otras ciudades, al no tener el Secretariado un órgano de prensa propio, se encargan de ello los periódicos locales y las radios. Es notable el esfuerzo de organización necesario para difundir puntualmente la información, así como la voluntad de establecer vínculos. Las fechas de las reuniones del SFPOUM se anuncian regularmente y, por lo general, se recuerdan con varios días de antelación. A veces se organizan reuniones calificadas de excepcionales, pensadas para informar sobre el resultado de las reuniones más importantes, celebradas en Barcelona, centradas en la estructura del Secretariado o en las decisiones tomadas por el Comité Ejecutivo del partido. La primera conferencia del SFPOUM tiene lugar en marzo de 1937,

---

365/   M.ª T. Andrade: *Una vida bien vivida, op. cit.*

366/   M. Low: *Cuaderno Rojo de Barcelona,* Barcelona, 2001, p. 127.

367/   Lois Orr en G.-R. Horn: *Letters from Barcelona. An American woman in Revolution and Civil War,* Palgrave Macmillan, 2009, p. 87.

ocho meses después del inicio de la guerra, lo que demuestra las dificultades para organizarla. Acuden representaciones de muchas ciudades: Castellet de Llobregat (Sant Vicenç de Castellet), Castelló, Artés, Pins del Vallès (Sant Cugat del Vallès), Pont d'Armentera, etc.; otras excusan su ausencia: Montblanc, Armentera, Monistrol, Palamós, La Fuliola, Cabra del Camp, Juneda... La presidencia recae en las tres secciones de mayor envergadura: Girona, Sabadell y Barcelona. Las mujeres exponen las tareas realizadas, los proyectos en curso, y debaten sobre todo ello.[368]

En ocasiones, algunas militantes se desplazan a otras poblaciones para charlar con la militancia local, como se puede leer en *L'Espurna* del 12 de abril de 1937.[369] Tales encuentros contribuyen sin duda a alentar la participación femenina activa en el movimiento revolucionario para acceder, con el cambio de régimen, a su emancipación. Después, las oradoras informan de las diferentes cuestiones referentes a la organización del SFPOUM y a las actividades femeninas del partido.

También hay mujeres —especialmente dos de ellas, Antònia Adroher y Pilar Santiago— que participan en mítines en representación del SFPOUM con el claro propósito de movilizar a las mujeres. Puesto que los mítines incluyen discursos dirigidos a las mujeres, cabe preguntarse si estos llegan a su público ¿Acudieron ellas a la cita? Por lo menos, según asegura Wilebaldo Solano,[370] acudieron en mayor número que a las reuniones políticas generales del partido. Las reseñas de *L'Espurna* confirman la presencia de militantes visiblemente complacidas con las aportaciones de las oradoras: «Las camaradas que la escuchaban con gran atención acogieron su intervención con nutridos aplausos».[371]

En general se ponía énfasis en la formación de las mujeres. Así, en los distintos periódicos del POUM se las exhorta a asistir a conferencias semanales, especialmente pensadas para ellas, sobre temas varios como, por ejemplo, el socialismo. La educación política y revolucionaria es indispensable para conducirlas a su emancipación y a la del proletariado. Se las invita también a crear sus propias secciones de propaganda

368/ *La Batalla*, n.º 188, II época, 09.03.1937, p. 1.
369/ *L'Espurna*, n.º 125, año II, 12.04.1937, p. 2.
370/ Entrevista con Wilebaldo Solano, por C. COIGNARD, 01.03.2007, Fontenay-sous-Bois.
371/ *L'Espurna*, n.º 90, año II, 01.03.1937, p. 2.

(pintura y dibujo) o de música (para aprender y difundir canciones revolucionarias), un área de formación considerada esencial para integrar la cultura política proletaria.

En la práctica, a las militantes del SFPOUM no les falta trabajo. Los hombres están en el frente, así que, además de compensar la falta de mano de obra, tienen que secundar a los combatientes. A los pocos meses de estallar la guerra civil, las tareas en la retaguardia no cesan de aumentar, sobre todo con el invierno en ciernes, y otro tanto ocurre con los llamamientos dirigidos a las mujeres, que crecen exponencialmente. Uno de los cometidos en los que participan las militantes es la distribución de periódicos. «Las chicas del partido o de las Juventudes iban a vender *La Batalla* o a vender *l'Endavant* o también *L'Hora,* una revista literaria que subvencionábamos.»[372] Sin embargo, las actividades para las que más se las solicita son sin duda las de ayuda al frente y a los milicianos. La «Comisión Femenina al servicio de las milicias» era parte integrante del SFPOUM y, según Júlia Serra, en Girona se admitía a toda mujer deseosa de ingresar en ella. Huelga decir que desplegaron «un gran esfuerzo de colaboración». Sus tareas consisten, esencialmente, en confeccionar ropa para los soldados: pantalones, guantes, chaquetas, etc., tareas que deben efectuar después de su propia jornada de trabajo. En Girona hay varios talleres: uno está situado en el convento de Les Beates (rebautizado después Caserna Lenin); otro, en la Escuela Normal; y un tercero, en el mismo edificio que el local del POUM, en el n.º 12 de la calle Ciutadans. *L'Espurna* difunde los llamamientos a las mujeres principalmente en forma de breves, pero también publica algunos artículos, como el firmado por Antònia Adroher el 5 de marzo de 1937, «Neu al front», que apela al espíritu de solidaridad y anima las mujeres a movilizarse, aunque solo sean unas pocas horas al día, para ayudar a sus compañeros, amigos y hermanos que luchan en las trincheras, bajo la nieve. El tono del artículo está pensado para galvanizar el ánimo de las lectoras.[373]

En las otras ciudades con presencia del POUM, los llamamientos a la población femenina son igualmente sistemáticos y se articulan vía el

---

372/   Imma en C. Feixa, *La ciutat llunyana. Una història oral de la joventut a Lleida (1931-1945),* Lleida, 1992, p.41.

373/   A. Adroher: «Neu al front», *L'Espurna,* n.º 94, año II, 05.03.1937, p. 4.

Secretariado Femenino o el Socorro Rojo del POUM, que logran reclutar gran número de mujeres, militantes o no.

Al trabajo de confección y distribución de ropa se suma el trabajo de propaganda, que las militantes se esfuerzan en realizar lo mejor posible, repartiendo periódicos u octavillas en las escaleras de vecinos, fijando carteles y también, a partir de mayo del treinta y siete, pasando clandestinamente todo tipo de objetos a los poumistas encarcelados.

Finalmente, el SFPOUM ofrece también formación militar para las mujeres que lo deseen. El Secretariado de Girona ya anuncia tales cursos en *L'Espurna* del 27 de noviembre de 1936. La formación se hace en la Caserna Lenin, que alberga parte de la organización del SFPOUM. Antònia Adroher y Júlia Serra, en principio, no asistieron a estos cursos; pero no podemos pasar por alto que faltó poco para que la primera fuese a combatir en las primeras semanas de la guerra civil. Las fotos publicadas en la prensa parecen corroborar la existencia de dicha formación militar en la Caserna Lenin de Girona así como en Barcelona, en el antiguo Floreal de Sitges, en Lleida y en Reus;[374] pero la respuesta de Wilebaldo Solano a una pregunta al respecto invita a creer lo contrario:

CINDY COIGNARD: ¿Había en Barcelona formación militar para las mujeres?

WILEBALDO SOLANO: No. Algunas mujeres fueron al frente, pero no muchas. Pero no se organizó algo para las mujeres. En los otros partidos políticos tampoco. En Esquerra Republicana quizás, pero no había muchas.[375]

Así las cosas, sabemos que se proyectó y anunció una línea de adiestramiento militar para mujeres, pero no podemos decir con certeza si llegó a ponerse en práctica, y mucho menos, de haber existido, qué acogida mereció. Las mujeres ya tenían asignadas muchas tareas; por ende, ya se las había invitado a que hiciesen el favor de no participar en los combates y que se concentraran en ser, precisamente, el pilar de las actividades de retaguardia. A ello hay que añadir que, de hecho, a las fuerzas antifascistas les faltaban armas incluso para equipar a los soldados del frente. Por consiguiente, es lícito preguntarse si las fotos en cuestión no pretendían simplemente alimentar la propaganda.

374/ Véase *La Batalla*, 27.09.1936 y *La Batalla*, 22.11.1936.
375/ Wilebaldo Solano a Cindy Coignard, Fontenay-sous-Bois, 01.03.2008.

¿Por qué son pocas las mujeres que se comprometen en el adiestramiento y en las filas del partido? Mary Low piensa que «las mujeres españolas aspiraban a alcanzar mayor libertad» y que «no sabían hasta dónde podían llegar».[376] En lo tocante al compromiso, «Imma», secretaria del SFPOUM en Lleida, da fe de las dificultades que ello planteaba por entonces, especialmente debido al lastre de las mentalidades: «Todo lo que hacía... ¡pero si mi padre no sabía nada! Me habría matado. Me tenía que espabilar sola».[377] Y Mary Low abunda en el mismo sentido: «A muchas las preocupaba que su familia las descubriera».[378] También hay que tener en cuenta que el compromiso exige sacrificios; va más allá de comprometerse políticamente afiliándose a un partido. «Comprometerse es también comprometer tu persona, por un tiempo no determinado, en ámbitos tan diversos como las amistades, la vida amorosa, familiar, profesional, religiosa, y así proyectarse, por promesa o convención, hacia un futuro que el mismo compromiso contribuye a definir. Así, es una actitud que trasciende las esferas políticas, sindicales o asociativas e impregna toda la diversidad de experiencias sociales.»[379] La mujer se acaba de incorporar a la esfera pública; su emancipación está lejos de hallarse consolidada, a pesar de los progresos republicanos. Es difícil pasar de un compromiso reducido a la esfera íntima y familiar —en ocasiones, también profesional— a un compromiso total en todos los ámbitos. La mayoría de las mujeres están acostumbradas a vivir por la intermediación del padre o del marido, y los llamamientos de que es objeto durante la guerra no dejan pasar la ocasión de apelar a su proverbial abnegación.[380]

Conviene puntualizar que la iniciativa femenina de crear un secretariado propio dentro del partido no responde en absoluto a aspiraciones de emancipación total, ni de ruptura con el Comité Ejecutivo del POUM; muy al contrario, pretende complementarlo y atender a «ne-

---

376/   M. Low: *Cuaderno rojo...*, p. 121.
377/   Imma en C. Feixa: *op. cit.*, p. 41.
378/   M. Low: *op. cit.*, p. 123.
379/   V. Becquet, C. de Linares (dir.): *Quand les jeunes s'engagent*, París, 2005, p. 15.
380/   «A las mujeres trabajadoras. Llamamiento del Secretariado Femenino del POUM», *La Batalla*, n.º 80, 03.11.1936, p. 1.

cesidades concretas».[381] Vaya, en este sentido, el testimonio de Antònia Adroher: según ella, en Girona

> Había un nutrido grupo de mujeres que formaba la sección femenina del POUM. Luchaba al lado de los obreros para hacer la revolución y cambiar la vida de todo el mundo. No nos considerábamos feministas, no queríamos una revolución guiada únicamente por las mujeres. El separatismo no nos gustaba. Luchábamos por la revolución. No hablábamos de feminismo. Nuestra ilusión era luchar al lado de los hombres para cambiar la sociedad, para crear un mundo nuevo. Entre ellos y nosotras no había ninguna diferencia.[382]

Ciertamente las militantes no hablan de feminismo tal como se entiende hoy en día; su militancia feminista consistía en conseguir para las mujeres los mismos derechos que para toda la ciudadanía, empezando por el sufragio y la educación. En 1925, Maria Cambrils ya defiende un feminismo de lucha de clases en *El feminismo socialista* (Valencia, Las Artes, 1925).

En término similares, la militante del grupo anarquista Mujeres Libres Sara Berenguer expresa su deseo de luchar al lado de los hombres y no contra ellos. Se observa la reticencia a emplear un término que hoy en día es moneda corriente: «No soy feminista, soy mujer».[383] Pero hay que puntualizar que, aun coincidiendo en varios puntos, ambos grupos (marxista y anarquista) divergen en el hecho de que el SFPOUM es una sección de un partido marxista, mientras que Mujeres Libres es una organización independiente de la CNT. En este sentido, Mujeres Libres es un caso aparte. Recordemos que, en el espectro comunista, la Asociación de Mujeres Antifascistas, creada en 1933, está firmemente controlada por el PCE. De todo ello destacaremos un dato importante: la existencia de distintos grupos femeninos que, aun coincidiendo en ciertas reivindicaciones e ideas, en la práctica nunca se asociaron. Dicho de otra manera, las cuestiones sociales

---

381/ P. SANTIAGO, en *Emancipación*, n.º 1, 20.02.1937, p. 4.
382/ Antònia Adroher en I. LORUSSO: *op. cit.*, p. 204.
383/ J. RAUSA: «Mujeres Libres, groupe libertaire autonome. Entrevista con Sara Berenguer», 20.02.1997. Artículo en línea disponible en http://recollectionbooks. com/bleed/Encyclopedia/MujeresLibres/mujereslibres_sara.htm (consultado el 4 de febrero de 2013).

y de género no forjan la misma cohesión que la pertenencia a una tendencia política determinada.

Aunque a fin de cuentas pocas mujeres recibieron instrucción militar y engrosaron las milicias, su implicación no fue por ello menos importante y necesaria, sobre todo en la retaguardia. Se las encuentra principalmente en cometidos que les resultan más familiares y que el Socorro Rojo Internacional se encargará de coordinar junto con el SFPOUM.

El Socorro Rojo Internacional

Fruto de una decisión de la Internacional Comunista en 1922, el Socorro Rojo Internacional cuenta al poco tiempo con numerosas ramas nacionales en varios países europeos, y cada partido político tiene una subsección propia, especialmente en España durante la guerra civil. Es así como el POUM crea su Socorro Rojo, al que deben adherirse todos los miembros del partido, tal como indica su programa publicado en febrero de 1936: «Todo miembro del partido está obligado a formar parte de la organización de ayuda a los prisioneros: Socorro Rojo del POUM».[384] La militante gerundense Júlia Serra confirma que esta adhesión era obligatoria e ineludible en tiempos de guerra:

> ¡Todos formábamos automáticamente parte de él! Cuando eras del POUM, cotizabas, como todos los partidos, y al mismo tiempo se apoyaba estas asociaciones como... la Cruz Roja. Nos pasaba a menudo que teníamos muertos, heridos en la retaguardia, accidentes, había muchos accidentes [...] Había enfermeras voluntarias. Teníamos las enfermeras del partido, que militaban, y todas formaban parte del Socorro Rojo. Yo, como maestra, también; es normal, todos los heridos, los pequeños accidentes...[385]

El organismo se encarga, entre otros asuntos, de trabajos sanitarios, de la acogida de refugiados, de la intendencia y de las colectas de donativos. Su objetivo: ayudar al mayor número posible lo más rápidamente posible. Para ello hace gala de organización y también de improvisación frente a la imprevisible evolución de las cosas, y difunde a través de

---

384/   «Qué es y qué quiere el POUM», programa publicado en febrero de 1936. Consultado en www.fundanin.org/POUM.htm, edición digital de la Fundación Andreu Nin, marzo de 2002.
385/   Júlia Serra a su hijo, Michel Martí, por teléfono, el 10 de diciembre de 2007.

distintos medios de comunicación, prensa, radio, manifestaciones, etc. llamamientos a la población para que brinde su apoyo al movimiento de solidaridad.

También se imprimen carteles instando a las mujeres a colaborar con el SRI y ayudar a las víctimas. Aquí hallamos de nuevo la composición en triángulo que ya observábamos en referencia a la Trinidad, que parte del margen superior y ocupa toda la anchura de la plana.[386] Aunque los colores aportan un toque revolucionario (rojo, blanco y negro), la construcción es la misma que en las fotos de los periódicos: la mujer, vestida de enfermera, es de nuevo la que ayuda a los demás. En estos carteles es notable el impacto de las iniciales, que ocupan todo el ancho de la parte superior; también se aprecia en ellos una auténtica intención artística que busca dotar de ímpetu a banderas y hombres, así como la presencia de la paloma, símbolo de paz. Los carteles del SRI recurren asimismo a la denuncia de los crímenes fascistas, como el firmado por «Ras»,[387] que recuerda de nuevo la figura de la *Pietà*.

No cabe duda de que muchas militantes del Secretariado se sumaron al SRI. En Girona, una cincuentena de ellas (al principio no pasaban de ser tres o cuatro), entre ellas Antònia Adroher y Júlia Serra y bajo la responsabilidad de Alexandra Gayolà,[388] solían acudir, al salir del trabajo o en horas libres. El local se hallaba en el viejo convento de Les Beates, requisado y reconvertido en punto de acogida y de trabajo, y en él se había instalado, entre otras cosas, toda una serie de máquinas de coser. Según el testimonio de Antònia Adroher, había chicas y mujeres encargadas no solo de recoger todas las donaciones de ropa sino también de fabricar ellas mismas pantalones, jerséis, camisas y todo lo que pudiera resultar útil en el frente. En el POUM existía una célula encargada del SRI: *L'Espurna* del 16 de marzo de 1937 publica la nueva estructura del Comité Local, en el que Antònia Adroher es la secretaria del Socorro Rojo en Girona, sustituyendo a Alexandra Gayolà. Es, por cierto, la única mujer; los demás miembros son Joan Quer (secretario político y de propaganda), Miquel

---

386/ Véase carteles del SRI por A. García, 1936.
387/ Véase cartel del SRI por Ras, 1936.
388/ Según el artículo «Miquel Gayolà, juliol de 1936 a Girona» de Jaume Fabre, publicado en *L'avenç*, n.º 70 de 1984, sabemos que Alexandra Gayolà era la esposa de Miquel Gayolà, militante importante del POUM de Girona.

Gayolà (secretario sindical y agrícola), Anton Pairó (secretario de defensa), Miquel Martí (secretario de prensa) y Joan Soler (secretario administrativo y de organización). Diez días más tarde se publican los nombres de los militantes que componen la estructura del SRI: la encargada de administración es Carme Bahí; el de cotización, Josep Bosch; la encargada del taller es Mercè Padós y la de propaganda, Dolors Montalat.[389] Cuando las reuniones, dos —a veces tres— de ellos tenían que acudir a los encuentros de delegados de células para recibir las instrucciones del partido.[390] Hay que destacar que en los cargos de organización del SRI en Girona hay más mujeres que hombres: de nuevo, la presencia mayoritaria del sexo femenino, que accede paulatinamente a puestos de responsabilidad, es consecuencia de la guerra.

En Barcelona, Teresa Carbó colabora en la organización del Socorro Rojo (situado en la calle Pelayo n.º 62) con el militante Anglès, que la acompaña a las fábricas en busca de lo más necesario para los hospitales. Una tal Dragó también les secunda en esta tarea, y Antònia Rei se dedica a la gestión de la logística de los hospitales. Carbó, que es responsable del organismo durante la guerra, también hace las fichas de los enfermos del POUM, informa a las familias y se encarga de distribuir ropa.[391] Pilar Romeu Carnicer se ofrece como enfermera, a su entender, el mejor modo de ayudar a los hombres del frente. Ingresa en la JCI y trabaja, a veces de noche, en un ambiente de camaradería.[392]

Si bien en el SRI descollan algunos nombres, el trabajo realizado es, en conjunto, anónimo. Las mujeres del Socorro Rojo del POUM quedan mayoritariamente en la sombra, en la medida en que pocas de ellas serán conocidas por su nombre. Pero sus acciones, al contrario que en años o siglos anteriores, se reconoce y valora enormemente.

Enfermeras y hospitales

En la segunda mitad del siglo XIX, cuando las mujeres empiezan a incorporarse al mundo laboral, los dos oficios más tolerados son los de

---

389/ *L'Espurna,* n.º 103, 16.03.1937, p. 2.
390/ *L'Espurna,* n.º 111, 26.03.1937, p. 2.
391/ «Entrevistes de gent del BOC i POUM», Arxiu Montserrat Tarradellas i Macià, Poblet, p. 70.
392/ *Ibidem,* p. 42.

institutriz y enfermera. Ello no es casual, puesto que las competencias que requieren se asocian a las funciones «naturales» de la mujer, es decir, a su naturaleza altruista. En el ámbito sanitario, el trabajo femenino «respeta» los límites de la división sexual: los médicos representan la ciencia y las técnicas médicas; las enfermeras se dedican a los cuidados, a la atención y al servicio al prójimo. Hogar y hospital se organizan de forma similar: el esquema padre-madre-hijo se reproduce en el triplete médico-enfermera-paciente. El testimonio de una enfermera del Socorro Rojo es revelador:

> Observamos que los compañeros heridos son ligeramente infantiles. Piden un peine, un mono, un gorro con la misma ilusión e ingenuidad y hasta insistencia con que lo pediría un niño de corta edad. Esta ilusión ingenua es seguramente la que nos inspira tanta simpatía hacia ellos, pues nos produce la sensación de que tratamos con niños grandes un poco mimados.[393]

En la iconografía de *Combat* hallamos enfermeras a la cabecera de milicianos heridos.[394] Teniendo en cuenta la cantidad de heridos llegados del frente, ¿cómo podían las enfermeras (o las mujeres que hacían esta función) hallar tiempo para crear vínculos «maternales» con ciertos pacientes? ¿Es verosímil esa imagen de la enfermera madre?

Si la prensa del POUM se hubiera limitado a mostrar sin más imágenes de enfermeras, por ejemplo, habría sido mucho más objetiva, ya que en período de guerra —que conlleva acciones más espontáneas y urgentes— cada uno está más cómodo en lo que mejor conoce, en lo que ya tiene por costumbre hacer. Pero se recogen declaraciones que traducen ciertos arcaísmos, como «esta es una de las profesiones [la de enfermera] más necesarias para la mujer y la humanidad»,[395] enunciado que refuerza los papeles sexuados y la función de servicio de la mujer respecto al hombre. Además, en las fotos de grupo, las enfermeras aparecen a menudo rodeadas por médicos hombres, dando de nuevo la impresión de jerarquía a través de la disposición de las personas en la imagen.[396]

Los relatos sobre las enfermeras poumistas tienden a menudo al es-

---

393/ *Socorro Rojo*, n.º 3, 15.12.1936, p. 3.
394/ Véase *Combat*, 26.08.1936.
395/ *La Batalla*, n.º 37, 13.09.1936, p. 3.
396/ Véase *La Batalla*, 03.12.1936 y *La Batalla*, 07.02.1936.

tereotipo: van vestidas de blanco, son guapas y muy atentas con los milicianos.[397] Se las compara con la paloma, ave sociable, símbolo de pureza, de belleza, de gracia y de paz.[398]

Las enfermeras de guerra trabajan en los hospitales, a los que acuden dos veces al día, llevando la prensa del partido, el correo de las familias y lo que los pacientes les hayan podido pedir el día anterior. El POUM inaugura varios sanatorios, el más importante de los cuales es el Joaquim Maurín, en funcionamiento desde el 21 de septiembre de 1936. Situado en el n.º 9 de la calle Martorell i Peña, en Barcelona, es un establecimiento innovador para la época —dejando de lado la consideración de su misma razón de ser—. En el primer pabellón se hallan el comedor del personal, la cocina, la recepción, dos comedores para los pacientes, una sala de descanso, una biblioteca, ochenta habitaciones, una terraza y un garaje; el segundo edificio alberga treinta camas y un aparato de rayos X.

Muchas mujeres, entre ellas militantes del POUM, se estrenan como enfermeras improvisadas, y algunas asisten a los cursos ofrecidos por el Secretariado Femenino. Según el testimonio de una de las mujeres más activas del SFPOUM de Barcelona, Maria Teresa Banús (Andrade), «la formación de enfermeras no dio grandes resultados, a pesar de la dedicación de los médicos, porque muchas de ellas se desmoralizaron y decidieron no asistir más a los cursos ya que consideraban que todo aquello no tenía aplicación práctica».[399] A fin de cuentas, su compromiso es esencialmente espontáneo, en respuesta a las necesidades inmediatas de la guerra, como corroboran varias militantes poumistas; Teresa Rebull lo recuerda así en sus memorias:

> Ayudaba, junto a otras chicas, en la organización de los hospitales. Vivíamos momentos de esperanza. ¡A mis padres les costaba mucho que me fuera de las colas de espera para ir al frente o para dar sangre! [...] Quería hacer algo por la causa, incluso ser movilizada [...] Pero me desmayé cuando vi la sangre que salía de la pierna destrozada de mi primer herido.[400]

397/ F. Piquer: «En el frente de Huesca», *La Batalla*, n.º 72, 24.10.1936, p. 8.

398/ J. Chevalier, A. Gheerbrant: *Dictionnaire des symboles. Mythes, rêves, coutumes, gestes, formes, couleurs, nombres.* París, 1997.

399/ M. T. Andrade: *Una vida bien vivida, op. cit.*

400/ T. Rebull: *op. cit.*, pp. 64-65.

En definitiva, la selección de imágenes o de textos y la óptica difundida por los periódicos corresponden, una vez más, a la mentalidad de la época. En cierta medida parecen ir a la contra del discurso emancipador del partido, pese a la necesidad de aunar esfuerzos para la guerra.

Envíos al frente

La organización catalana del SRI trabaja en el abastecimiento de sus provincias y del frente de Aragón, pero ayuda también, en la medida de sus posibilidades, a la capital, Madrid. La primera expedición —no datada en el documento— está constituida por treinta y ocho camiones cargados de víveres y ropa. La segunda consiste en ocho vagones de tren y trece camiones cargados con los donativos de Mataró, Cabrera, Arenys de Munt, Manresa, Reus, Tarragona, Girona, y muchos otros lugares. ¿Por qué Madrid? El 4 de noviembre de 1936, las tropas franquistas están a solo cuatro kilómetros de la capital; dos días después, bombardean la ciudad. El día 8, el general rebelde Varela ordena lo que cree será el asalto final; pero Madrid resiste y contraataca. Hasta principios de 1937, los refuerzos que puedan enviarse a Madrid tienen que hacerse por el este, desde las regiones catalanas o valencianas, ya que el sur, el este y el norte están casi enteramente en manos de los «nacionales».

La evacuación de refugiados es una de las prioridades del SRI, cuyos objetivos son, en primer lugar, salvaguardar la población civil de las garras del fascismo y, en segundo lugar, asegurar su supervivencia. En vistas de que el enemigo arremetía contra la capital, decidido a hacerla caer a cualquier precio, el Comité Central del POUM juzgó necesario crear un Comité Permanente de ayuda a Madrid.

Los periódicos de la época son una fuente documental de primer orden para rastrear y reconstruir ese tipo de actividades. Detallan, por ejemplo, dónde se centralizaban las donaciones para el SRI. Los locales poumistas de las distintas poblaciones tendían a ocupar puntos estratégicos, en pleno centro, en las calles más concurridas, por lo que eran muy visibles. Las sedes de los diferentes organismos del partido también acostumbraban a estar relativamente cerca unas de otras para facilitar un trabajo coordinado y continuo.

Los mismos convoyes que transportan al frente ropa, víveres de toda índole y el correo llevan, además, pasajeros. *L'Espurna* del 25 de enero de 1937 informa de salidas organizadas al frente, los lunes y los jueves por la mañana, para familiares y amigos de los milicianos. Entre ellos, algunas mujeres, como por ejemplo la gerundense Júlia Serra, que visita el frente de Aragón: su marido, Miquel Martí, director de *L'Espurna*, es llamado de vez en cuando a filas. La mayoría opina que el viaje es peligroso y que las trincheras no son sitio para una mujer. Serra justifica así su visita:

> Él estaba en Aragón y fui a verle al frente. Quería verle porque estaban en la provincia de Huesca, al lado de casa. Sabía que se podía ir directamente al frente, se veía desde nuestra casa. Y todas las tardes iba a la montaña. [...]. La mujer de Guiral no quería que fuese: «Te encontrará una bala perdida». Pero yo insistí y al final él pidió a unos soldados que me llevaran hasta donde estaba tu padre [se dirige a su hijo Michel], allá en los agujeros [en las trincheras]. Me acuerdo de que la mujer de Guiral dijo a los soldados: «... y respetadla en tanto que mujer». Estábamos muy cerca de las líneas enemigas, nos podíamos hablar. Yo también les hablé. Todo el mundo lo hacía.[401]

Colectas de fondos

Además de la variedad de envíos a los distintos frentes, el SRI organiza un considerable número de actividades y de ventas para ayudar tanto a los milicianos como a sus familias (mujeres e hijos). Quienes se han quedado en la retaguardia pueden colaborar al esfuerzo de guerra haciendo donaciones en dinero o especies (ropa y comida), o sumándose al movimiento solidario que busca conseguir más donaciones. Con el dinero se compra más ropa, se aumenta el parque de ambulancias o se hace llegar, como retribución complementaria, a los milicianos del frente. En los periódicos se reseñan a menudo los totales de donativos en especies así como su procedencia, con el nombre de los particulares, grupos u organizaciones. En ocasiones se trata de empresas, como la imprenta colectivizada Dalmau Carles Pla de Girona (donde se imprime *L'Espurna*), cuyos empleados ceden el 5% de sus jornales. Es interesante comprobar la capacidad de movilización de las mujeres: en los recuentos nominales de donaciones, son tan numerosas como los hombres.

401/ Júlia Serra, en «Transcription intégrale» de las conversaciones telefónicas con su hijo Michel Martí.

Paralelamente, el SRI se esfuerza en multiplicar la oferta cultural dirigida a la población civil, que puede así disfrutar de un momento de ocio a la vez que aporta su óbolo. Otros mecanismos para recaudar fondos consisten en la venta de postales, sellos, medallones con la efigie de Joaquim Maurín, etc. Las ambulancias costeadas con el esfuerzo solidario transportan al frente víveres, medicamentos y material sanitario, y, a la vuelta, los heridos que serán cuidados en la retaguardia.

Los eventos culturales solidarios van de las exposiciones de arte a los conciertos, pasando por partidos de fútbol y obras de teatro; organizados para recaudar fondos, también pretenden «dar a conocer los mejores pasajes de nuestra historia» y «mantener y alentar el espíritu y el entusiasmo revolucionarios».[402] Algunas de las obras representadas ponen en escena figuras femeninas, y no poco importantes, ya que por ejemplo se representa *Mariana Pineda. La màrtir de la llibertat*,[403] de Federico García Lorca, todo un referente en el mundo del teatro y poeta apreciado y reivindicado por el POUM. Nos cuentan que durante las representaciones se tocaba *La Internacional,* y que el público la coreaba con el puño en alto.

El POUM quería ser la vanguardia tanto política como cultural de las masas obreras. En julio de 1936 se crea en Barcelona la AEAS (Agrupació d'Escriptors i Artistes Socials), presidida por Julián Gorkin, en la que hallamos otros militantes del POUM, como Jordi Arquer o Josep Comabella. Su cometido consiste en reflexionar, por ejemplo, sobre las inquietudes sociales o la lucha contra el fascismo. El POUM defiende la idea de que el teatro y la literatura son un arma para la educación, un elemento revolucionario que transcribe las inquietudes y los sentimientos del pueblo alzado contra la injusticia social; les corresponde, pues, estar al servicio de las ideas renovadoras mientras divierten, puesto que acudir al teatro no deja de ser un acto voluntario.

Las actividades llevadas a cabo en el frente también procuran combatir enfermedades y epidemias, que pueden ser casi tan devastadoras

---

402/ *L'Espurna*, n.º 48, 11.01.1937, p. 2.

403/ Mariana Pineda fue ejecutada en 1831 por garrote en plaza pública por haber bordado una bandera francmasónica. Luego llegaría a ser una «heroína de la libertad». Federico García Lorca escribió *Mariana Pineda, romance popular en tres estampas* en 1927.

como las balas enemigas. El SRI, que edita un folleto titulado *Consejos Sanitarios a los milicianos*, considera que «se vence al fascismo no solo con heroísmo sino también con un cuerpo sano y fuerte», y que, a fin de cuentas, «el veneno [no es otro] que el fascismo de la salud».[404]

En los meses siguientes, tras los Hechos de Mayo y la feroz represión consiguiente, algunas donaciones servirán también para ayudar a la población civil de Barcelona y en particular a las familias de los muertos y heridos. Algunas militantes, como la barcelonesa Otília Castellví, se quedan en los locales del POUM confeccionando las listas de voluntarios para las columnas del frente, acogiendo a las familias y dando noticia de los combatientes.

Racionamiento alimentario y manifestaciones

Todas estas actividades resultan ser, como hemos visto, de enorme importancia; pero las mujeres han de lidiar igualmente con un problema tan vital como el de la escasez de comida, incluso en la retaguardia. Por ello no dudan en manifestarse e invadir el espacio público para reclamar pan.

En enero de 1936, el periódico *Front*, de Sitges, da parte de la experiencia del racionamiento en Barcelona y afirma que funciona bien, por lo que no se forman colas interminables ante los comercios.[405] La escasez no tarda en hacerse sentir: el avance de las tropas rebeldes, que se esfuerzan en cortar las comunicaciones, compromete el abastecimiento de las ciudades y regiones que todavía están en manos de los republicanos.

A la población civil se la representa las más de las veces mediante imágenes de obreros empobrecidos y, cuando los dibujos se refieren a la alimentación, famélicos. *La Batalla* del 19 de agosto de 1936 muestra una mujer demacrada, cansada, con el rostro vuelto hacia el suelo, con todo el peso del cuerpo apoyado sobre su bastón y la mano tendida en actitud mendicante mientras su nieto, tan flaco y harapiento como ella, le pregunta: «¿Erais ricos, abuela?», a lo que la anciana responde irónicamente: «¡Ya lo creo, tanto como las Hermanitas de los Pobres!»[406] (se trata de la congregación religiosa creada en Francia en 1839 por Juana

---

404/   *SRI, El camino de la solidaridad, op. cit.*
405/   J. Elies: «L'experiència de les cues del pà», *Front*, Sitges, n.° 22, 31.01.1936, p. 3.
406/   *La Batalla*, n.° 15, 19.08.1936, p. 1.

Jugan para socorrer, desde la humildad y el espíritu de servicio, a las personas ancianas sin recursos). Las caricaturas del burgués, en clara oposición, lo presentan orondo, bien alimentado incluso en período de guerra, cosa que sugiere que se puede permitir abastecerse en el mercado negro: así se pretende evidenciar y denunciar la persistencia de las clases sociales y de los privilegios;[407] y se le acaba de caracterizar mediante detalles popularmente atribuidos a la burguesía: puro, sombrero, quevedos, rosario, joyas, etc.[408] La burguesía desconfía particularmente del POUM, tanto por su gran implicación en la guerra como porque no oculta su intención de tener un papel relevante en un eventual futuro gobierno obrero; por su lado, el partido marxista desea acabar con la sociedad de clases y combatir la burguesía, este enemigo percibido como insano y pérfido que solo sabe actuar por pura demagogia.[409] En este tipo de ilustraciones —las que acabamos de comentar y dos más que ahora veremos, publicadas igualmente en *L'Espurna*— también es notable la búsqueda estética, los nuevos grafismos, reflejo del expresionismo alemán, especialmente del grupo Die Brücke y de las xilografías de Max Pechstein, Ernst Kirchner o Erich Heckel.

La patente falta de víveres tiene como consecuencia más visible las largas colas de mujeres y criaturas que aguardan desde el alba para obtener comida, y la prensa no deja de referirse a ello. En una viñeta publicada en *Front,* tal vez para ilustrar el cansancio y las preocupaciones de esas madres de familia que esperan su turno para el pan y conversan por inercia pero con el pensamiento en otra parte, en las necesidades más inmediatas para la supervivencia, el pie reza así: «—¿Va usted a hacer cola? —No, voy a hacer cola. —¡Ah, pensaba que iba a hacer cola!».[410] En los periódicos, la escasez de comida y la pobreza pasan a ser temas recurrentes; por ejemplo, en un dibujo aparecido el día de Nochevieja, una mujer flaca pide al carnicero que le ponga «un bistec de quince céntimos. ¡Y que no pase del peso, sobre todo!».[411] Días más tarde, se recurre a una referencia histórica: una mujer y sus hijos están ante una panadería, que está cerrada, contigua

---

407/   Véase *L'Espurna,* 05.01.1937.
408/   Véase *L'Espurna,* 23.12.1936.
409/   Véase *L'Espurna,* 17.12.1936.
410/   *Front,* Sitges, n.° 13, 29.11.1936, p. 3.
411/   Véase *L'Espurna,* 02.01.1937.

a una pastelería. El pie del dibujo comenta: «¿El pueblo no tiene pan? ¡Pues que coma bollos!».[412] Son palabras atribuidas a María Antonieta durante la «marcha por el pan» de las mujeres de París, y quieren poner en evidencia el abismo que separa la nobleza de las clases populares. En febrero, un artículo de *Front* (Terrassa) critica por cierto tales manifestaciones, alegando que las mujeres malgastan su energía en sus propios asuntos en vez de prestarse ayuda mutua y apoyarse para hacer frente al enemigo. Y algunos días más tarde, Kàtia llama a las mujeres al orden: «Si no hay pan, ¿cómo queréis que os lo den?».[413] Pese a ello, en abril[414] las mujeres de Barcelona vuelven a bajar a la calle para protestar contra la subida de los precios y para pedir pan.

Se publican imágenes de manifestaciones en el extranjero: las mujeres de Alemania, Italia y los Países Bajos se solidarizan con las españolas. En *La rivoluzione spagnola* se pueden leer llamamientos como este: *Voi, donne proletarie, che vivete lontane da questa tragedia vissuta delle donne spagnole, dovete aiutarci con tutti i mezzi a vostra disposizione;*[415] según *La Batalla*, tres mil mujeres belgas se movilizan para apoyar el proletariado español,[416] aunque el eslogan que aparece en una pancarta, referido a una organización femenina nacional-socialista *(Vrouwenorganisatie)* resulta más bien inoportuno. Cuesta creer que hayan salido a la calle en apoyo al POUM. ¿Se trata quizás, de nuevo, de la falta de imágenes? Es lícito preguntárselo.

La reinserción de las prostitutas

Así pues, las mujeres han empezado a ocupar uno de los espacios públicos por excelencia, la calle. En este sentido cabe preguntarse si los períodos de guerra son, o no, momentos propicios para avanzar en la emancipación femenina.

412/   *L'Espurna*, n.º 52, 15.01.1937, p. 1.
413/   KÀTIA: «Alerta», *Front*, Terrassa, n.º 149, 09.02.1937, p. 2.
414/   «Las mujeres obreras protestan ante los precios abusivos de los alimentos», *La Batalla*, n.º 218, 15.04.1937, pp. 1-2.
415/   «Alle donne proletarie di tutto il mondo», *La rivoluzione spagnola*, n.º 1, 01.03.1938, p. 8.
416/   Véase *La Batalla*, 10.10.1936.

La guerra crea situaciones de urgencia, pero permite también a las mujeres, gracias a un impulso revolucionario y de entusiasmo, evidenciar y cuestionar ciertos aspectos de la sociedad directamente vinculados a su condición. Una de las consignas del POUM es no disociar guerra y revolución, punto que comparte con el anarquismo pero que, en cambio, le aleja radicalmente del PCE/PSUC, cuya prioridad es ganar la guerra. Los periódicos se hacen eco del sentir de los militantes: «La guerra y la revolución son inseparables». Defender lo contrario es «hacerle el juego al fascismo» y puede interpretarse como «alta traición». Las mujeres del POUM, desde la retaguardia, están haciendo la revolución en la medida en que trabajan en pro de la emancipación, la del proletariado y la propia. Pese a la voluntad declarada de la militancia de luchar conjuntamente, no deja de parecer necesaria una lucha específicamente femenina.

El POUM es una de las organizaciones políticas, junto con las anarquistas, que mayor interés pone en el problema de la prostitución, que considera degradante. Los periódicos recogen las reflexiones de la militancia, tanto de hombres como de mujeres. Cierto es que los artículos publicados sobre el tema son comparativamente escasos,[417] pero no por ello de menor calado: la opinión generalizada es que no basta con proponer reformas o pegar carteles. Hay que tratar el problema de raíz y actuar.

Al principio de la guerra civil, la prostitución es muy abundante en España, y el contexto de lucha armada, lejos de reducirla, la favorece. Los problemas que acarrea, especialmente en el frente, son bien conocidos, empezando por la propagación de enfermedades venéreas. El gobierno las combate a duras penas con carteles que proclaman que «una baja por mal venéreo es una deserción», o que «las enfermedades venéreas son tan peligrosas como las balas enemigas». En un cartel de 1937[418] hallamos una referencia subyacente de la Biblia: muestra una mujer desnuda y una serpiente, cuya función, por cierto, ya no parece ser tentar al hombre, sino alejarlo del pecado. La prostituta podría ser la encarnación de Eva, la mujer en el origen de la perdición del hom-

---

417/ Contamos tres artículos escritos por mujeres, tres por hombres y tres no firmados, además de las referencias en forma de noticias breves.
418/ Cartel anónimo, 1937.

bre, del mismo modo que la prostitución significa la perdición para el soldado. En este contexto, la mujer encarna el enemigo que hay que vencer, y no aquel ser que hay que salvar. Está representada como un espectro transparente que flota en el aire, como dispuesto a llevarse al hombre y al soldado hacia la muerte. Se trata de la prostituta en tanto que encarnación del mal, tan a menudo considerada única responsable de los daños provocados por su actividad. Frente a esta caracterización harto generalizada, queremos destacar las declaraciones de Pere Mas, dirigente de local del POUM de Terrassa, que cuestiona al hombre en la medida en que son sus supuestas necesidades sexuales las que atraen las prostitutas al frente.[419] La opción de responsabilizar también a los hombres se inspira en la reflexión anarquista en torno a la cuestión, cuya línea adopta el POUM. El mismo *Front* reproduce un texto del anarquista francés André Lorulot, que cita a su compatriota Jean de Bonnefon, hombre de letras: «Lo que provoca la prostitución de la mujer es la crueldad de las leyes respecto a ella. Proporcionad a la mujer un medio para ganarse la vida y no se prostituirá, porque no es un juego agradable. La libertad consciente del amor matará la prostitución, nacida de la ignorancia femenina y del imbécil orgullo masculino...».[420] Es interesante que Lorulot cuestione por igual la educación de la mujer y las relaciones de género.

La prostitución es, ciertamente, un azote en el frente, pero la retaguardia tampoco se salva: en las ciudades continúa constituyendo un problema que urge resolver. Aunque el POUM —mujeres y hombres— se posiciona sobre el tema, la distribución geográfica de los artículos es reveladora: en Barcelona, *La Batalla* publica muy poco al respecto. Tratándose de la mayor ciudad de Cataluña y, por ende, el principal bastión del partido, cabía esperar, si no un análisis en profundidad, al menos alguna referencia a la cuestión. En cambio, parece que ciudades más pequeñas como Girona, Figueres o Terrassa prestan mayor atención al problema, tal vez porque Barcelona, al ser el núcleo central de la organización del POUM, dedica mucho esfuerzo a la gestión logística. A falta de más documentación y de testimonios que completen

---

419/   P. Mas: «La sexualitat al front», *Front,* Terrassa, n.° 95, 08.12.1936, p. 4.

420/   A. Lorulot: «La prostitució», *Front,* Terrassa, n.° 174-175, 10 y 11.03.37, p. 4.

esta impresión, es una cuestión que queda pendiente de futuras investigaciones. En Terrassa sabemos que la militante Mercè Mascaró formó parte del Comité Femenino abolicionista de la prostitución, junto con otras mujeres de la CNT, del PSUC, de Esquerra Republicana y de las Juventudes Libertarias.[421]

La ciudad de la que más información disponemos es Girona, gracias al valioso testimonio de Júlia Serra, que tomó parte en las acciones destinadas a defender y rehabilitar a las prostitutas. Allí, la principal cuestión no parece ser el problema de las enfermedades venéreas: *L'Espurna* insiste más bien en que la prostitución perjudica la identidad del individuo —de la mujer, en este caso—; critica el comportamiento de burguesía e Iglesia, responsables, según la ideología marxista, del aislamiento que aprisiona a las prostitutas,[422] y proclama la voluntad de la militancia del POUM de rescatarlas de tal situación y restituirles el estatus y la identidad de ciudadanas.

En 1936, el POUM es en Cataluña una fuerza política nada desdeñable, y se siente entonces capaz de poner en práctica sus ideas. Si bien no consigue erradicar la prostitución, logra en cambio un adelanto extraordinario para aquella época: en Cataluña se reconoce el derecho al aborto, basándose en el proyecto de ley que el gobierno de Largo Caballero no aprobara a Federica Montseny, ministra de Sanidad de la República. Félix Martí Ibáñez lo redacta de nuevo con el título *Reforma eugénica del aborto*. Júlia Serra lo recuerda así:

> Todo el mundo lo esperaba, el aborto. Las mujeres no conseguían alimentarse y ya no tenían los medios para alimentar bebés. Ya no conseguían amamantar. [...] Conocí a muchas que abortaron a mí alrededor. Lo esperaban como una liberación.[423]

Si el aborto significa un primer paso para la emancipación de la mujer, el POUM cree necesario dar el segundo: ofrecer una escapatoria a las prostitutas y a «la alienación de un sexo», según las palabras de

---

421/   *Front,* Terrassa, n.° 71, 10.11.1936, p. 2.

422/   Volvemos a encontrar esta idea en *Front* cuando Kàtia [Landau] acusa a la Iglesia y el capitalismo de ser responsables de la prostitución. «Prostitució», *Front,* Terrassa, n.° 143, 02.02.1937, p. 4.

423/   Júlia Serra en una entrevista con C. COIGNARD, Toulouse, 2007.

Júlia Serra. Hay, sobre todo durante la guerra, una auténtica voluntad de acabar con esta práctica, especialmente en el frente, ya que «las prostitutas, en Barbastro, venían a menudo a las puertas de los cuarteles. Miquel [Martí] se quejaba de ello. Fueron a buscarlas y les explicaron que debían mantenerse alejadas de los milicianos». Aunque Júlia Serra no recuerda haber firmado artículos en *L'Espurna* sobre este tema, fue involuntariamente una de las mujeres que participó en la rehabilitación social de las prostitutas. Involuntariamente, puesto que ella, que en aquel momento tenía 18 años, consideraba que no podía «hablar de cosas que no entendía [...]. Primero tenía que entenderlo, y había muchos aspectos de la prostitución que me costaba admitir. Me costaba admitir que las mujeres tuvieran por empleo la prostitución, como un trabajo para ganarse la vida. Había otros empleos, este no debería existir. En aquel momento, estaba en desacuerdo con un trabajo impuesto a la mujer de manera innoble. Estaba en contra». ¿Cómo fue entonces que Júlia Serra se encontró casi en primera fila ocupándose de las prostitutas en Girona? El POUM considera urgente cerrar todos los burdeles gerundenses y, en el curso de las discusiones, Serra comprende cómo funcionan. Una vez tomada en Girona la decisión de prohibir las casas de prostitución y, más concretamente, las casas de explotación femenina,[424] ¿qué hacer con las mujeres que se verán en la calle y sin proxeneta? El POUM de Girona decide pues designar una mujer encargada de hallar una solución al asunto: Carme Bahí. Esta no tarda en ir en busca de Serra para confiarle la tarea. Según ella, Serra, profesora y encargada de educación, estaba más capacitada, por sus cualidades humanas y sociales, para hacerse cargo de las personas. Es de suponer que el POUM seguía tratando el tema en las reuniones —al menos en el SFPOUM— puesto que Serra recuerda haber asistido con Antònia Adroher a varios encuentros con prostitutas, y que estas se preguntaban de qué iban a vivir a partir de entonces. Después de topar con muchas dificultades, entre las cuales muchas burlas por parte de las prostitutas

---

424/ En su libro *Hommage à la Catalogne*, George Orwell explica que el 75% de los burdeles barceloneses habían sido cerrados por patrullas de obreros al principio de la guerra. Después de unos meses, las actividades malsanas de prostitución vuelven a existir progresivamente. G. ORWELL: *Hommage à la Catalogne* [traducido por Yvonne Davet. París, 1982, p. 123 (1.ª edición inglesa, *Homage to Catalonia*. Londres, Secker, 1938; 1.ª edición francesa, Gallimard, 1955, bajo el título de *La Catalogne libre*].

a causa de su juventud y su falta de experiencia, no consiguió encontrar una solución adecuada al problema.

Con fecha 8 de marzo de 1937 sale un artículo titulado «Jo voldria fer de prostituta»[425] que nos parece muy significativo y representativo de la situación. Ante todo, fijémonos en la fecha, que muy probablemente no es anodina, ya que el 8 de marzo es el Día internacional de la Mujer. Lo propuso Clara Zetkin, representante del Partido Socialista Alemán, el 8 de marzo de 1910 en Copenhague, en una confederación internacional de mujeres socialistas, y se instauró definitivamente en 1917. Volviendo al artículo, no cabe duda de que la prostituta, y la exprostituta, siguen estando muy estigmatizadas: Joan Quer, el autor, relata de primera mano las quejas de una obrera tras descubrir que una de sus compañeras de trabajo era una antigua prostituta; y se remite a otro artículo publicado por *L'Espurna* en su primera época, el 1 de enero de 1933, y reimpreso a petición del propio Quer. En él, una mujer de 25 años explica que desde los 4 siempre estuvo sirviendo, que hacía trabajos domésticos, y que a causa de las duras condiciones de trabajo y de vida (hay en este testimonio una denuncia de los malos tratos recibidos: comida escasa, jornadas de 18 horas y requerimientos continuos de los *señoritos,* que creen que la criada está a su disposición para cualquier servicio), desea prostituirse. No se pregunta si debe hacerlo o no, puesto que ya ha tomado la decisión, y es definitiva —como ya anuncia el título—, sino cómo entrar en la prostitución legal, es decir, cómo hacer para estar inscrita en los registros y no caer en la prostitución clandestina. La carta habla por sí sola y todo comentario periodístico estaría de más, de modo que Quer, volviendo a las quejas de la obrera gerundense, se limita a responder que hay que ayudar a las mujeres prisioneras de un sistema de explotación; que la solución para su regeneración pasa por el trabajo, y que es deber del proletariado ayudarlas a conseguirlo haciéndolas participar activa y económicamente en el trabajo productivo. Este artículo muestra el malestar que acompaña al oficio, tanto entre las que lo ejercen como entre la gente que las rodea. La reflexión de Joan Quer, que propone la rehabilitación por el trabajo, nos lleva a abordar un tercer punto: ¿qué ayuda concreta proporcionan las mujeres del POUM de Girona a las prostitutas con la esperanza de arrancarlas a

425/ J. Quer: «Jo voldria fer de prostituta», *L'Espurna*, n.º 96, 08.03.1937, p. 1.

su actividad y reintegrarlas a la vida cotidiana? Se sabe que en Girona algunas entraron a trabajar en una fábrica, seguramente la Grober,[426] una de las mayores de la ciudad, que absorbía la mayor parte de la mano de obra femenina. Se trataba de abrirles la posibilidad de reinserción por el trabajo. Y no es descabellado suponer que la obrera que se quejara a Quer trabajaba en esta misma fábrica.

El POUM de Girona trabajó siempre, hasta su extinción, en pro de la rehabilitación de la mujer explotada; pero es este un objetivo muy ambicioso, mayormente en período de guerra, y lo cierto es que al cabo de algunos meses vuelve a haber prostitución tanto en Barcelona como en Girona. Así lo atestan las dos notas siguientes, encontradas en *L'Autonomista* —el periódico de ERC de Girona— del 17 y el 20 de octubre de 1938 respectivamente: «Blanca Egea Almos ha sido detenida por corrupción de menores en una casa de prostitución de esta ciudad»; «Angelita Menéndez Alonso ha sido detenida por haber sido hallada en una casa de prostitución sin papeles y sin que se pueda verificar su edad».

Hay en las ideas del POUM conceptos anarquistas. Como es sabido, los libertarios fueron pioneros en su implicación contra el problema de la prostitución; el grupo anarquista Mujeres Libres hizo de la rehabilitación de la prostituta el núcleo central de su lucha. No se ocupó, en cambio, de las enfermedades venéreas que tanto dieron que hablar durante la guerra: «El trabajo más urgente a realizar en la nueva estructura social es suprimir la prostitución».[427] El impacto del pensamiento anarquista en torno a la cuestión se debe, entre otras, a dos figuras de peso: Federica Montseny, futura ministra de Sanidad de la República, y el doctor Félix Martí Ibáñez, director de Salud Pública y Servicios Sociales de la Generalitat. La acción libertaria más extendida fue la de crear casas —llamadas *liberatorios*— de readaptación social basándose en cuatro puntos: 1, investigación y tratamiento médico y psiquiátrico; 2, cuidados psicológicos y éticos para desarrollar el sentido de la responsabilidad; 3, orientación

---

426/   En 1911, 929 de un total de 1.100 trabajadores eran mujeres y, en 1921, 727 de un total de 937 empleados (o sea, el 84% y el 77% respectivamente). Ver foto de un artículo de J. CLARA: «Notes sobre la fàbrica Grober (1890-1978)», en *Revista de Girona*, n.º 106, 1984, p. 51.

427/   *Mujeres Libres*, «Liberatorios de prostitución», agosto de 1936.

y capacitación profesionales; 4, ayuda moral y material a discreción, incluso si la prostituta ha abandonado el *liberatorio*.[428] El objetivo es resocializar las prostitutas para que adopten otros valores socioculturales, se adapten a la sociedad y cubran sus necesidades sin sentirse inferiores ni marginales.[429] En Cataluña el proyecto se llevó adelante con entusiasmo, especialmente gracias al empuje de los anarquistas; su expulsión del poder a raíz de los Hechos de Mayo de 1937 comprometió su continuidad. Los *liberatorios* no recibieron el apoyo necesario de las instituciones oficiales, que orientaron sus campañas hacia una política higienista y sanitaria.

Aun sin negar los progresos aportados por la República, no hay duda de que habría hecho falta cambiar la cultura sexual de la sociedad española, instaurar nuevas normas y valores, para conseguir erradicar la práctica de la prostitución; pero la mentalidad de la época no estaba preparada para evolucionar tan radicalmente. Por esta razón, las propuestas y las acciones revolucionarias emprendidas durante la guerra estaban hipotecadas por una amalgama de conceptos patriarcales tradicionales en torno a la sexualidad.

Prensa y radio, nuevos espacios de sociabilidad femenina

Del mismo modo que las mujeres participaron en muchas actividades de retaguardia, relacionadas a menudo con las cualidades tradicionalmente consideradas «femeninas», la guerra les brindó la entrada en ciertos espacios públicos en los que la presencia femenina era mucho menor que la masculina.

Los periódicos del POUM

Aunque la proporción de mujeres «periodistas»[430] había aumentado entre finales del siglo XIX y principios de XX, al inicio de la guerra civil

---

428/ *Ibidem.*
429/ F. Martí Ibáñez: «La abolición del amor mercenario», *Estudios,* marzo de 1937.
430/ Se utiliza aquí la palabra «periodistas» para designar las personas que escribían en la prensa. Aun siendo, efectivamente, la profesión de algunas, otras la ejercieron improvisadamente en razón de la coyuntura del momento y de las ocasiones que se les ofrecían.

son aún pocas las que escriben artículos. Así pues, en un estudio de la prensa del momento conviene, además de analizar lo escrito *sobre* las mujeres y la educación, detenerse también en lo escrito *por* las militantes. ¿Cuál era su lectura de la guerra? ¿Qué posiciones defendían en la prensa de marcado carácter revolucionario?

La prensa del POUM publica un total de ciento setenta y cinco artículos firmados por mujeres[431] en ochocientos diecinueve números, es decir, aproximadamente un artículo cada cuatro o cinco números. Los artículos redactados por hombres son mucho más numerosos, por lo que su estudio exigiría una dedicación mucho mayor. Las estadísticas efectuadas se basan en siete periódicos: *Acció,* 6 números; *Avançada,* Puig Alt de Ter (Sant Joan de les Abadesses), 31/10/1936-01/05/1937, semanal, 25 números, 8 páginas por número (a partir del 27/02/1937, pasa a tener 4 páginas); *La Batalla,* Barcelona, 04/08/1936-27/05/1937, 214 números, diario, de 4 a 8 páginas; *Combat,* Lleida, 161 números, 4 páginas; *Emancipación,* órgano bimensual femenino del POUM, Barcelona, 3 números (n.º 1, 20/02/1937, 4 páginas, n.º 4, 24/04/1937, 4 páginas, n.º 5?, 29/05/1937, 8 páginas); *L'Espurna,* Girona, 16/11/1936-05/06/1937, diario (excepto los domingos), 133 números, 4 páginas; *Front,* Terrassa, 24/07/1936-18/06/1937, 230 números, diario, 4 páginas; *Front,* Sitges, 25/10/1936-13/06/1937, semanal, 33 números, 4 páginas; *Impuls,* Sabadell, 22/01/1937-28/05/1937, semanal, 17 números, 8 páginas (números 1 al 9; 22/01/1937-19/03/1937) y después 4 páginas (números 10 a 17, 26/03/1937-28/05/1937).

Sobre un total de ochocientos diecinueve números hemos contabilizado doscientos veintiocho artículos referidos a la mujer o a la infancia y/o la enseñanza, lo que arroja un promedio de un artículo cada tres días y medio. Así pues, aun suponiendo un auténtico interés por estos temas, no se puede afirmar que fuera generalizado. Es curioso constatar que ciertos números contienen cuatro o cinco artículos sobre dichas temáticas, cosa que eleva la cantidad de números que no tocan ninguna de las dos.

La mayor parte de los periódicos del POUM se publicaron en Cataluña entre 1936 y 1937; en Madrid solo fueron tres, dos en Aragón

---

431/ Véase anexo 1.

y uno en Valencia.[432] Según Josep Maria Figueres, autor de un estudio sobre la prensa colectivizada en Cataluña durante la guerra civil,[433] entre 1931 y 1939 se editan ciento treinta y seis periódicos, nueve de ellos del POUM: *Adelante* (Lleida, 1933-1934), *Combat* (Lleida, 1936), *Avant* y *Front* (Terrassa, 1936-1937), *El Pla de Bages* (Manresa, 1937), *L'Espurna* (1936-1937), *Avant* y *La Batalla* (Barcelona, 1936-1937); pero los archivos consultados y la rica bibliografía que aparece en la web de la Fundació Andreu Nin[434] cuentan hasta una veintena de periódicos publicados entre 1931 y 1935 (antes de la creación del POUM) y una treintena durante la guerra. Es posible que algunos se editaran clandestinamente, en casa de militantes, o que no se imprimieran en locales colectivizados.

Alcance y distribución de los periódicos

Puesto que el POUM era un partido sólidamente arraigado en Cataluña, cabe preguntarse por el alcance real de sus publicaciones. ¿Puede ser, por ejemplo que la militancia de Barcelona leyera también *L'Espurna* o *La Torxa,* o que la de Tarragona leyera *Combat* o *Avançada*? No acostumbraba a pasar que un artículo se publicara en las provincias vecinas, salvo, tal vez, los de *La Batalla*. En cada provincia el POUM tenía sus propios periódicos —en Barcelona, además del diario *La Batalla,* se publicaban *L'Hora,* la revista *La Nueva Era* y dos órganos creados por el Secretariado Femenino, *Emancipación* y *La mujer ante la revolución;* en Lleida, *Adelante;* en Sabadell, *Impuls;* en Terrassa, *Front;* en Figueres, *Avant* y en Olot, *Camarada*—,[435] y es probable que la mayoría no considerara necesario procurarse otros periódicos. Es más: en tiempo de guerra, cabe imaginar que el público tuviera marcado interés por las informaciones de carácter general pero, sobre todo, local y regional; baste recordar que la prensa local publicaba listas de personas desaparecidas.

432/   No se contabilizan los boletines pensados para una difusión interna.

433/   J. M. Figueres: «Apropiacions de la premsa a Catalunya durant la Guerra Civil», *Anàlisi,* n.º 20, 1997, pp. 85-123.

434/   http://www.fundanin.org/biblio.htm#1.%20%20Publicaciones%20peri%-C3%B3dicas

435/   Para una lista exhaustiva de todas las publicaciones del POUM, ver la web de la Fundación Andreu Nin, y en particular la página dedicada a la bibliografía: http://www.fundanin.org/biblio.htm

Con la partida de los hombres al frente, les corresponde a las militantes velar por la distribución de los periódicos, como nos explica Júlia Serra, que se ocupó de ello en Girona; un cometido que, aunque pueda parecer irrelevante, durante la guerra resultó esencial para informar a la población: «La militancia estaba abonada de oficio», y el resto lo «vendíamos en la calle, a mano. [...] Siempre lo teníamos a disposición de la clientela». Y Serra, muy preocupada, como se verá más adelante, por la cuestión de la infancia y la escuela, precisa inmediatamente: «Salvo cuando iba a la escuela. Eso estaba prohibido. ¡No te podías presentar en la escuela vendiendo... cada uno su periódico!». O bien «lo entregábamos a domicilio»,[436] aunque según sus declaraciones, se vendía mucho más voceando en la calle que yendo a las casas. De uno u otro modo, lo cierto es que no se puede cifrar con exactitud cuántos ejemplares se vendían.

Perfil de los redactores

El POUM se organizaba por células, siguiendo el modelo ruso, y una de ellas, llamada también Comité de Redacción, se dedicaba a la prensa. En Barcelona, por ejemplo, se contabilizaban unas treinta células en promedio, organizadas por barrios, cosa que facilitaba las actividades locales. Cuando había reuniones importantes, cada célula enviaba una persona delegada.[437] La célula era, de hecho, la unidad más pequeña de la organización del partido: tal como afirma su programa, «la estructura orgánica del partido es celular, local, provincial, regional y nacional».[438] Júlia Serra nos confirma que en Girona el POUM se articulaba según este mismo esquema. Cada célula reunía unas seis personas que elegían su delegado o delegada para representarla en las reuniones.

¿Quién formaba parte de la célula de prensa? No hay documentos que lo detallen. Revisando las informaciones, podemos decir que en Girona la constituían Miquel Martí, el director del periódico; Joan Quer,

436/   Júlia Serra, en una entrevista con C. Coignard, Toulouse, 2007.
437/   Entrevista con Wilebaldo Solano, por C. Coignard, 01.03.2008, Fontenay-sous-Bois.
438/   «Qué es y qué quiere el POUM», publicado por el partido en febrero de 1936. Consultado en www.fundanin.org/POUM.htm

importante dinamizador del diario —y director suplente cuando Martí era requerido en el frente—, miembro del Comité Local del POUM y secretario del Consejo Municipal de Girona; Antònia Adroher, concejala de Cultura del Ayuntamiento; y Júlia Serra. Se conocen con certeza, pues, cuatro de las seis personas que la formaban. Basándonos en el tipo de artículos firmados y en la importancia conocida y reconocida de ciertas personalidades del POUM de Girona, proponemos completar la célula con los nombres de Miquel Gayolà, procurador del Tribunal Popular de Girona, y Pius Guiral, concejal de Economía de la misma ciudad. En el caso de Barcelona, todo apunta a que la célula estaba formada por Narcís Molins i Fàbrega, Víctor Alba, Wilebaldo Solano y Enric Panadés; de nuevo, tenemos solo cuatro nombres, y tampoco es seguro si la célula estaba constituida por seis personas o por más. En todo caso, la lista de colaboradores de *La Batalla* incluye también a Julián Gorkin, Juan Andrade, Josep Oltra i Picó o Pere Bonet. Tal vez el comité de redacción en Barcelona contara con un núcleo fijo y algunos miembros que contribuían con mayor o menor regularidad en función de las necesidades y según sus posibilidades.

Partiendo de los ejemplos de Girona y Barcelona —ciudades de las que hemos podido recoger más información— hallamos una diferencia fundamental en el perfil de los redactores. En el caso de Girona, tres de los cuatro miembros conocidos —Miquel Martí, Júlia Serra y Antònia Adroher— venían de la Escuela Normal, de modo que eran mayoría en su célula; y si fuera cierto que también estaba Pius Guiral, otro profesor, serían ya cuatro sobre seis. Girona fue indiscutiblemente un ejemplo en materia de política educativa durante la guerra. En cambio, en Barcelona, la composición de la célula es totalmente distinta, cosa que, como veremos, determinó los contenidos temáticos de los periódicos y las actividades.

El trabajo de redacción de las mujeres

Dos temáticas recorren insistentemente la prensa del POUM: la mujer, objeto principal de nuestro trabajo, y la infancia y la enseñanza. La razón es muy simple: constituyen el meollo de una de las luchas —la principal, tal vez— entabladas por la militancia del partido.

Estadísticamente,[439] los artículos referidos a la mujer son más numerosos que los referidos a la educación (143 artículos contra 85), pero ello varía si incluimos la variable geográfica. En este caso, Girona es, por decirlo así, «modélica», con treinta artículos de tema femenino (es decir, el 20% del total) y cuarenta y cinco sobre infancia y educación (es decir, el 50%). Si consideramos el total de números publicados, resulta que la frecuencia de los artículos no es proporcional —no se observa relación, creciente o decreciente, entre la cantidad de números de un periódico y la de artículos publicados sobre dichas temáticas—. Ello no es de extrañar, teniendo en cuenta que los redactores escribían según sus conocimientos y sus afinidades para con ciertos temas. En Girona, el número de artículos de tema pedagógico sin duda se explica no solo por la actividad de Júlia Serra y Antònia Adroher (que firmaron muchos de ellos) sino también por la presencia mayoritaria de enseñantes en el comité de redacción.

Paralelamente a los artículos, menudean los breves relativos a la situación de guerra destinados a las mujeres: el frente genera necesidades inmediatas que se traducen esencialmente en peticiones de ayuda urgentes dirigidas a la retaguardia. No hace falta desarrollar todo un artículo si solo se trata de pedir cosas tan simples como asistir a las reuniones, confeccionar ropa para los milicianos, estar informadas sobre la situación, etc.

Si consideramos la evolución cronológica de las publicaciones, resulta que el número de artículos desciende progresivamente a la vez que aumentan los breves. Es posible que ello se deba a la guerra, que se prolonga, y a que los periódicos apuestan menos por la reflexión y más por la información directa, breve y concisa; una información necesaria en la situación de crisis causada por el conflicto armado.

Durante la guerra las mujeres acceden a las redacciones de los periódicos, algo que resulta bastante innovador. Ello viene propiciado por la coyuntura política y económica del momento: al estar la mayoría de los hombres en el frente, las mujeres empiezan a ocupar puestos que antes les estaban vedados. Júlia Serra recuerda cómo era Girona:

439/   Véase anexo 2. Al estar *Emancipación* enteramente dedicado a las cuestiones femeninas, no lo hemos tenido en cuenta para no falsear los resultados.

CINDY: ¿Había muchas mujeres que escribieran para *L'Espurna*?
JÚLIA: No muchas. Era algo nuevo para nosotras. Era una idea bastante original de la guerra civil. [...]
MICHEL: ¿Y había otras mujeres, además de ti, que escribieran en *L'Espurna*?
JÚLIA: No. Casi todos eran hombres. Solo estaba yo como mujer. Y también Adroher. En la prensa de izquierdas ahora se empieza a escribir, pero durante la guerra civil, no. Nosotras tomamos la delantera.[440]

La escasa presencia de mujeres en la prensa puede deberse a varios motivos. En primer lugar, la tasa de analfabetismo femenino era todavía muy elevada pese a los considerables progresos conseguidos por la República a partir de abril de 1931. Maria Teresa García Banús (Andrade de casada) insiste en ello al recordar el periódico del Secretariado Femenino del POUM en Barcelona, *Emancipación:* «También hicimos un periódico, *Emancipación,* difícil de editar por falta de redactoras, porque la mayoría de las obreras que podían proporcionar informaciones tenían dificultades para escribir».[441] Investigando un poco los nombres que aparecen en la prensa del POUM, se observa que muchas de estas mujeres tenían algún tipo de formación. Ya hemos visto que Antònia Adroher y Júlia Serra, de Girona, eran maestras formadas en la Escuela Normal; Pilar Santiago y Maria Teresa García Banús también, y además esta última era escritora. En Sabadell, la directora del periódico *Impuls,* Maria Gispert, es también escritora y periodista de formación. Teresa Rebull recuerda en sus memorias estas militantes brillantes, sobre las que escribe, no sin humor: «¿Quién dijo que una mujer no podía ser al mismo tiempo guapa e inteligente?».[442] Por ende, como ya hemos visto, casi todas ellas tenían un vínculo directo con el partido a través del hermano, el padre o el marido, quienes a menudo también escribían en la prensa y, en algún caso, ocupaban un puesto que podía favorecer el acceso de sus compañeras a las redacciones: Juan Andrade (marido de Maria Teresa García Banús) forma parte del Comité Ejecutivo del partido; Enric Adroher (hermano mayor de Antònia Adroher), profesor,

---

440/ Entrevista con Júlia Serra, por C. COIGNARD, en presencia de su hijo Michel Martí, Toulouse, 31.11.2007-01.12.2007.
441/ M. T. GARCÍA BANÚS: *Una vida bien vivida, op. cit.*
442/ T. REBULL: *En chantant.* Baixas, 2005 (traducción de André Vinas del libro *Tot cantant.* Barcelona: Columna, 1999), p. 63.

es un elemento clave del POUM en sus primeros tiempos en Girona, luego en Barcelona y finalmente en México, durante el exilio; Miquel Martí (marido de Júlia Serra) es el director de *L'Espurna* en Girona; Juan Hervás (marido de Pilar Santiago) no es otro que el responsable del CENU (Consejo de la Escuela Nueva Unificada).

De las cincuenta y cinco mujeres contabilizadas, más de la mitad (treinta y tres exactamente) firman un solo artículo, y otras trece firman dos. Solo Júlia Serra destaca claramente, con setenta y cuatro artículos escritos en *L'Espurna,* de los que cincuenta y ocho aparecen en primera plana. Esta presencia continuada es significativa y permite, entre otras cosas, una cierta familiarización y fidelización del lectorado con un autor. Precisemos que en este cómputo hemos tenido en cuenta únicamente los artículos cuya autoría puede identificarse claramente y remite a una mujer; quedan excluidos, por lo tanto, algunos artículos firmados por colectivos que no permiten afirmar con certeza si fueron realmente escritos a varias manos o si se deben a una sola persona (hombre o mujer) en nombre del colectivo. Puede que hubiera mujeres que, por falta de formación y de seguridad en la manera de decir las cosas, optaran por no poner su firma para prevenir posibles desaires.

Por otro lado, si bien algunos nombres o apellidos no se prestan a discusión alguna, hay pseudónimos e iniciales que exigen ser investigados y verificados antes de afirmar que corresponden realmente a una persona de sexo femenino (por ejemplo, «Mingo» en *L'Espurna*). El recurso a un alias puede tener diversas causas: el afecto hacia alguien (Gracieta es el nombre de la madre de Júlia Serra), la reivindicación («Llibertat»,[443] para Antònia Adroher), o la referencia a una gran figura de la historia (Rosa L., firma que remite sin duda a Rosa Luxemburgo). Por último, es muy probable que estas mujeres los adoptaran para esquivar la represión.

El análisis estadístico demuestra también que el número de artículos no es realmente significativo en fechas previas al mes de noviembre de 1936 (10 artículos), y que aumenta durante los meses siguientes (22 artículos en diciembre, 18 en enero). El momento de mayor producción

---

443/   A. Adroher lo menciona en una de las entrevistas con Salomó Marqués en 1992 en Girona. Sin embargo, ese pseudónimo nunca aparece en el periódico *L'Espurna.*

viene después, entre febrero y mayo de 1937 (en 4 meses, 118 artículos sobre un total de 175).[444] Ello podría deberse a varios factores. Durante las primeras semanas de la guerra predominan la reacción, la espontaneidad y la desorganización, tanto en el frente como en la retaguardia. Al poco y al grito de «mujeres a la retaguardia», las mujeres son llamadas a volver a «ocupar sus puestos», especialmente aquellas que habían optado por alistarse como milicianas. Pero la retaguardia se propone hacer la revolución, de modo que las militantes, además de asumir tareas humanitarias y sociales, participan cada vez más en la elaboración del cambio. Si bien el partido está más o menos organizado, en la rama femenina está todo por construir desde la primera piedra: hay que encontrar un local, encuadrar la organización, proponer y montar actividades y formaciones... y de ahí quizás la falta de tiempo para dedicarse al periodismo.[445]

En Girona, Antònia Adroher se ocupa de la sección local del SFPOUM; ello, junto con su empleo en el Ayuntamiento, justifica que le faltara tiempo para redactar artículos para *L'Espurna*.

A falta de suficientes datos sobre todas las mujeres contabilizadas en los periódicos, se puede suponer que muchas de ellas se esforzaron en organizar y en participar de algún modo en las distintas acciones destinadas a ayudar a los soldados del frente, y en intentar mejorar la vida en la retaguardia. Si a esto se le suma la obligación de ocuparse de un hogar, no les podían sobrar ni tiempo ni energías para lanzarse a la reflexión y a la redacción de artículos.

Los temas abordados por las mujeres en la prensa poumista durante la guerra son de diversa índole, que hemos clasificado en seis categorías.[446] Si a priori se podría suponer que las mujeres optaran por escribir sobre la problemática femenina (setenta y cuatro artículos de un total de ciento setenta y cinco), no deja de sorprender, al menos de entrada, que cincuenta y ocho artículos sean de temática política. Recordemos que en 1936 la mayoría de las mujeres carecen de formación política, y que lo lógico sería que tendieran a escribir sobre lo que conocen antes

---

444/   Véase anexo 1.
445/   M. T. García Banús: *Una vida bien vivida, op. cit.*
446/   Véase anexo 3.

que sobre lo que les interesa; pero las cifras no arrojan diferencias notables entre las dos temáticas. Lo más probable es que las mujeres que escribían tuvieran, en su mayoría, una formación, ya fuera periodística, pedagógica o tal vez política, y que gozaran eventualmente de ayuda de su entorno. Por ello, las mujeres a que nos referimos han adquirido, por su compromiso, un mayor grado de politización y son poco numerosas en el partido.

La mayoría de los artículos políticos fueron escritos por Júlia Serra para *L'Espurna*. La militante reconoce que el hecho de que su marido fuera del partido y, además, director del diario en Girona influyó sin duda en la elección de los temas:

> Yo quizás soy un caso aparte porque tenía una relación directa, ya que vivíamos juntos. Ya hablábamos del periódico antes de que saliera y, como salía todos los días, tu padre me decía: «Fíjate, se comenta un artículo de guerra del día, porque eso es lo que quiere saber la gente».[447]

Pero confirma que era totalmente libre de escribir sobre lo que se le antojara:

> CINDY: ¿Pero era usted quien decidía lo que iba a escribir?
> JÚLIA: ¡Uy, sí! Todo lo que he escrito, era yo, como militante
> MICHEL: Pero me habías dicho que papá siempre te iba detrás corrigiéndote los artículos.
> JÚLIA: «Corregir», no es «corregir». Era las faltas de ortografía. ¡Pero no el artículo, no! No tocaba nada del artículo. ¡Sabía muy bien que yo no quería! No, no. Rectificaba la ortografía.[448]

Y continúa explicando que prefería escribir sobre lo que dominaba, lo que le interesaba y que, por ende, fuera acorde a las expectativas de un periódico como *L'Espurna* en tiempo de guerra: «Por ejemplo, el tema de la escuela, el tema de la organización de una escuela. A mí, lo que me interesaba realmente era entender lo que hacía. Y hablo de mí, pero vale para todo el mundo...».[449] Aquí hallamos de nuevo aquella asimilación entre el individuo y el colectivo a la que ya nos hemos referido.

447/ Entrevista con Júlia Serra, por C. COIGNARD, en presencia de su hijo Michel Martí, Toulouse, 31.11.2007-01.12.2007.
448/ *Ibidem.*
449/ Entrevista con Júlia Serra, por C. COIGNARD, Toulouse, 2007.

Los artículos de carácter político tocan diversos temas: industria («Indústria racionalitzada», *Impuls,* n.º 14, 23/04/1937), interpretación histórica («Primer de maig. Aurora roja», «La significació d'aquest primer de maig», *Impuls,* n.º 15, 30/04/1937), la cuestión de las nacionalidades («Catalanisme», *L'Espurna,* n.º 131, 19/04/1937), milicias («Milícies, milícies revolucionàries», *L'Espurna,* n.º 80, 17/02/1937) o, también, algún decreto («Comentant un decret...» [sobre la apertura del curso en la Escuela Normal], *L'Espurna,* n.º 85, 23/02/1937). Pero no dejan de ser pocos y aislados. Los temas políticos se tratan de forma puntual, generalmente en uno o dos artículos.

No podemos dejar de destacar que, en las publicaciones del partido, los artículos referidos al Socorro Rojo son más bien de orden político. En el periódico *Socorro-Rojo POUM,* que se podría suponer dedicado exclusivamente a las tareas específicas del organismo (atención a los heridos; situación del frente, de los hospitales, de los consejos sanitarios, etc.), los artículos se centran con frecuencia en la movilización y la lucha contra el fascismo. En el número 5,[450] Libertad Paz firma un texto titulado «La ayuda de la mujer al SR del POUM», que arranca con una pregunta: ¿por qué tienen las mujeres que ayudar al SR del POUM? La respuesta es política: para luchar contra el fascismo y proteger el proletariado. Hay un largo párrafo antes de llegar a las mujeres, y cuando la autora pasa a hablar de ellas, comienza criticando la visión tradicionalista y el espacio social que esta les reserva, así como su explotación por el capitalismo y la esclavitud ante la Iglesia.

Hay que tener en cuenta que es un rasgo común a la mayoría de los partidos políticos del momento el posicionarse ante la cada vez más profunda división entre el comunismo del PCE y el POUM, división que afecta a todo el movimiento obrero. No pocos textos recurren a la dicotomía entre el Bien y el Mal:[451] recordemos que por entonces la propaganda solía articularse caricaturizando al enemigo y victimizando a la clase obrera, y que defender el propio modelo y caricaturizar el ad-

---

450/   L. Paz: «La ayuda de la mujer al SR del POUM», *Socorro Rojo,* n.º 5, 15.03.1937.

451/   L. Gervereau comenta esa dicotomía habitual en la imagen en tiempo de guerra. Véase *Montrer la guerre..., op. cit.,* pp. 98-100.

versario mostrando sus defectos es uno de los primeros objetivos de la prensa escrita durante la guerra. En una guerra psicológica paralela a la guerra física, se trata de atizar los antagonismos, animar tanto las tropas del frente como las de la retaguardia, y continuar la lucha: en primer término está la clase obrera, que representa el Bien y engloba a quienes están dispuestos a dar inocentemente sus vidas, que desean ganar la guerra por una causa justa, que alimentan la esperanza de alcanzar una sociedad mejor donde cada cual será libre. Los artículos combinan una cierta victimización del proletariado mártir y el aliento de heroísmo de las escenas épicas.[452] A la inversa, el fascismo está caricaturizado encarnando el Mal, el bando que únicamente aspira a aniquilar sin piedad al enemigo para depurar la sociedad de elementos nocivos; en primer plano se presenta el salvajismo de los métodos de la llamada «bestia fascista», que queda así deshumanizada al máximo y no puede sino suscitar odio. En un ejemplo extraído de *Front* (Sitges), la autora del artículo, Teresa Guillot, se remonta incluso a la Inquisición para describir la barbarie con que proceden las tropas fascistas: «Una vez más, los criminales enemigos de la clase trabajadora han ensangrentado las calles de Barcelona. Una vez más, el "humanitario" corazón de los continuadores de Torquemada se ha hecho sentir en los hogares proletarios».[453] La fecha de aparición del artículo, el 13 de junio de 1937, pudo influir sobre el contenido: apenas dos meses antes, el 26 de abril, había sido bombardeada la ciudad vasca de Gernika.

Así las cosas, un tercer protagonista entra en liza, bajo la máscara del traidor: no se trata de un enemigo fascista sino del PSUC. Recordemos que la rama catalana del PCE (el PCC, Partit Comunista Català) se fusiona en 1936 con otros movimientos catalanes para formar el PSUC. Desde entonces, el PCE no está presente como tal en el Cataluña, pero los comunistas son cada vez más numerosos, con 6.000 militantes ya en verano del 1936. A partir de principios de 1937, el POUM es víctima de una persecución añadida, conducida desde Moscú, y que culmina en los Hechos de Mayo de 1937 en Barcelona. En la prensa del partido las mujeres contribuyen a denunciar la creciente contrarrevolución.[454] El

---

452/   Gracieta: «Abnegació i tacanyeria», *L'Espurna*, n.° 13, 30.11.1936, p. 1.
453/   T. Guillot: «Criminales»: *Front* (Sitges), n.° 40, 13.06.1937, p. 3.
454/   R. Coll: «Revolució vol dir victòria», *Impuls,* n.° 3, 05.02.1937, p. 7; P. Ras-

PCE en su conjunto es también diana de las denuncias formuladas por la militancia del POUM, y pronto surge la palabra «traidor», dirigida especialmente contra Santiago Carrillo.[455]

Propaganda femenina: de la persuasión a la movilización

En la prensa poumista se manifiesta también una propaganda que podríamos denominar «de persuasión», de índole interna en el partido, que recurre a distintas técnicas.

De entrada, la retórica y la manipulación emocional. Las autoras de artículos acuden a generalidades sobre conceptos tales como el amor a la patria o la variedad de sacrificios de que es capaz una mujer en defensa de los suyos, sus ideas y sus valores. Se trata de concienciar a las mujeres de la función que cumplen, o que podrían cumplir, en una guerra que no se desarrolla únicamente en el frente; de hacerles comprender que también ellas tienen mucho que ganar en esta lucha. En *Front* se puede leer: «Mujeres, vosotras que para el bienestar de vuestros hijos, de vuestros hermanos, estáis siempre dispuestas a soportarlo todo con una energía envidiable, sabed vivir esta gran lucha, comprended qué significa vencer en este combate decisivo».[456] Otro artículo del mismo periódico reincide en el papel heroico de las mujeres refiriéndose al 19 de julio:[457] aunque la guerra empezó el 17 de julio, en Cataluña se recuerda especialmente el 19 por ser el día en que los obreros catalanes derrotaron, temporalmente, a los rebeldes dirigidos por el general Goded, que pronunció la célebre frase: «La suerte me ha sido adversa y he caído prisionero; si queréis evitar que continúe el derramamiento de sangre, quedáis desligados del compromiso que teníais conmigo».[458] Goded, detenido por las autoridades republicanas, fue fusilado el 12 de agosto de 1936 junto con otros militares que habían participado en el levantamiento.

SAGAÑA: «Alerta dona proletària», *Avançada,* n.º 28, 01.05.1937, p. 4.

455/   J. LÓPEZ: «Para Carrillo, no queremos la unión con los católicos ni te aceptamos consejos», *Front* (Sitges), n.º 26, 28.02.1937, p. 2.

456/   C.: «Mujeres proletarias, sepamos sentir la Revolución», *Front* (Sitges), n.º 22, 31.01.1937, p. 4.

457/   CARLOTA: «El doble papel de la mujer», en *Emancipación,* n.º 4, 29.04.1937, p. 7.

458/   Citado por T. HUGH: *Historia de la Guerra Civil Española,* p. 261.

A juzgar por un artículo de Júlia Serra, con fecha del 6 de enero de 1937, el discurso difundido por la prensa escrita parece tener éxito: «Observaba el efecto que el discurso producía en las mujeres y me pareció que todas vibraban bajo el impulso de aquellas palabras alentadoras. Unirse y acabar para siempre con la guerra».[459] Y esta estrategia contiene también la otra cara de la moneda, que consiste en despertar el sentimiento de culpabilidad: aquellas que no se suman al movimiento, que no cumplen con «su deber revolucionario» o no quieren comprometerse «son señaladas con el dedo».[460]

Los textos periodísticos recurren asimismo al uso de pronombres personales y de ciertos tiempos verbales, así como a la reiteración para crear proximidad y empatía; el hecho de estar escritos por mujeres que se dirigen a otras mujeres añade sin duda fuerza de persuasión al mensaje. En el artículo «Obrera Senyoreta», publicado en *L'Espurna* el 16 de noviembre de 1936, Gracieta (Júlia Serra) insta a las obreras a movilizarse y a ser partícipes de la victoria integrándose de lleno en la lucha desde la retaguardia. El artículo está dirigido a las mujeres en su conjunto, pero aun tratándose de un llamamiento colectivo a la comunidad femenina recurre a la segunda persona del singular, de modo que toda mujer se sienta interpelada personalmente. En cuanto a la profusión de formas verbales imperativas, sin duda contribuyen a crear una cierta relación de autoridad entre emisora y destinataria: son órdenes hábilmente expresadas y atenuadas por el empleo recurrente de apelativos como «compañeras», «camaradas» u «obreras», de repeticiones («Basta de inhibirse con fútiles excusas. Basta de cobrar sin trabajar. Basta de presumir y hacer ostentación de banalidad por la Rambla») o de eslóganes («Viva la Revolución», «Hasta vencer o morir») dirigidos principalmente a impulsar una toma de conciencia femenina, y que confieren al artículo un carácter más general. Son eslóganes que la iconografía y los carteles retomarán para aprovechar su capacidad de interpelar individualmente. El estilo persuasivo recurre igualmente a frases interrogativas cortas —que en ningún caso esperan respuesta concreta— que refuerzan la interacción comunicativa entre emisora y receptora; y, finalmente, el

---

459/ Gracieta: «El camí de la pau», *L'Espurna*, n.º 44, 06.01.1937, p. 1.
460/ Gracieta: «Dones de Girona», *L'Espurna*, n.º 11, 27.11.1936, p. 1; Rosa L.: «A vosaltres, dones catalanes», *Front*, Terrassa, n.º 154, 15.02.1937, p. 4.

empleo del «nosotras» apela a un movimiento de masa solidario y dispuesto a enfrentarse en bloque al enemigo. En aquel momento el sentimiento de solidaridad era sin duda más fuerte, y el compromiso con un grupo, más importante y significativo.[461] Este esquema —exposición de los hechos y búsqueda de una toma de conciencia femenina— se repite con cierta frecuencia en el resto de artículos dirigidos a las mujeres. No olvidemos que el objetivo de un periódico, especialmente durante la guerra, no se reduce a «proporcionar un informe de la actualidad sino [también a] utilizar políticamente la actualidad en contra o a favor del orden establecido».[462] Los artículos adquieren, por ello, un doble punto de vista: el externo, que consiste en dirigirse a la masa, y el interno, regido por principios de simplificación (un enemigo único, por ejemplo), de magnificación (exageración de rasgos) y de orquestación (repetición de los mensajes). Todos estos artículos pretenden incitar a las mujeres a luchar y a movilizarse. No faltan las referencias a ejemplos históricos, como Louise Michel durante la Comuna de París, Rosa Luxemburgo en Alemania o Aleksandra Kolontái en Rusia, para reforzar la conciencia política de las mujeres.[463]

Son varios los periódicos *(Combat, Juventud Comunista)* que incluyen —con mayor o menor regularidad— secciones femeninas, espacios reservados a la pluma de las mujeres. Es lícito preguntarse si tales secciones —por no hablar de todo un periódico: *Emancipación*— favorecen la emancipación. A fin de cuentas, se las podría considerar como una forma de marginalización, puesto que reservan un espacio a las mujeres mientras que los hombres disponen de todo el resto para expresarse. En ocasiones, a raíz de un suceso o de una fecha importantes para el movimiento obrero, algunos periódicos habilitan una página para las aportaciones de mujeres. El *Front* (Terrassa) del 9 de marzo de 1937, por ejemplo, tiene una página entera dedicada a «La mujer y la revolución»,

461/   Carmen: «La mujer en la edificación de la nueva sociedad», *Front* (Sitges), n.º 20, 17.01.1937, p. 3.

462/   C-J. Bertrand: *Médias: introduction à la presse, la radio et la télévision.* París, 1999, p. 40.

463/   Véase Jenka: «Molt bé companyes», *Front,* Terrassa, n.º 214, 26.04.1937, p. 3; Jenka: «Dones i donetes», *Front,* Terrassa, n.º 218, 30.04.1937, p. 3; Rosa L.: «Només la revolució social pot alliberar la dona», *Front,* Terrassa, n.º 244, 31.05.1937, p. 3; Marta P.: «Companyes, fem memòria», *Front,* Terrassa, n.º 257, 15.06.1937, p. 3.

con cuatro artículos de Jenka, Rosa L., Mary S. y Sapia: la celebración del 8 de marzo se ha afianzado en el calendario de las luchas obreras. Ese día se conmemoran las manifestaciones de mujeres en Rusia, en 1917, reclamando pan y el regreso de sus maridos del frente; sería el pistoletazo de salida de la revolución de febrero del mismo año (del 23 al 28 de febrero, según el calendario juliano, es decir, del 8 a 13 de marzo según el calendario gregoriano).

La radio durante la guerra civil: una nueva arma

Al estallar la guerra, la prensa escrita es incontestablemente el principal medio de información. ¿Qué papel tiene en julio de 1936 la radio, de implantación reciente —los primeros aparatos llegan a España en 1923?

Las primeras emisoras de radio de España fueron EAJ-1[464] —más conocida con el nombre de Ràdio Barcelona— en 1923, y EAJ-2 —Radio España de Madrid— en 1924; ambas alcanzan rápidamente gran popularidad y tienen un papel imprescindible en la red de comunicación e información, ya sea política, social, cultural o artística. Por ende, la radio demuestra ser un arma de la que las distintas corrientes políticas del momento sabrán sacar partido; durante la Segunda República ya se utiliza para fines políticos y propagandísticos. Entre 1932 y 1933 nacen las primeras emisoras locales, primero con predominio de programas musicales y culturales; al poco se convierten inevitablemente en armas de propaganda. Hombres como Niceto Alcalá Zamora, José Ortega y Gasset, José M.ª Gil Robles, José Antonio Primo de Rivera o Lluís Companys recurren a ellas. Quizás el ejemplo más claro de su utilización con fines propagandísticos sea el discurso fundacional de la Falange Española, radiodifundido el 29 de octubre de 1933.

Para algunos «la radio ha de ser un medio de cultura, de arte, un entretenimiento honesto y de provecho, un arma de paz y de amor entre los hombres»;[465] otros la consideran más bien un arma de propaganda,

---

464/   La nomenclatura EAJ hace referencia a los códigos de radioaficionados. La E significa España y AJ designa las estaciones de telegrafía sin hilos. El número se refiere al orden de creación de las emisoras.

465/   Cita del discurso inaugural de 1933 para Ràdio Girona de Jaume Rosquelles, presidente de Ràdio Associació Catalunya, en M. Gil Bonància: *50 anys de Ràdio Girona: 1933-1983*. Figueres, 1990, p. 12.

y un arma de doble filo a veces: a la vez que propaga ideas y moviliza a la gente, puede proporcionar información al enemigo. En 1936, dadas las circunstancias, esta segunda opción es sin lugar a dudas la que mejor describe su función durante la guerra: la radio sirve a los partidos y a una nueva cultura ideológica y también militar, informa según distintos puntos de vista republicano, nacionalista, marxista o anarquista, desde el frente o desde la retaguardia. La ventaja incontestable de la radio respecto a la prensa es su mayor capacidad de difusión, cosa que explica en cierta medida el auge inesperado que obtuvo. En solo unos pocos años, las emisiones alcanzan las poblaciones más pequeñas y aisladas, prácticamente faltas de comunicación hasta entonces, así como a la población analfabeta, aún muy numerosa en España, cosa imposible para la prensa salvo en caso de lectura colectiva.

El tipo de información facilitada por la radio varía según el mensaje que se pretende transmitir. Como ya hemos visto, se trata ante todo de un arma táctica y psicológica (crear una moral de victoria, transmitir falsas informaciones para engañar al enemigo, etc.); pero es también un medio de comunicación apto para desarrollar un trabajo social. La radio adopta pues el papel de «radio servicio» para regular la vida de la ciudadanía, avisar más rápidamente en caso de bombardeo; en «radio beneficencia» o «radio caridad» para ayudar a las víctimas de guerra, exiliados, huérfanos, personas desaparecidas o separadas de los suyos, para proporcionar comida, ropa, enseñanza, etc., en colaboración con la actividad general del Socorro Rojo, en la España republicana, o el Socorro Blanco, como se le llamaba en la España franquista;[466] y tiene, finalmente, una clara función movilizadora: baste recordar el célebre «No pasarán» de la Pasionaria, emitido el 19 de julio de 1936 por Unión Radio Madrid y que millares de españoles hicieron suyo.

La guerra propició la presencia femenina en los locales radiofónicos, principalmente cubriendo el servicio de información y difundiendo el ideario del POUM. En Barcelona Mary Low fue la locutora en inglés y Virginia Gervasini en francés e italiano, mientras que Benjamin Péret se ocupaba de las transmisiones en portugués; en Girona, Júlia Serra hablaba regularmente en la radio, y en otros municipios hubo militantes

---

466/   A. Balsebre: *Historia de la radio en España.* Madrid, 2001, p. 436.

como Pilar Santiago, Montserrat Parellada o Rosa Brunsó que intervinieron puntualmente. Si obviamos la retransmisión de los discursos de los mítines, la casi totalidad del tiempo de emisión recae en las mujeres que se sientan ante el micrófono para difundir información sobre el SRI, los cursos de formación para mujeres, las noticias del frente o de la retaguardia, en un «diario hablado» del POUM, como lo llama Júlia Serra durante nuestras entrevistas (a semejanza del de la CNT, que era el único hasta el momento). El periódico *L'Espurna* proporciona buen número de detalles sobre el desarrollo de este diario hablado, información que hemos podido completar gracias al testimonio de Serra. Por los anuncios de algunos periódicos sabemos que se emitía el diario hablado del POUM en otras localidades, pero carecemos de más datos al respecto.

En un principio, el diario hablado de *L'Espurna* se difundía a las 22 horas y duraba unos veinte minutos; a partir del 19 de abril de 1937 la programación sufrió un cambio, y el espacio del POUM, de media hora de duración, pasó a emitirse a las 19:15. En cada número la redacción anunciaba el programa del día siguiente. El esquema varía poco; solo cambian los invitados de las entrevistas: Eduard Soler, Pius Guiral, Pau Planas (dibujante de *L'Espurna,* invitado para hablar de arte y revolución), Antoni Ferrer (para hablar de agricultura) o Joan Quer, secretario del Comité Local del POUM. Si no había invitados, la franja horaria prevista se destinaba a un reportaje de guerra, como por ejemplo en el diario hablado del 21 de abril del 1937, en que se emite «Un día en Siétamo».

En Girona, el diario hablado de *L'Espurna* abre sus micrófonos a las «militantes de primera», como las llama Júlia Serra: Maria Teresa García Banús interviene el 30 de abril de 1937 con el tema «Frente de la Mujeres Revolucionarias»; unos días antes, el 23 de abril, se había hablado de «El trabajo revolucionario de la mujer en la retaguardia», y *L'Espurna* incluso llegó a transcribir, en el número 124 del 10 de abril de 1937, el discurso completo que Rosa Brunsó, de la JCI de Barcelona, dirigió a las mujeres de Girona exhortándolas a tomar conciencia de la situación y participar plenamente en la resistencia. Según Rosa Brunsó, tal como estaban las cosas, las lágrimas no servían de nada; solo el combate y la revolución permitirían poder abrir los ojos a un mundo mejor y nuevo en que la libertad de todo el pueblo guiaría a la mujer hacia su propia libertad para realizarse y decidir por sí misma sobre su vida.[467]

En 1936 Ràdio Girona se instala en el Carrer de la Força y está controlada por los partidos: se trata, según Júlia Serra, de una dirección compartida entre la militancia del POUM, la anarquista y la socialista. Esta «unión de combatientes para la guerra civil» —como ella lo define—, se puede apreciar fácilmente en el programa de EAJ-38 anunciado en *L'Espurna*: «El diario hablado de la CNT se emite a las 20 horas». En cuanto a «Gracieta», afirma que ella iba todos los días, y que era el partido quien se lo había pedido:

> La radio me la dieron a mí porque consideraron que los hombres no podían ir. Todo el mundo estaba movilizado, solo quedaban las mujeres, y de todas las mujeres que conocían yo estaba más capacitada para ir que una obrera de Grober. Decía: «Éstas son las noticias que hay», tomaba notas, me hacía mi pequeño guión, que no leía sino que me aprendía. [...] Sabía que las más de las veces yo estaba allí para suplir a alguien habitual, por una razón u otra... Si era un hombre, no hay más que hablar, se habían ido todos, así es que les tocaba a las mujeres hacerlo. Y tal como estaban las cosas, no tuve un minuto para mí.[468]

La decisión del POUM no nos extraña, ya que Júlia Serra era la mujer más activa de la redacción de *L'Espurna;* no solo se preocupaba de sus propios artículos, sino que también estaba al corriente de buena parte de los demás. En el diario hablado resumía algunas informaciones o, a veces, leía un artículo entero que ella misma había redactado. El caso es que, según nos cuenta, el diario hablado tenía que reflejar únicamente lo que se escribía en *L'Espurna;* algo similar ocurría, según Lois Orr, en Barcelona: en sus memorias afirma que su trabajo consistía en traducir artículos de *La Batalla* o de otros periódicos del POUM para que fueran leídos en inglés en la radio.[469]

Es así cómo, tras ocupar el ámbito de la prensa escrita, las mujeres —en una situación sin duda facilitada por el contexto de guerra— conquistan progresivamente otro espacio público: la radio.

467/   Transcripción del discurso de Rosa Brunsó pronunciado en Ràdio Girona, *L'Espurna,* n.° 124, 10.04.1937, p. 2.
468/   Júlia Serra a Cindy Coignard, Toulouse, 2007.
469/   Lois Orr en G. Rainer: *op. cit.,* p. 72.

Escuela y enseñanza

Hasta ahora hemos estudiado principalmente la lucha de las mujeres para progresar en su proceso de emancipación. Pero su aportación en tiempos de guerra no se acaba aquí ni mucho menos. Más allá de la conquista de un estatus y un porvenir para sí mismas, las militantes del POUM tenían un discurso emancipador en el sentido más amplio del término. Luchaban no tanto con la esperanza de erradicar las diferencias hombre/mujer sino, en mayor medida, las de opresor/oprimido, ya fuera hombre, mujer, niña o niño. Por ello dedicaron gran parte de sus esfuerzos a ocuparse de la infancia, de la generación del futuro, símbolo de renacimiento en la sociedad revolucionaria; una infancia que no solo podría decir «no soy lo que han hecho de mí» sino también «puedo ser otra cosa».

Renovación pedagógica en Cataluña

Para entender las renovaciones pedagógicas que se intentaron instaurar en Cataluña durante la guerra civil, es necesario mirar un poco hacia atrás, revisar las ideas progresistas que originaron propuestas para una nueva enseñanza y remitirnos a ciertos elementos que ya han sido suficientemente estudiados.

La renovación pedagógica en Cataluña se inspiró en diferentes precursores de los siglos XVIII y XIX como el *Émile* del filósofo y escritor francés Jean-Jacques Rousseau, que propone una visión positiva de la humanidad y de la naturaleza y una educación infantil acorde con las distintas fases de su evolución. Se nutre también de las ideas de la ILE[470] (*Institución Libre de Enseñanza*), creada en 1876 en Madrid por un grupo de pedagogos republicanos españoles (Giner de los Ríos, Gumersindo de Azcárate y Nicolás Salmerón, entre otros), que aspira a una escuela mucho más centrada en la propia figura del niño, mucho más

---

470/ Véase entre otros P. DE AZCARATE: «Notas sobre el origen de la Institución Libre de Enseñanza», *Boletín de la Real Academia de la Historia*, n.º 161, Madrid, 1967; V. CACHO VIU: *La Institución Libre de Enseñanza.* Madrid, 1962; A. JIMÉNEZ GARCÍA: *El krausismo y la Institución Libre de Enseñanza.* Pedagógicas, 2002; M. TUÑÓN DE LARA: «El krausismo y la Institución Libre de Enseñanza», *Medio siglo de cultura española (1885-1936).* Madrid, 1971.

activa y más abierta, basada en la experiencia y la reflexión, cuyo programa incluye excursiones y considera la coeducación una de las claves principales de la enseñanza, con el objetivo de acabar con la inferioridad de las mujeres. En tercer lugar, se inspira en la Escuela Moderna de Francesc Ferrer i Guàrdia,[471] que completa el panorama pedagógico de la época. Este pedagogo libertario catalán propone una escuela sin separación entre sexos ni, tampoco, entre clases. Ferrer i Guàrdia desarrolló sus teorías y explicó su postura favorable a la educación idéntica y complementaria;[472] en lo tocante a la coeducación de las clases sociales, significa uno de los pilares de la Escuela Moderna: ricos y pobres tienen que aprender juntos porque lo que importa no es la clase social, sino las capacidades. Todas las niñas y niños, al empezar su itinerario escolar, deben gozar de las mismas oportunidades y posibilidades de éxito; no han de aprender la noción de comparación entre individuos, porque las únicas diferencias existentes son las de carácter e inteligencia, y estas últimas no hacen una persona inferior a otra, sino que las hacen diferentes entre sí, y encaminan cada cual hacia una profesión para la que tenga más facilidad y mejor ocasión de desarrollar sus capacidades. El POUM bebe de las mismas fuentes que el anarquismo: acomodados o menesterosos, niños y niñas deberán convivir, «con las mismas ventajas culturales y sin más diferencias que las originadas por sus posibilidades mentales y su voluntad».[473]

La Escuela Moderna insiste también en la higiene escolar que, como veremos, constituyó una de las mayores preocupaciones de las profesoras en las escuelas de Girona. El juicio de Ferrer i Guàrdia es implacable: «En cuanto a la higiene escolar, la suciedad católica domina España».[474]

471/ Entre las obras publicadas recientemente, ver en particular: «Francesc Ferrer i Guàrdia», *Afers,* n.º 64, 2009; A. Palà, D. Marín i V. Molina: *Francesc Ferrer i Guàrdia: escrits polítics i pedagògics.* Barcelona: Fundación Francisco Ferrer, Colección Quaderns d'història, 5, 2010; Á. Cappelletti: *Francisco Ferrer Guardia y la pedagogía libertaria.* Madrid, 2010; N. Muro: *La enseñanza en la Escuela Moderna de Francisco Ferrer y Guardia.* Burgos, 2009; S. Gussinyer: *Ferrer Guardia, pedagogo y hombre de acción.* Barcelona, 2012.

472/ F. Ferrer i Guàrdia: *La Escuela Moderna.* Madrid, 1976, pp. 38-39 y 46-67. Texto original de 1908.

473/ «Le plan d'enseignement de l'Ecole Nouvelle en Catalogne», *L'Espagne Nouvelle,* n.º 4, 8-15 de mayo de 1937, p. 3.

474/ F. Ferrer i Guàrdia: *L'Escola Moderna, explicació pòstuma i abast de l'ensenya-*

Y añade: «...sostenida por el clero y la monarquía de tiempos pasados, pero también por la burguesía liberal y finalmente democrática de nuestros días, está claro que los niños que vienen a nuestra escuela están retrasados en cuanto a la limpieza: la suciedad era atávica». Esto explica por qué, según Ferrer i Guàrdia, era inexcusable renovar los establecimientos, instalar luz, ventilación, calefacción y lavabos, y velar por el buen desarrollo del cuerpo incluyendo en los programas escolares horas de educación física e inculcando las bases de una educación sanitaria con conferencias semanales o quincenales, además de acostumbrar al alumnado a lavarse las manos, las uñas, etc. Todo ello conduciría al desarrollo armónico del individuo y del conjunto de sus conocimientos intelectuales, físicos, manuales y profesionales. Finalmente, habría que hacer uso de la reflexión racional, basada en la razón y conforme a los principios de la ciencia moderna, y no en la fe católica.

A principios del siglo xx, el socialismo y el anarquismo son los que se preocupan por promover la cultura y la educación, que califican de decisiva para la emancipación de la clase obrera. Hubo mujeres, como Rosa Sensat —educadora que defendía la escuela pública— que, pasando del dicho al hecho, promovieron la creación de centros educativos y de formación profesional para mujeres y reclamaron para ellas ciertas reformas sociales como la protección laboral. Francesca Bonnemaison fundó en 1909 en Barcelona el Instituto de Cultura y Biblioteca Popular de la Mujer, una de las instituciones educativas más importantes en España y la primera biblioteca femenina pública de Europa.[475] El Instituto estaba gestionado por mujeres y defendía sus derechos: trabajo remunerado para las mujeres no casadas, por ejemplo, lo que rompería el monopolio masculino al uso y la negación de una identidad de trabajadora para la mujer.

La llegada de la Segunda República, en 1931, aportó muchas reformas: separación de Iglesia y Estado, instauración de la enseñanza primaria gratuita, obligatoria, laica y mixta e instauró nuevos valores

---

ment racionalista. Vic, 1990, p. 39.

475/   En la década de los treinta, por esta biblioteca pasaron unos 8.000 usuarios cada año. M. NASH: «Experiencia y aprendizaje: la formación histórica de los feminismos en España», en *Historia social,* n.° 20, ejemplar dedicado a: Debates de Historia Social en España, 1994, p. 170.

como la libertad, la autonomía, la solidaridad y el civismo. La formación científica y pedagógica del profesorado adquirió profundidad y se procedió a reformar las Escuelas Normales (supresión de la segregación por sexos, coeducación, aumento salarial, revisión de la formación).

La educación es uno de los caballos de batalla del POUM que, al filo de esta corriente reformista, heredera de las ideas anarquistas, aprovecha para desarrollar sus posiciones y para aplicarlas en la medida de lo posible.

El POUM, la escuela y la infancia

La posición del POUM respecto a la educación y la enseñanza se refleja claramente en los periódicos y en diversos escritos de la militancia. La ciudad que parece haberse dedicado más a este tema es Girona. Hay, a nuestro parecer, dos posibles explicaciones para que así fuera: por un lado, el partido concentra allí gran número de enseñantes; por otro, es la ciudad geográficamente más alejada de los diferentes frentes de combate, cosa que probablemente facilitó que la militancia aunara esfuerzos en impulsar la revolución en la retaguardia.

En su afán innovador, el POUM integra las teorías de los pedagogos de la llamada Educación Nueva: Adolfo Ferrière (1879-1960), Ovide Decroly (1871-1932), Célestin Freinet (1896-1966) y Maria Montessori (1870-1952) habían formulado los treinta puntos fundamentales para crear una Escuela Nueva. Ovide Decroly, pedagogo belga, había comenzado interesándose por los niños discapacitados o diferentes, a los que llamó «irregulares». A su entender, el elemento clave de la enseñanza no es el profesor, como en la enseñanza tradicional, sino el alumno. Y ahí radica toda la diferencia: no es el alumno quien ha de adaptarse al maestro, sino el maestro quien debe adaptarse al ritmo del alumno y observarlo para intentar entenderlo mejor. Este idea de situar al niño (o la niña) en primer plano se halla también en los discursos de Maria Montessori, doctora y pedagoga italiana: el enseñante tiene que ser una simple guía para el niño; el aprendizaje ha de cubrir también las actividades y ejercicios de la vida cotidiana, incluyendo los trabajos manuales con flores y plantas, algo que, a su entender es tan importante para el desarrollo de la infancia como las matemáticas o la geometría.

Las teorías de Célestin Freinet nacen algo más tarde que las de Montessori, en los años veinte y treinta. Según Freinet, que también sitúa al niño en primer término, las técnicas de enseñanza sirven para ayudarle en su proceso de formación; proceso que mayoritariamente se apoya sobre la experiencia. Por ello el pedagogo propone todo un proceso de intercambio escolar, introduce el uso de la imprenta en las aulas y la práctica de lo que él llama el «texto libre», que cada alumno escribe cuando quiere y sobre el tema que quiere. Finalmente, el objetivo de la escuela no es otro que preparar a futuros ciudadanos demócratas.[476]

Estas son las bases sobre las que la militancia del POUM desarrolla su concepción de la enseñanza y de la educación. El objetivo principal del partido está muy claro: se trata de crear una nueva escuela, fruto de la revolución, para que las siguientes generaciones aporten a la sociedad un porvenir mejor. Como dice Antònia Adroher, «el niño era el porvenir de mañana, era el material humano que tenía que cambiar la sociedad».[477] Urge romper con la escuela tradicional y católica, que imparte una formación errónea y contraria al espíritu de la Escuela Nueva. El artículo de Júlia Serra «Religión significa anti-naturaleza», aparecido en *L'Espurna* el 30 de noviembre de 1936, denuncia los malos tratos al uso en los colegios religiosos: violencia, insultos, torturas incluso, infligidos, según los testimonios, como sacrificios al Señor. En este contexto se inscribe la reacción que significa una Escuela Nueva. El POUM no trata, sin embargo, de borrar totalmente la religión de la cultura obrera. Según *Combat,* el profesorado tiene que poder hablar de religión en clase o, para ser más exactos, de *las religiones,* pero a su manera. Es esta una visión materialista de las cosas: la religión existe, en nuestra sociedad, como herencia de una época en que la ciencia todavía no era capaz de responder a las preguntas de la Humanidad; es, pues, parte de la Historia y hay que hablar de ella, tanto en su expresión católica como en la budista, la hinduista, en los mitos griegos, los egipcios, etc. Se trata de abordar el fenómeno religioso desde un punto de vista histórico.[478]

476/ Véase en particular *Invariants Pédagogiques,* de C. FREINET, 1964. Publicadas dos años antes de su muerte, las treinta invariables son, en cierta manera, la síntesis de alguna de las ideas pedagógicas de Freinet sobre el estatus de la infancia, la relación profesorado-alumnado, la naturaleza del trabajo y las técnicas de enseñanza.

477/ Antònia Adroher en una entrevista con S. MARQUÉS, «Treball d'investigació: Antònia Adroher», 1992.

478/ J. GARÍ: «Cal parlar de religió», *Combat,* n.º 51, 23.09.1936, p. 1.

Incluso en tiempos de guerra es necesario formar una nueva juventud, ambiciosa y con ideales, capaz de combatir —según los términos de *L'Espurna*— la «bestia fascista», que intenta dominar el futuro de las nuevas generaciones y que fomenta únicamente el individualismo, y ello no solo en España, sino en el mundo entero. Niñas y niños deben formarse mediante un trabajo escogido libremente y que, por lo mismo, sabrán valorar.

El trabajo en equipo es, para el profesorado progresista, la piedra de toque de la nueva enseñanza. En el artículo «La Escuela Nueva y el trabajo en equipo», del 4 de enero de 1937, Planella insiste en los beneficios de su inmediata implantación, puesto que fomenta el espíritu propio a la ideología del POUM: la camaradería y la fraternidad. El autor defiende que el alumnado tutee al profesor, que no es la encarnación de Dios, ni está para castigar, sino para acompañar en el proceso de aprendizaje; para demostrar la utilidad y la necesidad de la nueva política escolar, rectificar los errores inculcados por la educación religiosa y alcanzar el objetivo de una escuela nueva y liberadora para la infancia. El trabajo en equipo potencia la renovación educativa porque permite conocerse y descubrirse, y porque capacita para trabajar en colectividad y cooperar, detalle importante si se tiene en cuenta que toda profesión y toda actividad están, en principio, al servicio de la comunidad. En cuanto a las diferencias de clase, la escuela debe cesar de hacerlas sentir y de recordar al pobre sus miserias; todas las niñas y todos los niños deben tener acceso a las mismas enseñanzas básicas y evolucionar según sus capacidades individuales.[479] Uno de los caballos de batalla del POUM es la necesidad de impartir formación no solo manual (como simples obreros), sino también intelectual. Aunque se reconozca a cada cual el derecho de tener capacidades específicas en un campo, manual o intelectual, toda enseñanza debe proponerse desarrollar la capacidad de discernimiento, análisis y libre arbitrio, y servir para la vida cotidiana y familiar.[480]

Otro pilar de la nueva enseñanza es la igualdad entre sexos, y de ahí

479/ «Cultura burgesa i escola proletaria», *Front*, Terrassa, n.º 68, 06.11.1936, p. 1.
480/ J. Morera i Falcó: «Escola nova i homes nous», *Front*, Terrassa, n.º 76, 16.11.36, p. 1 y 4, p. 1 y 4.

el impulso de derribar las paredes divisorias de algunos establecimientos para que niños y niñas aprendan y jueguen juntos «sin absurdas y contraproducentes distinciones de sexo».[481] Las maestras no deberían estar relegadas a impartir asignaturas como costura o cocina, ni las niñas a ser las únicas destinatarias de tales enseñanzas.[482]

La revolución había de traer una escuela única, de todos; el organismo encargado de defenderla, del que el POUM forma parte, era el CENU: el Consejo de la Escuela Nueva Unificada.

El Consejo de la Escuela Nueva Unificada

Todas estas ideas constituyen las bases de la enseñanza progresista propuesta por el profesorado catalán durante la guerra civil, y están incluidas en el programa del CENU, organismo clave para la renovación pedagógica en Cataluña, creado en Barcelona pocos días después del levantamiento militar, el 26 de julio de 1936.

El CENU es, ante todo, una escuela llamada «unificada», o sea gratuita y abierta a todos. Según el artículo 48 de la Constitución de 1931, «la educación primaria será gratuita y obligatoria». La intención es la escolarización generalizada sin distinción de clase social, nivel cultural, ideología religiosa o política y, por último pero no menos importante, sin distinción de sexo.[483] El segundo pilar del CENU es la coeducación, tal como anuncian el programa y los carteles del organismo: en uno de los más conocidos se ven una niña y un niño estudiando juntos.[484] La coeducación incluye la coinstrucción y supone no solo el mismo aprendizaje intelectual, sino también condiciones de aprendizaje mixtas.

El ascendente psicológico y espiritual de la Iglesia sobre la infancia es intolerable para el profesorado «revolucionario». Aunque el posicionamiento del POUM respecto a la religión es inequívoco —la concepción materialista del mundo excluye toda teosofía—, los periódicos del partido manifiestan posturas más radicales, más cercanas a la antirreligiosidad que a la voluntad de laicismo y de neutralidad religiosa. Ello

---

481/   *Combat,* n.º 17, 14.08.1936, p. 2.
482/   «L'escola i la revolució», *Combat,* n.º 57, 30.09.1936, p. 4.
483/   *L'Espagne Nouvelle, Bulletin d'informations paraissant tous les samedis,* n.º 6, 29.05.1937.
484/   Véase cartel del CENU, 1936.

se debe sin duda a la función de la prensa militante revolucionaria, especialmente en tiempos de guerra: es un arma nada desdeñable contra el adversario y un elemento esencial en la formación de la conciencia política de militantes y simpatizantes. Hubo ciertamente poumistas que participaron en incendios de iglesias o masacres de religiosos. En Lleida, por ejemplo, donde el POUM tiene indudable fuerza numérica y política, en 1936 es asesinado el 65% de los clérigos. Son hechos puntuales que de ninguna manera representan el espíritu y las prácticas diarias del partido. Aunque su objetivo es realmente destruir la Iglesia, hay que interpretar este propósito no en el sentido literal sino en el figurado: lo que se pretende es acabar con la institución social dominante. El periódico *Combat* expone esta idea comentando las fotos de iglesias incendiadas: «Parece que la Catedral nueva podría haber escapado a las llamas, pero no fue así. Hay que decir que no había ninguna razón para quemarla. El primer momento [es decir: los primeros meses de guerra] ya había pasado y ahora habríamos podido utilizar el edificio como centro de archivos o sala de conferencias».[485] Según el POUM y el CENU, hay que garantizar la libertad de conciencia de los individuos y respetar todas las creencias sin otorgar por eso privilegio alguno. No se puede obligar a asistir a la clase de religión, del mismo modo que no se puede obligar a ningún profesor a impartirla, pero los alumnos cuyas familias así lo deseen tienen derecho a recibir instrucción religiosa en la escuela. Por esta razón, se establecerá un horario con una base común de enseñanza para todo el alumnado y horas libres para la religión como materia optativa. El CENU pone especial empeño en explicar el concepto de laicidad para evitar que se interprete —algo que la Iglesia no duda en pregonar— como una medida anticlerical.

Finalmente, la otra preocupación en Cataluña es la de la lengua catalana, tolerada o proscrita según los regímenes. Con la Segunda República, la cuestión del bilingüismo vuelve a ser objeto de debate: ¿en qué lengua tiene que impartirse la enseñanza? Justo dos semanas después de la proclamación de la República se publica un decreto que afirma que «la lengua materna tiene que ser un instrumento de cultura».[486] Según la Constitución de 1931, «el castellano es la lengua oficial de la

---

485/   *Combat*, n.º 88, 06.12.1936, p. 4.
486/   Preámbulo del decreto del 29.04.1931.

República» (artículo 4); «las regiones autónomas podrán organizar la enseñanza en sus lenguas respectivas» (artículo 50), pero el estudio de la lengua castellana será obligatorio a partir de los 8 años y se le dedicarán varias horas semanales. Antònia Adroher[487] explica que ella daba sus clases en las dos lenguas para que todo el alumnado pudiese aprender al mismo ritmo (no hay que olvidar que durante la guerra civil, Cataluña y especialmente Girona acogen a muchos niños refugiados procedentes de toda España).

La realidad cotidiana

Desde un punto de vista global, durante la Segunda República se opera un cambio en la enseñanza gracias a las numerosas reformas emprendidas. Luisa Cortezón afirma que cuando ella iba a la escuela (todavía bajo Primo de Rivera), las niñas y los niños estaban separados durante las clases y se juntaban a la hora del recreo. Las cosas empezaron a cambiar con la República:

> Para nosotros sí que hubo algo de religión, los domingos había que ir a misa. Allá te encontrabas a la maestra, y lo mejor era ponerte cerca de ella para que constara que habías ido. Pero duró muy poco: en cuanto llegó la República, el que quería iba a misa, y el que no, se quedaba en casa, y no había nada que decir. La maestra prefería a los que iban a misa porque era muy católica.[488]

En 1936 la enseñanza era mixta. Pere Oliver, que tuvo a Antònia Adroher de profesora, recuerda que en Ultramort «había niños de todas las edades, ya que no era como hoy, que cada profesor se ocupa de un solo curso; estábamos juntas todas las edades», y en el recreo «jugábamos todos juntos [a canicas, a pelota, a fútbol, al escondite]».[489] La enseñanza se hacía en catalán pero era obligatoria una hora diaria de castellano. Pere Oliver explica que los alumnos le habían pedido a Antònia Adroher que diera las clases en catalán.

487/ En 1937, en Girona hay setenta y nueve maestros; catorce son nombrados por el CENU (entre los cuales Antònia Adroher y Júlia Serra).
488/ Entrevista con Luisa Cortezón, Vitry-sur-Seine, 04.12.2008.
489/ Entrevista con Pere Oliver, Ultramort, 29.03.2010.

> De las dos maneras, aún me acuerdo. «No, señorita, háganos la clase en catalán», le decíamos, «haga la clase en catalán». Sí, me acuerdo, se lo decíamos a veces cuando estábamos aprendiendo las primeras letras. Me acuerdo porque era muy bonita. Muy simpática y muy bonita.[490]

Imma, profesora en Lleida, es también un ejemplo de la apertura de miras de los nuevos métodos de enseñanza. Llevaba el alumnado al campo, les iniciaba en el excursionismo; hacía «muchas cosas que entonces eran una innovación». También les enseñó a leer el sistema fonológico, algo que según ella no se hacía en aquella época, y el sistema analítico, que era un nuevo sistema de lectura.[491] Este tipo de innovaciones hallan eco en los reportajes de los periódicos como *Combat* dedicados a la necesidad de romper la rutina de la enseñanza escolar. Otro ejemplo consistiría en adelantar a un martes un paseo programado para el jueves en función del buen tiempo. Los nuevos métodos de enseñanza no obedecían a un esquema estricto sino que tendían a adaptarse a las circunstancias.[492]

El POUM tomaba muy en cuenta a los niños con discapacidades, demostrando así su intención de proporcionar una enseñanza a todo el mundo, fuese cual fuese su condición. En *Combat,* en noviembre de 1936, se dedica una página a la educación de los niños ciegos, a los que se presenta como «normales» aun siendo diferentes. A ojos del partido, han de poder asistir a cursos de mecanografía o de música, por ejemplo.[493] En definitiva, les corresponde un lugar en la sociedad, como a cualquier otro individuo, y han de poder ocupar puestos de responsabilidad. Un mes más tarde, en diciembre, se publica un reportaje sobre los sordomudos y los enfermos mentales, con el mismo propósito de alentar su integración en la sociedad.[494]

Las experiencias y reformas del CENU fueron de innegable calidad, pese a las limitaciones, tanto temporales —fueron de corta duración— como de diversa índole: era imposible llenar los huecos generados por el cierre de todos los centros religiosos, y la situación de guerra no fa-

---

490/   *Ibidem.*
491/   Imma, en C. Feixas: *La ciutat llunyana..., op. cit.,* p. 42.
492/   *Combat,* n.º 122, 16.12.1936, p. 2.
493/   *Combat,* n.º 104, 25.11.1936, p. 4.
494/   *Combat,* n.º 109, 01.12.1936, p. 4.

cilitaba las cosas. Sin embargo se sabe que la Generalitat creó muchas escuelas en Cataluña. Uno de los mejores ejemplos es el de Girona, de especial interés por la participación de Antònia Adroher, junto con otras, en la creación de una Escuela Nueva regida por los últimos avances revolucionarios. Aunque el contexto histórico impidió que llegara a ponerse en marcha, el proyecto estaba totalmente diseñado, listo para funcionar. Ofrece un buen ejemplo de lo que podría haber sido la enseñanza revolucionaria preconizada por el POUM.

Impulso innovador en Girona

Desgraciadamente, aunque la consigna del CENU: «el día 1 de octubre, ni un niño sin escuela» no se pudo conseguir en España, parece que la labor de Antònia Adroher como representante del CENU consiguió que en Girona, efectivamente, no hubiera niño ni niña sin atención escolar. Para la joven, el CENU tenía que ser el organismo que permitiría a Cataluña ponerse a la vanguardia de la enseñanza en Europa.

> Teníamos la idea, difusa y tal vez tan pretenciosa como optimista, de que estaba en gran medida en nuestras manos impulsar cambios pedagógicos, políticos y sociales para situarnos al nivel de los países más avanzados de Europa.[495]

Las teorías del CENU eran encomiables, pero en la práctica siguió habiendo diferencias, sobre todo entre las ciudades y las poblaciones más pequeñas. Por ejemplo, tanto Barcelona como Girona tenían un plan de enseñanza, pero en el resto de Cataluña los ayuntamientos tenían que solicitar su inclusión en el CENU para conseguir apoyo y un nuevo plan de estudios. El 21 de octubre de 1936 se constituyó el nuevo concejo municipal con seis miembros del POUM, entre ellos Antònia Adroher, propuesta por el partido.[496] A la joven se le encomendó la concejalía de Cultura y Propaganda. En los pocos meses en que ocupó el cargo (hasta el 16 de febrero de 1937), la actuación de Antònia Adroher, a la vez concejala y representante del CENU en Girona, fue

---

495/   Archivo personal de Antònia Adroher, «Homenatge als mestres exiliats», Ajuntament de Girona, noviembre de 1995.
496/   Los otros cinco representantes del POUM en el consistorio eran Àngel Garriga, Pius Guiral, Martí Juanola, Joan Quer y Pau Planes.

notable. Si antes había sido una activista anónima, una de tantas mujeres activas en el SFPOUM o el SRI, su actuación pública y la especial atención que dedicó a la infancia le valdrían el reconocimiento general. Las cuestiones educativas tenían, para ella como para su predecesor Josep Dalmau, clara prioridad.

Renovación material

Por entonces, muchas escuelas estaban en pésimas condiciones y eran absolutamente insuficientes para albergar las niñas y niños de la ciudad. Una de las primeras actuaciones de Antònia Adroher sería incautar antiguos conventos abandonados, acondicionarlos y convertirlos en escuelas o comedores municipales.[497] A finales de 1936 ello ya es un hecho consumado, puesto que *L'Espurna* del 26 de noviembre se hace eco de la decisión del concejo municipal de dar nuevos nombres a los conventos reconvertidos en escuelas. Se reforman recintos (eliminación de tabiques, abertura de más ventanas, flores) y se adquiere material pedagógico, hasta el momento insuficiente a la vez que poco acorde a la exigencias de modernidad y a las nuevas técnicas educativas.

Los escritos del concejo que inciden en la escasez de material permiten hacerse una idea del estado «inaceptable» de ciertas aulas; pero el «prestigio de la cultura» exige igualmente incorporar nuevo material básico. El 26 de septiembre de 1936, el Ayuntamiento formaliza un pedido de material para equipar dieciséis aulas (de cuarenta y ocho alumnos aproximadamente).[498] Tras varios meses de campaña de renovación de los centros de enseñanza, el 30 de abril de 1937, la Comisión para la Cultura cifra en 23.000 pesetas su aportación para equipar la Escuela Bruguera, el Grupo Bakunin y el comedor de la escuela Giner de los Ríos: mesas, sillas, pizarras, armarios, despachos.

Comedores escolares: una prioridad

Si urge acondicionar las instalaciones para garantizar el acceso generalizado a la educación, hay una cuestión que parece todavía más acucian

---

497/ Antònia Adroher a S. Marqués, «Treball d'investigació: Antònia Adroher», Girona, 1992.
498/ Archivos municipales de Girona.

te: la necesidad de suministrar al alumnado al menos una comida al día. Entre 1934 y 1936, en toda Girona solo funcionan dos comedores, absolutamente insuficientes para alimentar a toda la población escolar. Al poco de asumir la concejalía de Cultura, el 23 noviembre de 1936, Antònia Adroher firma un documento en pro de la creación de dos comedores adicionales en Girona. Es más: se preocupa de asegurar una alimentación no solo suficiente sino también de buena calidad.[499]

El 28 de noviembre de 1936, *L'Espurna* se hace eco de la decisión y la necesidad de crear dos nuevos comedores en la ciudad. En marzo de 1937, cuando Antònia Adroher ya no ocupa la concejalía de Cultura, se abren sendos comedores en el Grupo Bakunin y en la escuela Giner de los Ríos. Así, su empeño culmina en éxito. Algunos meses más tarde se plantea un problema: si en 1937 los cuatro comedores de Girona alimentan unos 650 niños, al año siguiente atienden a 4.000 personas, entre niños y, sobre todo, refugiados.[500] La situación se complica, como recuerda Júlia Serra:

> No pasábamos del plato de sopa. Lo que había para repartir no daba para más, y se repartía lo que había. Recuerdo que me ofrecía para controlar todo lo que la gente nos enviaba, de Francia o de donde fuera [...] Se consideraba que la mejor encargada de la alimentación era la propia madre, y que era a ella a quien había que dársele. No hacía falta sermonearlas: sabían perfectamente que aquello era para las criaturas.[501]

La escuela Prat de la Riba: un sueño inacabado

La voluntad de crear una Escuela Nueva daba fe de las nuevas corrientes pedagógicas del momento; la voluntad de construirla respondía a otro tipo de consideraciones: el nuevo establecimiento ahorraría a dos grupos de niños y niñas (en total, unos cuatrocientos) el largo camino, cruzando el río Onyar, para ir a clase, y la escuela Prat de la Riba permitiría

---

499/ Antònia Adroher, nota del Concejo Municipal del 23 de noviembre de 1936. Archivos Municipales de Girona.

500/ En 1936, Cataluña acoge unos tres mil refugiados; en 1937, ya son un millón, procedentes de toda España. De las cuatro mil personas que acuden a los comedores en 1937, dos mil son menores y mil quinientas, refugiados. En: S. Marqués, R. Portell: *Els mestres de la República*. Badalona, 2006, p. 120.

501/ Júlia Serra, entrevista con C. Coignard, Toulouse, 2007.

a los alumnos del Grupo Durruti cambiar de centro, dado que el edificio de este último era, de todos, el que en peores condiciones estaba.

El proyecto arrancó a finales de 1936, con la implicación, por parte del Ayuntamiento, del propio alcalde Expèdit Duran, el concejal de Trabajo, Carles Gómez y Antònia Adroher. El arquitecto R. Giralt Casadesús recibió el encargo de dibujar los planos del edificio, que había de ocupar un solar del Carrer del Carme a la altura de Les Pedreres, y que tendría en un principio capacidad para unos seiscientos alumnos —niños normales y «anormales», como puntualiza un documento del Ayuntamiento con fecha del 18 de junio de1937—. A partir de diciembre de 1936, *L'Autonomista* publicó artículos al respecto, con planos y vistas de conjunto del proyecto de esa Escuela Nueva. Se preveían aulas para una cuarentena de alumnos cada una, distribuidas en varios bloques de cuatro plantas. Estos bloques, o pabellones, como se les llama en el proyecto, término mucho más adecuado a su uso por grupo o colectividades, habían de favorecer la vida comunitaria del alumnado, que no sería segregado por sexos. Habían de construirse cinco pabellones, reflejo de los progresos de la República en materia de arquitectura: tres para las clases, uno para la atención médica y la inspección, y un último que albergaría la biblioteca, duchas, un comedor, un gimnasio, una sala de cine, un museo, una sala de actos, así como aulas de costura y de cocina —tanto para chicas como para chicos, como puntualiza Antònia Adroher: «la educación debía ser igual para los dos sexos a todos los efectos»—. Hasta entonces prevalecían, dictados por la costumbre, los estereotipos de género; y la educación puede resultar un arma de dos filos, ya que transporta valores culturales que tanto pueden estimular la emancipación del pueblo como consolidar opiniones más arcaicas, sobre todo en cuestiones de género.

La escuela tendría también piscina propia, con dos zonas distintas —pero no para los dos sexos sino para las distintas edades— y varios refugios antiaéreos. Es fácilmente reconocible el espíritu de apertura y de libertad que inspiraba el nuevo grupo escolar. El proyecto preveía que los pabellones tuvieran grandes ventanales que ocuparían prácticamente todas las paredes exteriores, de modo a obtener el máximo de luz y ofrecer vistas sobre el entorno. En consonancia con las nuevas orientaciones pedagógicas, el proyecto de la escuela Prat de la Riba destinaba una gran superficie a zonas verdes, un estanque e incluso pequeñas parcelas de tierra para que los alumnos practicaran jardinería, cultivaran algunas verduras y estuvieran en contacto con la naturaleza; un espacio donde niñas y niños pudieran dar libre curso a la imaginación. Se contemplaba incluso la posibilidad de impartir clases al aire libre.

De acuerdo con las ideas de Ferrer i Guàrdia, la escuela Prat de la Riba concedía gran importancia a la higiene escolar. La asistencia médica ocuparía todo un pabellón, y se habilitarían espacios de higiene cotidiana; es más: el grupo escolar tendría incluso una clínica dental propia y un centro de oftalmología. No debía faltar nada en esa «pequeña ciudad escolar», como la titula *L'Autonomista* del 22 diciembre de 1937.

Esta Escuela Nueva —nueva porque había de construirse desde los cimientos y también porque pretendía romper con los modelos educativos tradicionales— no llegaría a ver la luz. Si bien se celebró la colocación de la primera piedra el 24 de julio de 1938 en presencia del presidente de la Generalitat, Lluís Companys, el cariz que tomó la guerra civil dio al traste con el proyecto. Habría que esperar hasta 1960 para que, en su lugar, se inaugurara un centro de enseñanza, el instituto Jaume Vicens Vives.

La escuela durante la guerra civil en Girona y la brecha entre deseo y realidad

El contexto de lucha armada no favorece precisamente la aplicación de ciertas decisiones, como se ha visto en el caso de la escuela Prat de la Riba, ni la continuidad como valor pedagógico. Aun así, los nuevos métodos educativos se van instaurando paso a paso. Es difícil trabajarlos sistemáticamente, sobre todo a falta de material adecuado, pero en cambio parece que tanto la coeducación como el bilingüismo se ponen en práctica sin limitaciones.

Durante la guerra civil, la enseñanza en Girona está imbuida del espíritu revolucionario, como demuestran un artículo firmado por Gracieta en *L'Espurna* del 24 de abril de 1937, «El primero de mayo en las escuelas», y los documentos municipales. El primero de mayo, Fiesta del Trabajo, se celebra con entusiasmo entre el proletariado, y la población en edad escolar no podía ser menos. Por regla general, los actos se abren entonando cánticos revolucionarios y significativos: el himno de

Riego, *La Internacional* o, también, *Els Segadors,* himno catalán referido al levantamiento popular contra Felipe IV en 1640. En el Grupo Ramón Turró, como probablemente en todas las escuelas, a los cantos sigue una explicación del significado de la Fiesta del Trabajo; luego se leen poemas referidos al trabajo o de contenido antifascista con títulos a menudo de los más expresivos: «La Fiesta del Trabajo», «La partida del miliciano», «Defensa de Cataluña», «Hijos del pueblo» o «No pasarán».

En 1936 y 1937, es prácticamente imposible dar clases normalmente. La mayoría de los maestros han partido al frente, y las maestras tienen que compaginar su profesión con otras actividades de retaguardia (Socorro Rojo, confección de ropa, actividades políticas para algunas, periodísticas para otras). Por ende, el estado físico y psicológico de los alumnos a menudo no deja espacio para el aprendizaje que se querría impartirles. La escuela pasa a ser un refugio, una posibilidad de sobrevivir incluso. Las maestras encargadas de custodiar a las niñas y niños de Girona pronto acogen miles de criaturas refugiadas, a veces huérfanas, procedentes de todas España. «No tenía nada que ver con lo que habíamos estudiado», explica Júlia Serra, pero ante una situación catastrófica había que improvisar para no desatenderlas. A los problemas cotidianos de la población catalana se suman, pues, los de los niños refugiados. Muchos de ellos llegan descalzos, sucios y hambrientos. Lo primero es darles de comer, cosa que ya es difícil de asumir. En 1937, los alimentos empiezan a escasear y hay que hacer uso de conocidos y de la generosidad de ciertas personas. La situación geográfica facilita las cosas: la ciudad todavía no ha caído en manos de las tropas del general Francisco Franco, y la frontera con Francia no queda lejos. Un conocido de Júlia Serra que trabaja en los ferrocarriles que llegan de Francia le proporciona azúcar de vez en cuando. La función de maestra muta progresivamente hacia la de consejera familiar: «Esto no es para los mayores, que podemos arreglárnoslas con otras cosas. Las criaturas sí que necesitan azúcar». Según Júlia Serra, era como impartir lecciones día sí y día también, «un tipo de lección social, moral e informativa para que los padres y madres entendieran las necesidades de los pequeños».

Queda por solucionar el problema de la higiene, no menos acuciante. Si la escuela pretende enseñar a los alumnos buenos hábitos de higiene, la situación de urgencia generada por la guerra obliga a las mujeres a hallar soluciones sin tardanza, sin siquiera disponer de tiempo para impartir tales conocimientos al alumnado. Ante el estado de los refugiados de pies descalzos y ensangrentados, cubiertos apenas por ropa sucia, ya no se trata tan solo de hallar los medios para asearlos sino también para curarlos. La mayoría de los hospitales carecen de material médico, hay que conformarse con algunas vendas y desinfectante. Sobre el terreno, la mayor preocupación no es tanto el material escolar como el sanitario. En el grupo escolar de Júlia Serra, que dispone de dos duchas, se instalan tres más para hacer frente a la situación; buena parte del jabón proviene, por cierto, del mismo ferroviario que les proporciona azúcar.

Aunque desprovista en cierto modo de su objetivo principal, que es la enseñanza, la escuela cumple un rol social. Júlia Serra se acuerda muy especialmente de los niños de Málaga, pero los había de muchas otras zonas, como por ejemplo de Madrid, que todavía resistía a los ataques fascistas. Así resulta que un chaval madrileño de 5 años, bien vestido, hijo de abogado, traba rápidamente amistad con los malagueños, con sus ropas desastradas y su mísero aspecto. En esos días, son los niños quienes toman la palabra en vez del maestro; hablan entre ellos no solo de la miseria provocada por la guerra que les rodea sino también de la pobreza en general, la que separa a ricos de pobres. De este modo y pese al conflicto armado, están aprendiendo en la medida en que descubren, en otros niños, en otras familias, modos de vida que desconocían hasta entonces.

No es posible hablar de la enseñanza sin referirse a la FETE (Federación Española de Trabajadores de la Enseñanza), a la que pertenecieron varios maestros y maestras del POUM. Tuvo un papel importante y dio apoyo a iniciativas notables como la instauración de escuelas en el frente. Mika Feldman fue el artífice de una de ellas en la región madrileña.

Movilización de la docencia y FETE

La Federación Española de Trabajadores de la Enseñanza nace en abril de 1931, fruto de la fusión de la Asociación de Profesores Racionalistas (creada en 1909) y la Asociación General de Maestros (fundada en 1912). Aun siendo un sindicato adscrito a la UGT, de ideario socialista, la FETE acoge en sus filas a militantes de distintos partidos y en particular del POUM. En Girona se constituye la sede provincial del sindicato en primavera de 1934, y el secretario gerundense no es otro que Dídac Tarradell, el compañero de Antònia Adroher.[502] Al morir este, Pius Guiral tomará el relevo. El sindicato se ocupa principalmente de las cuestiones relacionadas con la enseñanza, pero también se esfuerza en detectar y discutir los problemas que afectan al personal docente para tratar de hallar soluciones.

Según Francisco de Luis Martín, autor de varios estudios sobre la FETE,[503] si las mujeres afiliadas al sindicato no son muy numerosas hasta bien entrada la Segunda República, durante la guerra civil, cuando el cuerpo de maestros cierra filas, simbólicamente hablando, su presencia aumenta considerablemente; las hay que llegan incluso a ocupar cargos de responsabilidad. Por ende, el órgano de prensa *El Magisterio Español* incorpora la sección «Mujeres», escrita por mujeres, algunas de las cuales recalcarán su condición de aliadas indispensables para los hombres: «Hay que admitir que hasta hoy el hombre no ha entendido que la mujer no es una rival odiosa en el trabajo sino un obrero más que reduce la ración de trabajo de todo el mundo».[504]

A la hora de enseñar, no pocos docentes acusan la falta de recursos para hacer frente a según qué situaciones. Por ello, las reuniones del cuerpo docente resultan indispensables. Antònia Adroher asiste a tales sesiones y no duda en exponer las dificultades con que tropieza, y en intercambiar experiencias con otros profesionales de la enseñanza, algo tanto más valioso para quienes ejercen, como Antònia Adroher, en pequeñas poblaciones de la provincia de Girona, lejos de los centros urbanos. Según Antònia Adroher, el sindicato gerundense se reunía una o dos veces al mes, cosa que dejaba espacio suficiente para debatir largo y tendido y para exponer con regularidad distintas experiencias de las que se tenía reciente noticia. Más allá de tratar de las dificultades inmediatas, se comentaban nuevas metodologías con las que se estaba expe-

---

502/   Enric Adroher, hermano de Antònia Adroher, fue secretario nacional del Sindicato.

503/   F. DE LUIS MARTÍN: *La FETE en la Guerra Civil española 1936-1939.* Barcelona, 2002; *Magisterio y sindicalismo en Cataluña, La Federación Catalana de Trabajadores de la Enseñanza. De los orígenes a la Guerra Civil.* Barcelona, 2006.

504/   «Mujeres», *El Magisterio Español,* 15-19 de mayo de 1937, p. 350. Citado en F. DE LUIS MARTÍN: *La FETE en la Guerra Civil española 1936-1939.* Barcelona, 2002, p. 144.

rimentando: Decroly, Montessori, Freinet, Piaget... en vistas a mejorar y regenerar permanentemente la enseñanza escolar. Igual que el CENU, la FETE aspiraba a acabar con «la vieja escuela», una escuela «amorfa, insípida, incolora, sin perfil interno».[505] Como todos los organismos revolucionarios del momento, el objetivo principal del sindicato era derrotar el fascismo e instaurar una escuela donde imperaran el trabajo creativo, el contacto con la naturaleza, el ejercicio físico, el diálogo, etc., en contraposición a la escuela tradicional y dogmática basada en la memorización de conocimientos. El contexto de la guerra, como siempre, entorpece la aplicación de las decisiones tomadas, y la brecha entre teoría y práctica es inevitable, con más motivo porque el cuerpo docente, movilizado al frente en su mayor parte, se halla totalmente desarticulado. Se han cerrado muchas escuelas, y las medidas que se tomaran en su día para desplazar al profesorado confesional agravan la escasez de efectivos. La falta de hombres en el bando republicano, tanto en la retaguardia como en el frente, es evidente. Por ello se insta a algunos maestros a conciliar profesión y lucha armada, a que vayan al frente con el fusil en una mano y el libro en la otra. La FETE y el POUM consideran que defendiendo la cultura popular y combatiendo el analfabetismo se contribuye a ganar la guerra y encauzar la revolución. El sindicato instaura en 1936 un servicio llamado «Cultura del Miliciano» que propone diversas actividades a los milicianos: clases, obras de teatro, sesiones de cine, periódicos murales, sesiones de radio.

Mika Feldman toma la iniciativa de crear una escuela que franquee a los milicianos el acceso a la cultura. Se trata de una escuela rudimentaria pero suficiente para instruir a varios hombres: dos barracones para cuatro alumnos cada uno, una pizarra, y una buena cantidad de libros y cuadernos cedidos por los libreros de Madrid. Las primeras reacciones son en su mayoría pesimistas o jocosas, pero pronto la idea cuaja entre la tropa. El incentivo de obtener un permiso anima a aprender a leer en poco tiempo, y puede ocurrir que, en ausencia de maestros, los soldados con más letras lean en voz alta para sus camaradas. Para el miliciano, la principal motivación es la posibilidad de escribir a los de casa y de encontrarle una utilidad a la cultura.

505/ F. DE LUIS MARTÍN: *La FETE en la Guerra Civil española 1936-1939.* Barcelona, 2002, p. 175.

Un entusiasmo revolucionario truncado en pleno auge

Antes, las mujeres no existían más que ceñidas a estereotipos, y no tenían más identidad que el lugar que ocupaban en una sociedad androcéntrica, es decir, un estatus definido en relación al otro (al padre, al marido, a Dios); de aquí en adelante, las mujeres parecen existir por sí mismas, libres de toda tutela, ya sea conyugal, familiar, religiosa o política.

La presencia de artículos con tema femenino deja constancia de la voluntad de aportar soluciones; algunos, de contenido sobradamente explícito, llaman a considerar a las mujeres no ya como seres inferiores sino como personas de pleno derecho, dotadas de un estatus y una identidad propios, capacitadas para realizarse cuando, a decir del partido, el proceso revolucionario socialista se haya completado. Más aún, el POUM ha brindado la posibilidad a ciertas militantes —o se lo ha pedido— de colaborar en la elaboración de los periódicos. De este modo, tras vivir largo tiempo alejadas de la esfera pública, algunas mujeres irrumpen en ella adquiriendo así un nuevo estatus en la sociedad.

La prensa del partido, más allá de su función de canal para la exposición y difusión de las aspiraciones emancipatorias/emancipadoras de las mujeres, contiene tantos más datos sobre diversas iniciativas de apoyo y desarrollo de dicha emancipación: son numerosos los artículos y las noticias breves que nos informan de los combates librados por las mujeres del POUM. En este sentido, los periódicos no transmiten únicamente un discurso político e ideológico sino que también reflejan las acciones emprendidas por la militancia; en definitiva, nos invitan a distanciarnos, de algún modo, del discurso literal del periódico para intentar visualizar la realidad subyacente —la de las ciudades en plena guerra civil— y reconstruir las distintas luchas de las mujeres, ahora ya en la esfera pública, en el ámbito político, sindical, social (SRI, prostitución, infancia) o periodístico y radiofónico. De hecho, las militantes del POUM tienen dos frentes abiertos: el de la propia libertad individual, y el de los derechos de la infancia.

Los nombres de ciertas militantes del POUM aparecen de forma recurrente en nuestro estudio: esas fueron otras tantas piedras angulares de las luchas del partido durante la guerra civil, y su papel no pasó desapercibido; pero hubo muchas otras que, trabajando en el anonimato, sin duda experimentaron igualmente la auténtica emancipación. Podemos suponer que las militantes del POUM, en su mayor parte, habían adquirido para entonces un nuevo estatus: el de mujeres pero, sobre todo, el de ciudadanas. La diferencia reside quizás en el hecho de que las mujeres más activas acabaron convirtiéndose en emancipadoras al facilitar que otras mujeres, no militantes (como, por ejemplo, las prostitutas), se liberasen de la tutela que las oprimía. Esta «regeneración» puede aplicarse por extensión a la infancia que tuvo la oportunidad de desarrollarse libremente de acuerdo con los nuevos métodos progresistas de enseñanza. Pero este estado de cosas dura poco: a raíz de los Hechos de Mayo de 1937, la censura cae sobre los periódicos del POUM y los militantes del partido son perseguidos. El partido sufre una represión feroz, especialmente a partir de su ilegalización, el 15 de junio de 1937.

EL POUM EN LA CLANDESTINIDAD Y EN EL EXILIO (1937-1980)

La eliminación del POUM

En plena guerra civil, en mayo de 1937, en Barcelona se enfrentan las fuerzas anarquistas y las comunistas. El día 3, unos guardias de asalto comunistas, encabezados por Eusebio Rodríguez Salas, entran en el edificio estratégico de la Telefónica, controlado por los anarquistas. Intentan ocuparlo, pero los milicianos de la CNT replican abriendo fuego. La Telefónica, tomada por asalto el 19 de julio de 1936 por los militares sublevados, había sido reconquistada por los obreros y permitía escuchar muchas conversaciones; así las cosas, el ataque de Rodríguez Salas se interpretó como un ataque a toda la clase obrera.[506] En pocas horas, toda Barcelona está al corriente; se organizan huelgas; empresas y transportes quedan paralizados. Durante los días siguientes estallan luchas internas en el campo republicano, entre el PSUC y la CNT-FAI/ POUM, en distintos lugares de la ciudad. Joan Comorera, dirigente del PSUC, afirma en *Treball* que los anarquistas y los trotskistas son responsables de ese caos.[507] El PC francés publica en *L'Humanité* el siguiente titular: «Una tentativa de *putsch* hitleriano ha sido vencida en Barcelona».[508] En *Pravda*, el corresponsal Boris Mikhailov presenta una historia falseada de la supuesta conspiración del POUM contra la España republicana; interpreta y tergiversa los sucesos que han tenido lugar en un cuadro factual real. Afirma que los poumistas —que denomina trotskistas— han querido adueñarse de la Telefónica y que han dirigido un ultimátum al gobierno de la Generalitat exigiendo su dimisión y la disolución de las fuerzas armadas. Presenta así al POUM como

506/   P. Broué : *op. cit.*, pp. 239-240.
507/   *Treball,* 2 de junio de 1937.
508/   *L'Humanité,* 6 de mayo de 1937.

principal responsable de los enfrentamientos que tuvieron lugar en el edificio.[509]

Las militantes del POUM ya habían tenido ocasión de alertar sobre la conspiración que se iba orquestando paralelamente al desarrollo de la guerra.[510] Lois Orr, por ejemplo, señala en enero de 1937 la presencia de estalinistas en la Generalitat, que se traduce en una reducción de los autobuses del POUM y la CNT, o en problemas logísticos con los locales.[511] Un mes después denuncia la intensificación de la campaña del PSUC contra el POUM: «El POUM tiene que ser físicamente eliminado»,[512] cosa que sin duda significa que no solo apunta a la desaparición de la organización marxista disidente sino también de toda su militancia. Todo ello, como se sabe, reforzó las tensiones entre las fuerzas que defendían el bando republicano.

Los testimonios coinciden en afirmar que, cuando los comunistas no encontraban al militante del POUM que buscaban, no dudaban en llevarse como rehén a su mujer o algún miembro de su familia. Así, Maria Teresa Banús, Katia Landau o Luisa Gorkin fueron detenidas para sonsacarles el paradero de sus maridos. La primera define esta persecución como un verdadero «holocausto»[513] en que los militantes eran tratados como apestados.[514] Por ende, las falsas acusaciones no emanan únicamente del PSUC, si hay que dar crédito a la prensa poumista. En el *Independent News* se reseñan declaraciones de Margarita Nelken, que ataca calumniosamente al POUM acusándolo de ser un «agente de Franco».[515] En cambio, Federica Montseny se posiciona en defensa de los marxistas afirmando que el partido es antifascista, como también lo es la CNT-FAI, y que no tiene ninguna responsabilidad en los Hechos de Mayo, orquestados a la sombra, según la dirigente anarquista, para derribar el gobierno de Largo Caballero.[516]

509/ *Pravda*, 9 de mayo de 1937. Citado por P. Broué: *op. cit.*, p. 236.

510/ Véase en particular J. Gorkin: *Les communistes contre la révolution espagnole.* París, 1978.

511/ Lois Orr en G.-R. Hord : *op. cit.*, p. 123.

512/ *Ibidem*, p. 128.

513/ M. T. Andrade: *Una vida bien vivida, op. cit.*

514/ *Ibidem.*

515/ *Independent News*, 08.09.1937.

516/ *Independent News*, 22.11.1938.

En sus testimonios posteriores, la militancia del POUM se defenderá con vehemencia de la calificación de trotskista aduciendo que, independientemente de su valoración de la figura de Trotski, para quien profesaban una cierta simpatía, el POUM disentía radicalmente de las ideas del revolucionario ruso sobre la política que debería llevarse a cabo en España.[517]

A raíz de los Hechos de Mayo de 1937, las publicaciones del POUM son censuradas, y la cosa no acaba aquí: el propio partido es objeto de una represión feroz, especialmente después de ser declarado ilegal el 15 de junio de 1937. Pero hay que puntualizar que el POUM ya llevaba tiempo en el punto de mira: apenas empezada la guerra, las divergencias entre el POUM y el PSUC (PCE) son tan notorias que cabe pensar que vienen de lejos. Ya el 2 de agosto de 1936 *Treball* publica un artículo titulado llanamente «Elementos de discordia del movimiento obrero de Cataluña y de España»[518] que da parte de la falta de acuerdo que reina en las conversaciones entre los distintos partidos obreros en aras de una fusión de las fuerzas marxistas. Tres días después, un redactor, replicando a un artículo de *La Batalla,* ya define a los poumistas como claros «opositores» embarcados en una política «insoportable».[519] A partir de aquí, las calumnias, urdidas especialmente por el PSUC, van a más: pronto se acusa al POUM de ser trotskista e, incluso, agente encubierto de Franco. Como afirma Pierre Broué, no había trotskistas propiamente dichos en España, aunque es cierto que no pocos militantes del POUM provenían de la Izquierda Comunista, seguidora de la política de Trotski antes de la creación del POUM.[520] Durante la guerra, la mayoría de ellos se hallaban en Madrid, en las milicias de la columna Lenin, dirigida por el capitán trotskizante Santiago Martínez Vicente, que denuncia el proceso de Moscú en el periódico *El Combatiente Rojo* (diario del POUM para los milicianos, soldados y guardias antifascista editado en el frente de Madrid entre 1936 y 1937). Además, la JCI desfila ante Rosenberg (diplomático en Berlín en 1918, secretario general adjunto

---

517/ Ignacio Iglesias, en I. Lorusso: *Spagna'36.* Roma, 2009, p. 48.
518/ «Elements de discòrdia del moviment obrer de Catalunya i d'Espanya», *Treball,* 02.08.1936, p. 4.
519/ «Réplica a *La Batalla* del POUM», *Treball,* 05.08.1936, p. 4.
520/ P. Broué: *Staline et la révolution, op. cit.,* p. 166.

en la SDN, luego en París y posteriormente embajador en Madrid), gritando «Viva Trotski», lo que según Pierre Broué decidió al PCE a desencadenar la represión contra el POUM. En *Mundo Obrero* se puede leer: «Los trotskistas trabajan para el enemigo. Hay que tratar como a enemigos a estos aventureros criminales»,[521] y también: «Los trotskistas al servicio de Franco. Su lenguaje es el del fascismo».[522] Mientras, la columna Lenin es despojada de armas y municiones; el secretario de la JCI de Madrid y antiguo miembro del ICE, Jesús Blanco, es asesinado, y *El Combatiente Rojo* es censurado. El POUM, por cierto, había denunciado los primeros procesos de Moscú y las purgas estalinistas.

La militancia del POUM, por su parte, veía el PC y el PSUC como traidores y aliados tanto del capitalismo como de un gobierno que iba derecho al desastre. Las escaramuzas por escrito se intensifican a medida que pasa el tiempo, y recurren en ocasiones a la iconografía: en *L'Espurna* del 24 de diciembre de 1936 se representa al PSUC como un perro rabioso mordiéndose la cola.[523] El perro, que también puede encarnar la fidelidad, muestra aquí su lado oscuro: rabioso, dispuesto a atacar, mostrando largos colmillos afilados, con el pelaje erizado, y los ojos a punto de saltarle de las orbitas; lleva, además, sombrero, cosa que parece sugerir que el PSUC está del lado de la burguesía y el capitalismo. Finalmente, el hecho de que se muerda la cola va a la par con el pie que acompaña la imagen: «El PSUC, en su locura, llega incluso a morderse la cola. Milicianos del POUM —que en realidad son del PSUC— han retirado las armas del frente (De *Treball*)».[524] Hecho comprobado o no, el POUM afirma que el PSUC pretende atribuir a los milicianos del POUM la retirada de armas del frente cuando había sido cosa de soldados comunistas «oficiales». El objetivo es sin duda exacerbar las diferencias entre las dos tendencias políticas. De mes en mes las acusaciones se hacen más virulentas.[525] Según el POUM, los *psuquistas* no son más que lacayos de la URSS que siguen al pie de la letra las directivas de Moscú.

521/   *Mundo Obrero*, 12 de octubre de 1936. Citado por P. Broué: *Staline et la révolution, op. cit.*, p. 166.

522/   *Mundo Obrero*, 28 de diciembre de 1936. Citado por P. Broué: *Staline et la révolution, op. cit.*, p. 172.

523/   Véase *L'Espurna*, 24.12.1936.

524/   *L'Espurna*, 24.12.1936, p. 1.

525/   «La maniòbra i la inconsciència fan causa comú», *Impuls*, 28.05.1937, p. 1.

En noviembre de 1936 se crea la Junta de Defensa de Madrid, de la que el POUM queda excluido porque, a decir del dirigente socialista Manuel Albar, su presencia sería un estorbo de cara a la URSS.[526]

¿Traición de los miembros del POUM? ¿Chantaje de la URSS al gobierno español para situar en el poder a los comunistas del PC a cambio de armas?[527] Sean cuales sean las versiones, en lo tocante a la desaparición de Andreu Nin la mayoría de las opiniones coinciden en afirmar que la orden de eliminar al dirigente del POUM emanó de Moscú. Con la reciente apertura de los archivos de Moscú y la realización del documental *Operació Nikolai* han empezado a airearse nuevos datos.[528]

El POUM era un estorbo para Stalin por su auténtica posición revolucionaria y, en consecuencia, constituía un adversario que había que eliminar. Los Hechos de Mayo de 1937 y la lucha interna por la hegemonía entre CNT-FAI y POUM por un lado, y el PSUC y la UGT por el otro, fueron la excusa y el detonante para hacer extensivos a España los procesos y las purgas que tenían lugar en Moscú por las mismas fechas. El delegado de la Internacional Comunista en España, Ernst Moritsovich (también conocido como Ernst Singer, Erno Gerö o Pedro Rodríguez Sanz), que con apenas 20 años ya se había significado como ferviente partidario de la ortodoxia comunista,[529] era uno de los organizadores y consejeros del PSUC. El 22 de mayo de 1937 envía a Moscú un informe de diez páginas en el que denuncia a los responsables de lo que llama «contra-revolución» y propone medidas para eliminarlos;[530] Leva Lazarevich Feldvin, más conocido bajo el pseudónimo de

526/   Testimonio de Enrique Rodríguez, interrogado por P. Pagès: «El POUM: guerra, revolució i resistència», *L'Avenç*, 86, octubre de 1985, p. 13.

527/   Para saber más sobre la ayuda de la URSS a España durante la guerra civil, ver en particular P. Broué: *Staline et la révolution, op. cit.,* capítulo V: «La URSS se implica», pp. 89-107.

528/   Ver el documental *Operació Nikolai* de M.-D. Genovés, 1992 y el artículo «Operación Nikolai o el asesinato de Andreu Nin», M.-D. Genovés: *Història política, Societat i Cultura dels Països catalans,* Barcelona, 1998, traducido al español por Wilebaldo Solano y disponible en la web de la Fundación Andreu Nin: http://www.fundanin.org/genoves.htm (consultada el 30 de marzo de 2013).

529/   Estas informaciones fueron descubiertas durante la consulta de su biografía en los archivos de la Internacional en el Centro Ruso para la Preservación y Estudio de los Documentos de Historia Moderna.

530/   CREDHM, fondo 495, sección 10-a, legajo 222. Citado en M.-D. Genovés:

Alexander Orlov, espía ruso y miembro del NKVD, responde al informe detallando cómo proceder a la eliminación del POUM mediante una supuesta implicación en una red de espionaje fascista.[531]

El resultado es un auténtico complot contra el POUM, dirigido por Orlov, que desemboca en la detención, el 16 de junio de 1937, de Andreu Nin, los miembros del Comité Ejecutivo y militantes conocidos; detenciones que, para muchos, son una metáfora de la muerte del POUM. Según el testimonio de Otília Castellví, Nin y los miembros de la dirección del partido fueron detenidos en el domicilio de la militante, en el n.º 231 de la avenida República Argentina, donde vivía por aquel entonces una mujer suiza, Paulina Dobler; más tarde se sabría que trabajaba para los estalinistas y que fue ella quien los delató. Por esta razón se la considera, en cierta forma, responsable del asesinato de Nin.

Tal como suponía el POUM en *La Batalla,* parece ser que la intervención de la URSS en la guerra respondía a intenciones ocultas e intereses particulares.[532] El territorio español se convierte en un envite que pone de manifiesto el peligro de una nueva guerra mundial. La URSS había visto cómo menguaban sus activos internacionales; el número de países representados en la III Internacional era bastante reducido, de modo que esta había pasado a ser una especie de aparato de propaganda, espionaje y terror. Las secciones extranjeras existentes, abandonando su función de portavoz de las necesidades y exigencias del movimiento obrero, se transformaban en centros burocráticos que se limitaban a transmitir y ejecutar órdenes y consignas.

Además de esta guerra interna contra el PSUC/PCE, la militancia y el entorno del POUM se enfrentaban a las crecientes fuerzas fascistas. En España y en aquel momento, la lucha rebasaba los límites nacionales para convertirse en lucha contra el fascismo internacional; las fronteras geográficas, tanto para los extranjeros que llegaban al territorio como para la clase obrera española, ya no existían.[533] No se trataba ya de una mera guerra civil.[534] Aunque el POUM cometió errores, seguía siendo

---

«Operación Nikolai o el asesinato de Andreu Nin», *Història política, Societat i Cultura dels Països catalans,* Barcelona, 1998.

531/   SRER 7679, vol. 1. Citado en M.-D. Genovés: *op. cit.*

532/   Editorial, «Sobre la ayuda soviética a España», *La Batalla,* 14.11.36, p. 1.

533/   *Avançada,* Puig Alt-de-Ter. Sant Joan de les Abadesses, 20.01.1937.

534/   «Nuestra revolución cuenta con la adhesión del proletariado mundial», *La*

el partido con el que mejor sintonizaban aquellos militantes y simpatizantes extranjeros y, por ende, era visto como *el* partido capaz de llevar a buen puerto la unión internacional del proletariado —a diferencia del partido comunista y los republicanos—. No se trataba solo de combatir el fascismo en defensa de la República de España, sino de hacer realidad la revolución social europea, incluso mundial.

Las actas de acusación contra el fascismo ayudaron a forjar una conciencia colectiva frente al enemigo. *Avant* animaliza el fascismo aprovechando uno de sus símbolos, el águila, frecuente en la iconografía como emblema,[535] caricatura o metáfora, que tanto puede asociarse a las ideas de poder, grandeza e imperialismo como referirse a su capacidad de abalanzarse sobre su víctima con determinación y eficacia mortíferas. En esta ocasión, el águila aparece posada sobre una calavera y queda asociada a las palabras «violación», «asesinato», «saqueo» y «crimen». No se usa, pues, como sinónimo de grandeza ni magnificencia.

El reagrupamiento antifascista no fue idea exclusiva del POUM: también el PCE lo propugnaba. El posicionamiento antifascista en España, que marcó hondamente el siglo xx, ha merecido menos atención que el antifascismo italiano, por ejemplo; todavía reclama ser estudiado en profundidad, y con mayor razón desde una perspectiva de género.[536] En este sentido, Mercedes Yusta propone en sus trabajos un sesgo innovador, en particular al abordar la historia del antifascismo femenino (con la AMA) tanto durante la guerra civil como entre 1934 y 1936 y en el exilio. A su entender, la realidad de la amenaza fascista en España y en Europa, que iba en aumento desde 1933, explica que surgiera ya en 1934 una organización femenina antifascista.

Es interesante comprobar que el genérico «fascista» sirve en los pe-

---

Batalla, 06.08.1936, p. 2.

535/   El águila fue utilizada como símbolo por Napoleón. En Alemania, el águila bicéfala era el símbolo de la Confederación germánica de 1914; la monocéfala fue el del Imperio alemán de 1871 y de la República de Weimar; finalmente fue asociada a la Alemania nazi.

536/   A excepción de los trabajos de Mary Nash, como subraya M. Yusta en su artículo «La construcción de una cultura política femenina desde el antifascismo (1934-1950)», pp. 253-281, en A. Aguado, T. Ortega (dir.): *Feminismos y antifeminismos. Culturas políticas e identidades de género en la España del siglo xx.* Valencia: PUV, 2011, p. 255.

riódicos del POUM para designar al enemigo, y que se aplica explícitamente a Hitler y Mussolini, que forman junto con Franco el eje del mal; en cambio, la prensa poumista apenas hace alusión a Franco: son mucho más frecuentes las caricaturas de Hitler y Mussolini. Como afirma el historiador Niccolò Zapponi en su libro *Il fascismo nella caricatura*, al principio de la guerra no se tomaba en serio a quien acabaría siendo «el Caudillo»: «Franco ha entrado en escena. Los caricaturistas no se lo toman en serio: le creen incapaz de actuar, e incluso de pensar, sin el apoyo de sus poderosos amigos».[537] *La Vanguardia* del 23 de marzo de 1938 dibuja a Franco como una marioneta de los dirigentes italiano y alemán.[538] Así se internacionaliza, en cierto modo, el conflicto.[539] El POUM aspiraba a mucho más que cambiar el gobierno de España: había que luchar para instaurar una verdadera revolución social en el país, y también para consolidar una fuerza proletaria internacional capaz de oponerse al creciente movimiento fascista.[540]

Entrada en la clandestinidad

A mediados de 1937 el partido entra en la clandestinidad, que tras la victoria «nacional» será una clandestinidad doble, respecto al franquismo y en relación con el estalinismo; aun así, continúa actuando, fiel a uno de sus célebres eslóganes, «luchar hasta vencer o morir». Lo hará principalmente en Francia (en Toulouse y después en París) y pese a la numerosas bajas entre la militancia. Corresponde pues preguntarse sobre la actividad de las mujeres en el exilio.

Algunas militantes fueron encarceladas en España, especialmente en Barcelona —como Katia Landau, Maria Antonia Sardà, Natalia Casterlana, Carmen Llorens, Maria Teresa Andrade, Otília Castellví— pero también en Madrid, en la prisión de Las Ventas —como Emma Roca— o

---

537/ N. Zapponi: *Il fascismo nella caricatura*. Roma, 1981, p. 6.

538/ Véase F. Díaz-Plaja: «La caricatura española en la Guerra Civil», *Tiempo de Historia*, año VII, n.° 73, 01.12.1980, p. 58.

539/ Para más detalles sobre la intervención extranjera y la internacionalización del conflicto, véase C. Coignard: «Militants et sympathisants étrangers du POUM», *Pandora*, n.° 10, Université Paris-VIII, 2010, pp. 107-117.

540/ Bellostes: «El feixisme provoca», en *Avant*, 02.01.1937, p. 4.

en Lleida —como Pepita Reimundi o Pepita Albiol—. Otras corrieron la misma suerte en Francia (Antònia Adroher en Lodève) y otras, menos conocidas, lograron escabullirse. Las condiciones de vida en las cárceles eran ciertamente difíciles de soportar, tanto desde un punto de vista material como moral. Katia Landau relata los olores, las pulgas, los chinches y el hambre de la prisión en Barcelona;[541] Emma Roca recuerda que en Las Ventas de Madrid, ya en la posguerra, se obligaba a las prisioneras a ir a misa.[542] Esta obligación de rezar, combinada con el encierro, recuerda la concepción patriarcal de la sociedad, como si la prisión cumpliera la misma función que la esfera privada, doméstica, en que se confinaba a las mujeres. La cárcel apartaba las mujeres de lo público. Los lugares de reclusión podían servir de promoción y ejecución de una política ideológica específica hacia las mujeres, para ejercer sobre ellas un poder hegemónico, exacerbando los papeles tradicionalmente femeninos en la sociedad. Dicho de otro modo: en la cárcel se imponía a las mujeres tareas y acciones propias de una construcción de género que exaltaba las funciones sociales consideradas específicas de su sexo. En este sentido, el concepto de género permite subrayar la construcción social de papeles sexuados y de relaciones de poder.[543] Sin embargo, en el caso de las mujeres del POUM —como de otras muchas— la subordinación a estas prácticas que generalmente no les eran habituales entraba, además, en total contradicción con sus convicciones. Si bien en un primer momento tuvieron que plegarse a las órdenes de las guardianas de la prisión, más adelante se negaron a obedecer: «En los últimos tiempos no conseguían que nos confesáramos y que comulgáramos. Nuestra resistencia se impuso al menos en eso».[544] Se forja entonces el concepto de prisionera político-pública, que representa un modelo alternativo al que propone la sociedad; es decir, una mujer activa en el espacio político y público.

541/ K. LANDAU: *Los verdugos de la revolución española (1937-1938)*, Málaga, 2007, p. 36.

542/ E. ROCA: «El régimen de la prisión de mujeres de Ventas», *La Batalla,* n.° 73, 01.05.1948.

543/ Véase A. ZAMORA GARRAO: «La mujer como sujeto de la violencia de género durante la dictadura militar chilena: apuntes para una reflexión», *Nuevo Mundo Mundos Nuevos* [en línea], debate, puesto en línea el 13 de marzo de 2008, consultado el 20 de abril de 2013; http://nuevomundo.revues.org/27162

544/ E. ROCA: *op. cit.*

Fernando Hernández Holgado, autor de *Mujeres encarceladas en la prisión de Ventas: de la República al franquismo, 1931-1941,* estima que en esta prisión, tras un máximo de ocupación de hasta 13.000 personas, la población de reclusas se estabilizó en torno a las 7.000, número nada desdeñable.[545] Las condiciones eran las mismas para todas las mujeres, sin distinciones ideológicas: alimentación escasa y de baja calidad, suciedad, higiene deplorable, negligencia del personal, epidemias, etc. Frente a ello, las prisioneras tenían que hacer gala de resistencia y solidaridad en el interior, y establecer y conservar vínculos con el exterior.

En Barcelona[546] Otília Castellví y Katia Landau testimonian de métodos de intimidación utilizados en las checas: mentiras permanentes, pistolas en la sien, tiros al aire, corrupción; a veces, se propinaban palizas, se arrancaba cabello, dientes, o se fracturaban dedos.[547]

Las reclusas organizan comités para defenderse, reuniones para desarrollar tanto la comunicación intramuros como los contactos con el exterior. La vida carcelaria se mide al ritmo de un lance a otro. El 8 de noviembre de 1937, Katia Landau inicia una huelga de hambre para protestar por la desaparición de su marido, Kurt, del que ha dejado de tener noticias, y las demás prisionera se solidarizan con ella y se suman a su rebelión; al cabo de diez días, la checa reconoce haberlo eliminado. En otro orden de cosas, la pareja Thalmann ideó una forma de comunicarse: Clara cantaba en un dialecto suizo sus interrogatorios y su vida en la celda, proporcionando así información a su marido, Pavel, que la podía oír.[548] En las cárceles se llegaron a redactar periódicos clandestinos, empresa harto arriesgada. En el caso de la Modelo de Barcelona, Antònia Closa, compañera de Daniel Rebull, que era uno de los motores de

---

545/   F. Hernández Holgado: *Mujeres encarceladas en la prisión de Ventas: de la República al franquismo, 1931-1941.* Madrid, 2003, pp. 134-139.

546/   Para la historia de la cárcel Modelo de Barcelona, ver F. Godicheau: «Répression politique, mobilisation politique et violence dans une institution pénale: la *Cárcel Modelo* de Barcelone pendant la guerre civile espagnole», *Crime, Histoire & Sociétés / Crime, History & Societies* [en línea], vol. 8, n.° 1|2004, puesto en línea el 25 de febrero de 2009, consultado el 20 de abril de 2013, /index511.html, y P. Pagès: *La presó Model de Barcelona,* Barcelona, 1996.

547/   Publicado en un folleto ilegal de F. Politi: «Los antros del terror estalinista: la checa de Santa Úrsula (Valencia). Dos meses en la "checa" de la calle Córcega (Barcelona)», octubre de 1937, pero publicado en 1938 por el POUM en Marsella.

548/   P. y C. Thalmann: *op. cit.,* p. 177.

la organización dentro de la cárcel, se las compuso para hacer circular el material en ambas direcciones: con los artículos redactados en la cárcel que ella había escamoteado, el militante madrileño Víctor Berdejo imprimía fuera un periódico que titularon *L'Espurna,* y luego ella hacía llegar una docena de ejemplares a los reclusos.[549] Este militantismo de resistencia y supervivencia les permitió continuar existiendo aunque no fuese más que como entidad política de oposición.[550]

Algunas militantes son puestas en libertad; otras pueden salir, de una manera u otra, y con ayuda exterior; las hay que consiguen evadirse y huir cuando las tropas franquistas entran en Cataluña. A partir de ese momento, lo principal será seguir con vida y mantener el contacto entre la militancia, aunque sea en pequeños grupos. En el interior, en España, se sigue militando pero en menor grado: no es tarea fácil esquivar la presencia masiva de franquistas y de comunistas del PC. Se recurre al funcionamiento en grupos reducidos, de tres o cuatro personas como mucho, para asegurarse la máxima discreción. Así es cómo se redactan boletines y se distribuyen periódicos clandestinos. En Lleida, Pepita Reimundi recuerda que se encargó, junto con su marido, de poner en marcha un periódico que llamarían *L'Espurna* en recuerdo del que se editara durante la guerra; consiguieron sacar seis números. Cuenta Reimundi que por aquel entonces eran poco más o menos treinta militantes.[551] En Madrid, en 1946 vuelven a detener a Emma Roca por sospechosa de distribuir *La Batalla* en la capital y la condenan a cinco años más de cárcel; sin duda pesaron, ante todo, sus antecedentes políticos. De hecho, seguía en activo y en contacto con el grupo clandestino del POUM en Madrid. Maria Teresa Banús, al salir de la prisión de Valencia, establece contactos con personas influyentes o al margen del gobierno para recabar el máximo de información posible sobre el paradero de militantes presos o secuestrados.

En Francia encierran a Antònia Adroher y trescientas compañeras más, consideradas peligrosas, en un antiguo fuerte militar en Lodève,

---

549/   R. Fernández Jurado, en I. Iglesias y V. Alba (coord.): *L'aventura del militant,* Barcelona: Laertes, 1994, pp. 140-141.
550/   K. Landau: *Los verdugos de la revolución, op. cit.,* p. 38.
551/   En C. Feixa: *La ciutat llunyana. Una història oral de la joventut a Lleida (1931-1945).* Lleida, 1992, p. 141.

cerca de Montpellier; otras militantes exiliadas entran en la Resistencia francesa. Así, en 1944 Teresa Rebull se integra junto con su marido Pep al grupo FFI (Fuerzas Francesas del Interior) de la región de Regusse (Var). Su trabajo consiste en mantener la comunicación entre resistentes.

A partir de 1937 y con el inicio de la clandestinidad del POUM, es difícil considerar la militancia de las mujeres como algo homogéneo. Sin embargo, a partir de algunos ejemplos de militantes que hemos podido aislar, podríamos decir que se trataba de un tipo de militancia de resistencia o de supervivencia: ante todo era necesario no desaparecer, seguir viviendo y también intentar salvar el partido. Lo principal, en aquellos años, era mantener el contacto, en la medida de posible, tanto en el interior como en el exilio. El tejido de solidaridad en condiciones extremas, que hizo posible dar continuidad a la acción política y al estatus de militante en los inicios del difícil período de la clandestinidad, muestran el compromiso de los militantes para con sus ideales revolucionarios; un compromiso que, en la prueba de resistencia frente a regímenes represivos y gracias al sentimiento de pertenencia al grupo de quienes querían cambiar el mundo, reforzaba los vínculos entre ellos.

Llegada a tierra extranjera

El año 1937 significa una ruptura no solo en la política del POUM y, en consecuencia, en las acciones de la militancia, sino también respecto al territorio de origen. A partir de esta fecha, sobre todo en el exilio, hay que plantearse cómo continuar, o retomar, la lucha, bajo qué forma, y qué lugar ocupan las mujeres en el partido. Después de los Hechos de Mayo y de las detenciones de militantes, la situación es difícil. Muchos eligen el camino del exilio, cosa que conllevará, en cierta manera, la implosión del partido. Algunos se refugian en países fronterizos, como Francia; otros se van más lejos, a América Latina (especialmente México, Argentina o Venezuela), sin duda por compartir el idioma. El contexto de posguerra trunca las luchas en curso, dado que la militancia se halla diseminada en pequeños grupos aislados, sin medios y, sobre todo, obligados a reunirse y actuar con discreción.

Como es sabido, este exilio español, conocido bajo el nombre de *la Retirada,* desplaza a miles de refugiados. El paso de la frontera se hace bajo condiciones especialmente duras: la población está debilitada por tantos meses de combates y privaciones, los puertos de montaña están nevados, la aviación franquista bombardea las columnas de refugiados en las carreteras de Cataluña. La mayoría de los civiles y militares ha huido precipitadamente, prácticamente sin pertrechos, y llegan a Francia en la más absoluta indigencia. Dividido entre el miedo a la invasión por las hordas revolucionarias rojas y el respeto hacia los valores republicanos de ofrecer asilo y hospitalidad a los perseguidos, el gobierno del radical Edouard Daladier decide finalmente abrir la frontera el 28 de enero de 1939, pero solo a los refugiados civiles; los hombres armados tendrán que aguardar algunos días más bajo los bombardeos franquistas. Por fin, el 5 de febrero se abre la frontera para los soldados republicanos. Del 28 de enero al 13 de febrero, 475.000 personas la cruzan por distintos puntos: Cerbère, Le Perthus, Prats de Molló, Bourg-Madame, etc. A pesar del apoyo de la izquierda y de los partidarios de una actitud humanista, la Francia de 1939 está lejos de ser la república hermana de la que los españoles esperaban consuelo y apoyo: minada por la crisis económica, presa de sentimientos xenófobos, encerrada en sí misma, la sociedad francesa dispensa a los refugiados una tibia acogida. Ya antes de la Retirada, el gobierno de Daladier había promulgado varios decretos-ley, entre ellos el del 12 de noviembre de 1938, que preveía el internamiento administrativo de los extranjeros «indeseables», es decir, susceptibles de alterar el orden público y la seguridad nacional. Los españoles son los primeros en sufrir las consecuencias de esta nueva política dirigida a las poblaciones extranjeras.[552]

Tras duras experiencias en las cárceles o los campos de refugiados, la militancia del POUM se halla diseminada, en pequeños grupos, por distintos puntos de Francia o en la América hispanoparlante; en Toulouse se agrupa una treintena de poumistas. Si la familia es importante, los vínculos con los camaradas no lo son menos.[553] La dirección del partido, con militantes como Wilebaldo Solano, Josep Rodés o Igna-

---

552/   C. Coignard, M. Maugendre: «La retirada ou l'exil républicain espagnol d'après-guerre», documento temático para la CNHI, 2011. Disponible en: http://www.histoire-immigration.fr/des-dossiers-thematiques-sur-l-histoire-de-l-immigration/la-retirada-ou-l-exil-republicain-espagnol-d-apres-guerre (consultado el 23 de abril de 2013).

553/   A. Adroher en *La llavor dels somnis*. Girona, 2001, p. 12.

cio Iglesias, se instala en París; tenemos noticia de militantes afincados en otras ciudades francesas: Perpiñán, Niza, Marsella, Burdeos, Dijon, Poitiers, Limoges o Montauban. Mary Low y Juan Breá regresan a La Habana (Cuba era el país de origen de Juan), Mika Feldman vive entre París y Buenos Aires, según el momento, y otros se asientan en México, Venezuela o, incluso, Estados Unidos. Huelga decir que establecer una lista completa de todos los lugares en que hubo militantes del POUM es tarea harto difícil.

Dondequiera que van, tanto en Francia (los más) como en América, han de afrontar la desarticulación parcial del militantismo, cosa que les sitúa en un nuevo contexto y les aboca a un proceso de pérdida de identidad. El colectivo se ha disuelto o, cuando menos, dispersado, y, además de intentar gestionar todo lo referente al partido, hay que sobrevivir y conseguir reunir a la familia. Se impone, pues, redefinir criterios y puntos de referencia.

De nuevo, lo más importante para los militantes es mantener el contacto a toda costa. Nada más cruzar la frontera, muchos poumistas se reúnen en la granja La Forge, en las afueras de Prats de Molló en dirección a Canet, una suerte de punto de reunión para el POUM por el que pasaron Antònia Adroher, Otília Castellví, Teresa Rebull, Maria Teresa Banús y Juan Andrade, Pere Bonet, Gironella o Julián Gorkin.

Al llegar a Francia tras superar toda clase de dificultades, Otília Castellví es internada en el campo de Argelès. Su descripción del lugar coincide con numerosas obras publicadas sobre los campos franceses para refugiados españoles: barracones de 10 metros de largo y 4 de ancho hechos con tablones mal ensamblados, con una única puerta y sin ventanas, sin cocina, sin camastros ni mueble alguno, en que tenían que arreglárselas para vivir treinta y ocho personas. Abandonar del campo era prácticamente imposible, a menos que uno encontrara trabajo o que un pariente le reclamara. Es de este modo como Otília Castellví sale de Argelès, en calidad de «prima» de Vicenç Ballester, un militante del POUM que en aquel momento está en Dijon junto con su esposa, Emèrita Arbonès. Muchos refugiados logran salir de los campos gracias a este sistema, reuniéndose con un miembro de su familia o, también a menudo, con amigos o conocidos que se hacen pasar por parientes.

Nos interesa ante todo analizar cómo el POUM se reconstruye en nuevos espacios de acción en el exilio, y qué métodos o estrategias adopta; por ende, conviene preguntarse si las profundas mudanzas en la vida de la militancia influyeron en las relaciones de género. Perdida la guerra, los objetivos habían cambiado: se trataba ahora de recuperar y de reconstruir una identidad política, pero también una identidad personal, sin saber en realidad qué depararía el futuro. Para gran parte de la militancia, la posibilidad de volver pronto a España era una realidad objetiva. Antònia Adroher y Carmel Rosa así lo especifican cuando redactan una parte de sus memorias.[554]

Pérdida de referencias

El exilio provoca una crisis de identidad que acaba impregnando lo cotidiano y trastoca el sentido de toda acción, su coherencia, en la medida en que el proceso migratorio quiebra las reglas interiorizadas por el individuo, a quien corresponde re-aprender a funcionar en relación a nuevas normas que no conoce o no lo suficiente; ello sin olvidar las posibles huellas psicológicas dejadas por la guerra. Al querer rastrear este lastre psicológico y sus consecuencias, constatamos que, de entre las fuentes consultadas —tanto orales como escritas— que narran la represión y la dolorosa experiencia que fue la guerra, los libros tienden a centrarse en la historia política o social del individuo, como para inscribirlo en un momento determinado de la historia de una sociedad, mientras que los testimonios orales o epistolares (que, aunque escritos, se acercan mucho a la memoria oral), sin que falten las referencias a acontecimientos generales, transmiten con mucha mayor transparencia las emociones personales, como si el hecho de dirigirse directamente a alguien (que escucha o que recibirá la carta que se está escribiendo) facilitase la exteriorización de sentimientos. El ejemplo más claro es el de las cartas en francés que Mika Feldman escribe en los años cuarenta desde Argentina a sus amigos Alfred y Margarita Rosmer, refugiados en Estados Unidos. En una de ellas, fechada el 26 de enero de 1940, dice:

> Por momentos siento que mientras la vida sea el lodazal espantoso que nos asfixia, todos los esfuerzos que se puedan hacer para intentar vivir normal-

554/   A. ADROHER y C. ROSA: *op. cit.*, pp. 60 y 127-128.

mente no servirán de nada. Vivir, agarrarse a la luz, disfrutar del sol, comer todos los días, leer libros... qué deliberado, forzado se me antoja todo. En el fondo, sentimos que no vivimos sino que vegetamos, que flotamos.[555]

En otra carta añade:

Los seres que más amo están muertos o ausentes y constato este hecho extraño: vivo cada vez más lejos de los seres que me rodean y me refugio en los recuerdos, en el pasado. No llego a hacerme un hueco en la realidad. Estoy constantemente en estado de shock, herida. Seres y cosas que antes soportaba perfectamente ahora me ponen nerviosa y me exasperan hasta tal punto que he llegado a considerarme seriamente enferma de los nervios. El esfuerzo que hago para superarme me agota y acabo por encerrarme con mis libros y mis recuerdos. Vaya, que ahora mismo no valgo gran cosa. Pero espero mejorar algún día.[556]

Estas palabras contrastan con el retrato de la mujer extraordinaria, tal como aparece en su libro *Ma guerre d'Espagne à moi,* o como la definió Cipriano Mera, «una mujer valerosa», o como dijo el coronel Perea «el mejor oficial del sector, que supo mantener en su compañía una moral ejemplar». Mika Feldman muestra en sus cartas una mujer interiormente desgarrada, con pocos arrestos ante la vida, como si la experiencia de la guerra, o quizás más exactamente de la derrota, así como la muerte de su marido, la hubieran dejado sin referentes y le impidieran seguir construyéndose. Se aprecia una cierta dicotomía, como si el cuerpo siguiera envejeciendo de acuerdo con las leyes de la naturaleza mientras que el alma y el espíritu, prisioneros del pasado, le impidieran avanzar. Pese a la pérdida había que seguir adelante y hallar nuevos puntos de apoyo.

El testimonio de Maria Teresa Banús apunta en la misma dirección cuando escribe cómo el exilio la hace sentirse una marginal y le arrebata su personalidad.[557]

555/ Cartas de Mika Etchebéhère a Alfred y Margarita Rosmer, Buenos Aires, 26/01/1940 y 04/12/1940. Disponibles en los archivos del CEDIAS - Musée d'Histoire Sociale en París.
556/ *Ibidem.*
557/ M. T. García Banús: *op. cit.*

Conservar el vínculo

Reuniones clandestinas en Francia

Las reuniones, por cierto clandestinas, fueron el principal modo de mantener los vínculos entre la militancia. En varias ciudades o regiones, el POUM siguió activo, en particular integrándose parcialmente a los movimientos de la Resistencia francesa durante la Segunda Guerra Mundial. Antes de subir a París, los Rebull actuaron en Marsella asociándose a Varian Fry, director del Comité Americano de ayuda a los intelectuales emigrados que salvó a miles de judíos de la persecución nazi; entre sus camaradas había gente como Luisa Gorkin, Víctor Serge, André Breton, Max Ernst o Arthur Koestler. En la Resistencia también se apreciaban diferencias de género: las mujeres solían dedicarse, por ejemplo, a asegurar suministros o facilitar informaciones, actividades que no por parecer específicamente femeninas dejaban de ser arriesgadas.

El matrimonio Thalmann, por su lado, continúa en política aunque acusando un giro ideológico: fieles al pensamiento trotskista mientras estuvieron con el POUM, llegados a Francia rompen definitivamente con las ideas del revolucionario ruso que, a su entender, «había quedado atrapado por su pasado glorioso y por una doctrina caduca del partido que le daba una visión errónea del futuro».[558] En reuniones y debates examinan la Unión Soviética en tanto que nuevo Estado imperialista y arremeten contra la sociedad de clases. Un grupúsculo trotskista desea incluir en sus filas a Clara y Pavel Thalmann, que rechazan la propuesta pero aceptan formar algunos jóvenes en temas como las revoluciones rusa y alemana principalmente, así como la guerra civil española.[559] Fundan un grupo llamado «Unión de los Comunistas Internacionalistas» y editan con regularidad un pequeño boletín destinado a crear nuevos contactos y difundir sus ideas; también imprimen un buen número octavillas contra la guerra, en francés o en alemán, exhortando a oponerse tanto al fascismo alemán como al bolchevismo ruso, y las distribuyen formando parejas, un hombre y una mujer, por los buzones,

---

558/ P. y C. Thalmann: *op. cit.*, p. 229.
559/ *Ibidem*, p. 237.

las puertas de edificios, la entrada de los garajes, o los cines: «Clara y yo, así como la mayoría de los miembros, opinábamos que salvar vidas humanas era una actividad política como cualquier otra».[560]

A las reuniones asisten mujeres, pero para algunas, como Antònia Adroher o Maria Manonelles, el hecho de haber sido madres no se lo pone fácil. Por lo general, las reuniones de militantes —de tendencias diversas— se celebraban en sábado por no ser día laborable.

> La gente iba allí para tener relaciones con el POUM. Incluso gente de los anarquistas, los socialistas, los trotskistas franceses y tal, sabían que yendo allí nos encontraban. Aquello se convirtió en un local porque un compañero nuestro, Amadeo Robles, tuvo medios para crear una librería española en el Barrio Latino. Naturalmente le ayudamos a organizar la librería y se vendían libros españoles y fue también un sitio donde se iba porque era la librería del POUM.[561]

¿Cuáles fueron la presencia y el papel de las mujeres en aquellas reuniones? Cuando se lo pregunto a Maria Teresa Carbonell, responde que a veces mujeres y hombres formaban corros distintos porque los temas de discusión divergían según los intereses:

> Bueno, ¡esto es lo que ocurre siempre! No, pero las reuniones que se hacían, no había esta distinción. Lo que ocurre es que cuando te encuentras así varios, pues íbamos al bosque a pasear así, pues las mujeres tienen tendencia a ir con las mujeres y los hombres con los hombres, porque hay temas diferentes a discutir.[562]

Pero no quisiéramos adentrarnos en las características del militantismo femenino en el exilio sin anotar previamente que la voluntad de crear un nuevo partido se perfila ya en la posguerra y más exactamente en 1944. Hay quien apuesta por fundar el MSC (Movimiento Socialista de Cataluña), cosa difícil por el momento, puesto que en Francia existe un grupo del POUM que sigue operativo, y hay quien no desea «abandonar» así el partido, abrigando la esperanza de que el franquismo

---

560/ P. y C. Thalmann: *op. cit.,* p. 236.
561/ W. Solano a C. Coignard, en «Entrevista a Wilebaldo Solano y Maria Teresa Carbonell», Fontenay-sous-Bois, 08.01.2009.
562/ M. T. Carbonell a C. Coignard en «Entrevista a Wilebaldo Solano y Maria Teresa Carbonell», Fontenay-sous-Bois, 08.01.2009.

no durará mucho y de que será posible regresar a España y reanudar el curso normal de sus actividades personales y políticas. Aun así, el MSC nace en Toulouse el 14 de enero de 1945 con una composición de un 80% aproximadamente de militantes del POUM.[563] El MSC no es el objeto de esta obra pero es de obligada referencia por su papel relevante en la merma de efectivos del POUM. En 1949 se cuentan en Francia unos 400 o 500 militantes del POUM.

La reestructuración del POUM en el exilio no es tarea fácil. El Comité Central, que se mantiene, vuelve a estar constituido exclusivamente por hombres; desaparece el sistema de células, y el funcionamiento acaba siendo federalista, basado en grupos locales. Esto no impide que las mujeres participen en la vida del POUM, pero su marcada presencia, su primacía incluso en ciertas células locales en España y el SFPOUM no se repite en el exilio. Como dice Maria Teresa Carbonell, «era algo de la guerra».

La prensa en el exilio

Aunque la autorización para publicar *La Batalla* se obtuvo en Burdeos (en junio de 1945), más tarde el periódico se distribuirá en París. Wilebaldo Solano es uno de los militantes encargados de montar el periódico, y Maria Teresa Carbonell colabora en la confección de los títulos y lleva la maqueta a la imprenta;[564] también se encargará de la difusión de *Tribuna Socialista* (editada por el POUM a partir de 1960) en los distintos departamentos, y de enviar los paquetes y las facturas. Incluso los niños ayudaban, doblando los periódicos.[565] De nuevo, las tareas difieren según el género: los hombres se ocupan de la redacción, actividad intelectual y de reflexión, mientras que las mujeres y los niños llevan a cabo trabajos más «simples» como doblar, empaquetar, distribuir.

El diario *Emancipación*, órgano del SFPOUM durante la guerra, no supera la dura prueba de la clandestinidad; en el exilio, las militantes se quedan sin prensa propia. La publicación de referencia es *La Batalla*,

---

563/   Ver C. Rosa en *La llavor dels somnis*, pp. 112-114 y 231-238.
564/   M. T. Carbonell en «Entrevista a Wilebaldo Solano y Maria Teresa Carbonell», Fontenay-sous-Bois, 08.01.2009.
565/   Olga Balaguer, hija de Luisa Cortezón: «Y los doblábamos con Daniel [Solano]». C. Coignard: «*Entrevista a Luisa Cortezón*», Vitry-sur-Seine, 04.12.2008.

que constituirá el principal vínculo en un partido que pugna por sobrevivir.[566] El POUM es consciente de su debilidad, numérica sobre todo,
en el exilio, así como de los menguados medios de que dispone para
conservar cierta fuerza política. A título indicativo, el informe administrativo que va de enero a septiembre de 1953 contabiliza 121 carnés de
militantes retirados en este período.[567] En 1978-1979 solo quedan 34
militantes con carné del partido.[568]

En otros partidos, especialmente en el PC, sí existe una publicación puramente femenina. El boletín de la UME (Unión de Mujeres
Antifascistas), *Mujeres Antifascistas Españolas,* publicado en París entre
1946 y 1950, actuó en cierto modo como estrategia de construcción de
una nueva identidad colectiva en el exilio, compaginando la herencia
antifascista de los años treinta y la adhesión a las consignas políticas
emanadas de la dirección del partido, por un lado, y la construcción
de una identidad política femenina, por otro.[569] Aunque las mujeres
comunistas tomaron parte activa en la guerra, la línea de pensamiento
continuó siendo más bien conforme a las costumbres de la época, y en
el exilio se mantuvo la tendencia a priorizar la maternidad y las tareas
domésticas; ello no excluye que reivindiquen para sí, en sintonía con el
signo de la época, mayor participación y responsabilidades en la gestión
de la esfera pública. El periódico *Mujeres Antifascistas Españolas* se convertirá en elemento imprescindible para la actividad femenina en torno
a la UME. Para muchas exiliadas es la principal fuente de información
sobre la situación en España y su único modo de mantener el contacto con la tierra que tuvieron que dejar atrás; puede decirse que actuó
de elemento aglutinador para el colectivo femenino comunista en el
exilio. En comparación con lo que ocurre en el entorno comunista, es
asombroso que las mujeres del POUM, faltas de un órgano de prensa

---

566/   Es lo que el POUM afirmaban en *Alianza Obrera,* portavoz del comité de
enlace de los militantes del POUM en Barcelona, 1974-1977.

567/   Arxiu Nacional de Catalunya, AHF 786 9-15. La distribución de los militantes era la siguiente: Seine: 29; Gerona: 17; Toulouse: 10; Aude: 8; Tarn: 6; Bellac:
6; Marseille: 4; Pyrénées Orientales: 3; Savoie: 3; Tours: 3; Côte d'Or: 7; otros: 25.

568/   Arxiu Nacional de Catalunya, AHF 786 9-15.

569/   M. Yusta Rodrigo: «Género e identidad política femenina en el exilio. Mujeres Antifascistas Españolas (1946-1950)», *Pasado y memoria: revista de historia contemporánea,* n.º 7, 2008, p. 144.

propio, consiguieran mantener e incluso reforzar el vínculo entre las militantes. No olvidemos, además, que las mujeres de la UME eran cerca de 7.000 en el exilio (en Francia, México, Estados Unidos, África del Norte, etc.),[570] mientras que las militantes del POUM apenas llegaban al centenar.

Centros y *casals* catalanes

En Francia como en América Latina, zonas de mayor presencia del POUM, la participación de la militancia en los *casals* o centros catalanes es tan activa como nutrida, en un empeño de reconstruirse una identidad política y cultural. Como observa la historiadora Marina Franco, el discurso y las actividades en el exilio responden siempre a lógicas y estrategias de actores políticos que tienen que definirse frente a determinadas sociedades: la del país de acogida pero también la de origen[571] —en este caso la catalana— para reconstituir una nueva identidad o adaptar la anterior a las nuevas condiciones de vida.[572] Los centros catalanes, incitando al reagrupamiento, vinculan a los exiliados con su cultura y la promueven. Son elementos federativos y de cohesión, una señal de fidelidad a los ideales defendidos.

Los primeros *casals* catalanes aparecen al final de la Segunda Guerra Mundial. Con la victoria de los Aliados, los catalanes del interior depositan en sus compatriotas del exilio sus esperanzas de ver el fin el franquismo: en ellos recaerá la tarea de difundir información sobre la situación, en especial la del pueblo catalán. Este es uno de los motores del desarrollo de iniciativas políticas y culturales: la vinculación de la militancia tiene por objetivo que no se olvide la cuestión catalana y, al mismo tiempo, luchar por la caída del dictador.[573] En la posguerra, los *casals* se convierten en lugares de control político y, aunque hay dis-

---

570/   M. Yusta: *Madres Coraje contra Franco.* Madrid, 2009, p. 19.
571/   M. Franco: *El exilio. Argentinos en Francia durante la dictadura.* Buenos Aires, 2008, p. 90.
572/   M. Franco, en su libro, cita las páginas 69 y 70 de L. Grinberg y R. Grinberg: *Psicoanálisis de la migración y el exilio.* Madrid, 1984, p. 156.
573/   M. Llombart: *Les exilés catalans en France, histoire d'une résistance culturelle (1939-1959).* Université Paris-VIII, n.º 33, 2006, p. 109.

crepancias ideológicas, se esfuerzan en integrar todas las tendencias.[574] Aquí nos centraremos en el Casal de Catalunya de París, con gran presencia del POUM, y el de Caracas (Venezuela), que fue dirigido por la militante de Sabadell Maria Gispert i Coll.

El Casal de París se creó el 9 de julio de 1945 con el objetivo de «reunir a catalanes y personas originarias de tierras de lengua catalana que se sientan unidos al ideal supremo de justicia y libertad y que deseen trabajar, en la medida de sus posibilidades, en los principios y derechos patrióticos [...] El Casal orienta su actividad hacia la exaltación de las libertades nacionales».[575] El Casal, que abre sus puertas en el número 67 de la calle Condorcet, en el distrito 9 de París, cubre sus necesidades gracias a las subvenciones y a las cuotas de los miembros. En líneas generales, tiene por objetivo promover las artes, la música y la lengua catalanas, así como su enseñanza, desde la fraternidad, el respeto y la ayuda mutua. En cuanto al centro catalán de Caracas, nace el 14 de abril de 1945 con un elenco de ciento doce personas, en su mayoría exiliados políticos republicanos llegados a Venezuela después de la guerra civil. El centro es un lugar de reunión en que se ofrece ayuda en la búsqueda de empleo y se facilita información a los catalanes instalados en el país desde hace más tiempo.[576]

Una vez superados los primeros obstáculos (hallar una vivienda y un medio de supervivencia), los recién llegados intentan integrarse en espacios ya existentes o se juntan para crearlos. Estos centros, para la mayoría un modo de conservar los vínculos con la tierra que se han visto forzados a abandonar, acaban constituyendo el núcleo central de su existencia y un lugar de sociabilidad en el que proseguir la lucha contra la dictadura, cuyo fin esperan para poder regresar.[577] La ruptura con los paradigmas conocidos es dolorosa, y los *casals* tienen un efecto catártico

---

574/ *Ibidem*, p. 162.

575/ C. Rosa y A. Adroher: *op. cit.*, pp. 199-200.

576/ Véase http://www.cronicasdelaemigracion.com/articulo/cronicas/nueva-junta-directiva-centre-catal-caracas-trabaja-preservar-tradiciones/201204131324736025534.html (consultado el 30 de marzo de 2013).

577/ J.-C. Pérez Guerrero: «Franquismo e identidad en el exilio republicano en México», *Actas del IV Simposio de Historia Actual: Logroño, 17-19 de octubre de 2002* (Carlos Navajas Zubeldía, vol. 2, 2004, p. 666).

en los exiliados porque suavizan el sentimiento de desarraigo.[578] De hecho, la gran mayoría de los militantes que continuaron la lucha contra el fascismo participa, de cerca o de lejos, en los *casals*. Su presencia es necesaria para construir un discurso identitario individual y colectivo que pueda beneficiar la lucha general.[579]

Si en los primeros tiempos de la clandestinidad parecen atenuarse las diferencias sexuadas en las actividades de las y los militantes del POUM, al reconstruirse el partido las mujeres vuelven a asumir las tareas más subalternas, como veíamos en el ejemplo del plegado y la distribución de la prensa. Ahora bien: continúan militando, aunque su militancia, con el tiempo, sea por lo general de carácter más cultural que puramente político.

Actividades y acciones de las militantes del POUM

A partir de los años cuarenta, las huellas de muchas militantes que hemos podido censar se desdibujan. La información que hemos podido recabar, referente sobre todo a las más activas durante la guerra civil, muestra que pocas mantienen una militancia intensa. En la posguerra, la casi totalidad de las mujeres del POUM entró en lo que se podría llamar una militancia de solidaridad o de resistencia. Solo una, Mika Feldman, mantuvo una acción política importante firmando artículos en el periódico *Argentina Libre* de Buenos Aires, una publicación claramente antinazi.

Mika Etchébèhère o la continuidad de la lucha en el periódico *Argentina Libre* (1940-1945)

En Buenos Aires, la experiencia dolorosa que fue la guerra atormenta a Mika Feldman, y en las cartas que envía a sus amigos comunistas exiliados en Estados Unidos, Alfred y Margarita Rosmer, se la percibe

578/ J. DE HOYOS: «La formación de la identidad del refugiado: los republicanos españoles en México, discursos, prácticas y horizontes de futuro», *Laberintos: revista de estudios sobre los exilios culturales españoles,* n.° 14, 2012, p. 49.

579/ A. HIRSCHMAN: *Exit, Voice and Loyalty: Respons to Decline in Firms. Organizations and States.* Cambridge, 1976, p. 216.

como una mujer interiormente destrozada, presa de un sentimiento de impotencia ante la vida. Sin embargo, con la energía que le queda, sobrevive y escribe algunos artículos en el periódico *Argentina Libre* en los primeros años de la década de 1940.

En Argentina, el clima provocado por los sucesos de España y por el principio de la Segunda Guerra Mundial favorece la emergencia de una coalición política que, aunque heterogénea, se reagrupa en torno a un factor común: el antifascismo. En este caldo de cultivo nacen grupos como la Asociación de Intelectuales, Artistas, Periodistas y Escritores, o el Comité contra el Racismo y el Antisemitismo; el periódico *Argentina Libre*, muchos de cuyos miembros son afines a Acción Argentina (organización creada en 1940 que propugna la entrada de Argentina en la Segunda Guerra Mundial), también desempeña un papel importante.

Argentina Libre, publicado por primera vez el 7 de marzo de 1940, aspira a contrarrestar la amenaza fascista y reivindica la libertad. Su director, Octavio González Roura, contó con la participación de intelectuales y artistas de prestigio: Roberto Arlt, Rafael Alberti, Ramón Gómez de la Serna, Roger Caillois, Víctor Serge, Stefan Zweig y muchos otros. También publicó escritos de artistas ya desaparecidos, como Thomas Mann o Benito Pérez Galdós. En la redacción conviven distintas tendencias políticas unidas por su repulsa hacia los regímenes totalitarios. Al acabar la guerra civil española —y fracasar en Europa la última esperanza revolucionaria después del ascenso al poder de Hitler y de Mussolini— y estallar la Segunda Guerra Mundial, el periódico hace suya la defensa de las democracias y se esfuerza en concienciar al pueblo argentino —entre otros— de la amenaza fascista que se está instalando en Europa, razón por la que urge apoyar como sea las democracias en guerra.[580] Aunque Francia e Inglaterra se declararon neutrales durante la guerra civil española, muchos exiliados políticos las respaldan para combatir el fascismo. Mika Feldman, en una de sus cartas a sus amigos trotskistas Margarita y Alfred Rosmer, refugiados en Estados Unidos, escribe que el periódico *Argentina Libre* «es uno de los más serios de Buenos Aires. Lo único que se le puede reprochar es el ser anglófilo» (02.03.1941), comentario que deja traslucir sin duda un cierto rencor por el posicionamiento de Inglaterra entre 1936 y 1939.

580/   Editorial, *Argentina Libre,* n.º 1, 07.03.1940, p. 1.

Nos fijaremos principalmente en la primera época de publicación, de 1940 a 1945 (el periódico sufrió varias intervenciones por parte de la censura, cambiando incluso de nombre: *Argentina Libre, Antinazi* y de nuevo *Argentina Libre*). De esa primera época, que cubre cinco años, hemos podido analizar ciento sesenta y dos números y hemos encontrado veintidós artículos firmados por Feldman, lo que arroja una proporción de un artículo cada siete números aproximadamente.

Cierto es que Mika los escribe ante todo para ganarse el pan, tal como afirma en sus cartas, en las que el dinero y las dificultades para sobrevivir son motivos recurrentes, como en este ejemplo del 26 de enero de 1940: «El precio que pagan no es fantástico, más o menos siete dólares por artículo de extensión variable a voluntad. [...] Y puedes escoger los temas con total libertad»; o en este otro, de octubre del mismo año: «También hemos tenido noticias de Víctor Serge. Pide que le consigamos una colaboración en un periódico de aquí, algo casi imposible teniendo en cuenta la extraordinaria cantidad de estrellas literarias que hay en el mercado argentino». Recuerda a su amigo la posibilidad de escribir en un periódico italiano, cosa que le iría muy bien ya que pagan diez dólares por artículo, mucho más que en Buenos Aires. Así pues, si escribe es, entre otras razones, por necesidad económica; pero el hecho de que los periódicos en los que escribían los exiliados estuvieran muy politizados y en consonancia con sus ideas constituye un factor nada desdeñable.

A grandes rasgos, los artículos firmados por Feldman son mayoritariamente de cariz político y se centran en el tema del fascismo y todo lo que está en juego en la Segunda Guerra Mundial.

Visión dicotómica del Bien y el Mal

Esta lógica binaria es clásica en los contextos de guerra. Ya la observábamos en las publicaciones del POUM durante la guerra civil,[581] con la oposición del POUM/CNT/FAI frente a las tropas franquistas (el Mal), y habíamos perfilado cómo este esquema puede incorporar un tercer elemento: la figura del traidor, el PSUC-PCE.

581/ Véase C. Coignard: «Presse et propagande pendant la guerre civile espagnole: la participation des femmes du POUM à la guerre des idées (1936-1937)», en *El Argonauta Español*, n.º 7, 2010, http://argonauta.imageson.org/document141.html

Como afirma Marie-Anne Matard Bonucci, investigadora especializada en Italia, esta construcción del enemigo —por medio de imágenes, discursos o consignas— es con frecuencia fundamental para la propia existencia: es evidente que para poder declararse «antifascista» se necesita definir al «fascista». En esta relación de antagonismo, la existencia del enemigo, del «anti», ayuda a construir proyectos, acciones y propaganda que proporcionan referentes a quienes se identifican con un cierto tipo de discurso. Existe, pues, una relación dialéctica entre la construcción y descripción del enemigo y el propio posicionamiento.[582] Disponer de un enemigo sirve para definir una identidad, en este caso la antifascista, y para medir el sistema de valores propio de determinada ideología. En la realidad esta oposición Bien/Mal es más compleja y va más allá de la clasificación de situaciones o personas según la lógica dicotómica, pero esta no deja de ser moneda corriente, especialmente en tiempo de guerra. La figura más profusamente descrita por Feldman en sus artículos es Adolf Hitler, a su entender un hombre manipulador y tiránico; el carácter calculador del dictador alemán le proporciona el epígrafe de diferentes artículos. Por ejemplo, lo pinta controlando al detalle la parte del pueblo que le apoya sin importarle tanto el contenido como la forma de su discurso. Según la militante, para el demagogo que es Hitler «las ideas no son lo fundamental cuando se habla a las masas; lo fundamental es la manera de hablar»;[583] y, para demostrarlo, transcribirá parcialmente las palabras del propio Hitler demostrando que él mismo se definía como manipulador y que, en cierto modo, expresaba un cierto desprecio hacia las mismas masas que le apoyaban.[584] Es más: la caracterización de Hitler va hasta insinuar que el control que ejerce sobre el pueblo se hace extensivo incluso a algunos de sus homólogos, como Franco o Philippe Pétain (véase el artículo «Resistencia pasiva y creciente hostilidad» en *Argentina Libre,* n.º 50, 20.02.1941), una idea que ya transportaban antes de la Guerra Mundial, al menos en forma embrionaria, los periódicos del POUM —*La Vanguardia* del

---

582/   M-.Matard-Bonucci, seminario ERESCEC, Colegio de España, 24 de mayo de 2013.

583/   M. Etchebéhère: «En el aniversario del Putsch de Munich», *Argentina Libre,* n.º 126, 12.11.1942.

584/   M. Etchebéhère: «Resistencia pasiva y creciente hostilidad», *Argentina Libre,* n.º 50, 20.02.1941.

23 de marzo de 1938 dibuja a Franco como una marioneta de Hitler y Mussolini—. En cierto modo, atacando a Hitler, Feldman denuncia también la «colaboración» de quienes pecan de crédulos; arremete contra los dictadores y manipuladores pero también, por extensión, contra el pueblo ingenuo y cándido —cuando no aterrorizado—, falto de sentido crítico y valentía, incapaz de oponer resistencia al poder: «Es extraordinaria la dosis de credulidad que yace en el fondo de todos los humanos».[585] La amargura que destila esta afirmación surge de la derrota sufrida en la guerra civil, en que parte del pueblo fue arrastrado y adoctrinado por Franco. Y Feldman continúa: ya es hora de que el pueblo tome conciencia de que nadie más que él puede decidir sobre su destino; es hora de mostrar valor y asumir el compromiso, tal como hiciera y sigue haciendo ella misma al alinearse con los que se oponen al fascismo.

Para consolidar la imagen del enemigo, más allá de sumarse a la propaganda abonando ciertas ideas, verídicas o no, hay que saber observar y analizar con todo detalle su forma de actuar. Del mismo modo que los eslóganes y consignas lanzados por los nazis en sus desfiles no se decidían al buen tuntún sino que se elaboraban tanto para afirmar su postura como para crear una determinada imagen, el que Feldman decida transcribirlos también es una opción deliberada: se trata de airear todo detalle susceptible de nutrir la caracterización negativa del adversario.[586]

Hay en sus artículos un elemento recurrente muy propio de la dicotomía del Bien y el Mal: la victimización del pueblo y la «barbarización» del enemigo. La oposición es clara: por un lado, el pueblo, provisto de sentimientos y de razón; por otro, el fascismo, sinónimo de oscurantismo e insensibilidad. Los hombres de Hitler se describen como «hombres de hierro», con «caras sombrías», «pechos vacíos» y «ojos de niebla». El fascismo encarna el Mal en todo su esplendor y destruye, de modo gratuito y sin remordimientos, cualquier forma de resistencia.[587] El motivo de la sangre, en los escritos de Feldman, es igualmente dual: vertida invariablemente por el pueblo, que está dispuesto a morir por su

---

585/ *Ibidem.*
586/ *Ibidem.*
587/ M. Etchebéhère: «¡Honor al Heroico Pueblo de Francia!», *Argentina Libre,* n.° 129, 03.12.1942.

patria y sus ideas, quien la derrama es el enemigo, que inflige las heridas y siembra la muerte. Así, cuando la autora se refiere al «puño ensangrentado»[588] del nazismo debemos interpretar que la mano del enemigo está teñida con la sangre de su víctima, es decir del pueblo.

El ejemplo revolucionario francés

En sus artículos, Feldman es propensa a poner como ejemplo al pueblo español durante la guerra civil, o a los franceses revolucionarios del siglo xix (que no del xviii).

En el primer caso, son frecuentes las referencias a Madrid. Recordemos que ella en persona dirigió la columna motorizada del POUM en la zona de Sigüenza, a 150 kilómetros de la capital. Madrid, símbolo de la resistencia del pueblo español frente al enemigo fascista, merecería servir de ejemplo para el París ocupado por los alemanes y para su gobierno, especialmente para el general Laval y el mariscal Pétain, que colaboran con el ocupante.[589] La militante exhorta el pueblo francés a rechazar el invasor alemán, aun a riesgo de sus vidas, tal como combatieran los españoles. Madrid, ejemplo para la Península Ibérica, se convierte en símbolo revolucionario mundial.[590]

El ejemplo revolucionario francés del siglo xix también es indefectible: ya durante la guerra civil española fue un referente para algunos grupos políticos de izquierdas, como el POUM. El episodio de la Comuna de 1871 es el más citado por buen número de plumas,[591] empezando por la de Trotski, que en sus escritos la tipifica como primer gobierno obrero de la historia.[592] Los comunistas del PC también la sacan a relucir en sus discursos, estableciendo un hilo histórico que va de la Comuna a octubre de 1934, pasando por la Revolución rusa de 1917.

Otro motivo emparentado con este consiste en invocar el valor del

---

588/   M. ETCHEBÉHÈRE: «Carnaval», *Argentina Libre,* n.° 141, 11.03.1943.

589/   M. ETCHEBÉHÈRE: «¿París o Vichy? Pétain puede todavía salvar su prestigio», *Argentina Libre,* n.° 49, 13.02.1941.

590/   M. ETCHEBÉHÈRE: «Resistencia pasiva y creciente hostilidad», *Argentina Libre,* n.° 50, 20.02.1941.

591/   M. ETCHEBÉHÈRE: «París revive ahora su tradicional heroísmo», *Argentina Libre,* n.° 77, 28.08.1941; «París heroico», *Argentina Libre,* n.° 115, 04.07.1942.

592/   Véase TROTSKI: «Les leçons de la Commune», febrero de 1921.

pueblo francés en las dos revoluciones anteriores en París —la Revolución de Julio (las Tres Gloriosas), en 1830, y la sublevación de febrero de 1848— y compararlo con el ánimo del bando republicano durante la guerra civil española. El honor del pueblo reside en su abnegación a la patria, en su disposición a sacrificarse y morir para salvar su país.[593] Es indudable el amor de Feldman hacia Francia —y cuanto para ella representa—, en cuya defensa volcó toda su capacidad de compromiso y todo su empeño en combatir el fascismo; tanto es así que sería en Francia, cerca de París, donde se instalaría en el ocaso de su vida.[594]

La propensión a referirse a Francia responde tal vez a que, aun considerando las revoluciones fallidas como la que conoció Feldman en España, «la izquierda está empapada de historia, y lo está porque esa historia la halaga: la invención de la democracia en 1789, la instauración de la república laica, la conquista de las libertades, de la igualdad y de la solidaridad [...], la emancipación de los obreros en el movimiento socialista y sindicalista [...]. Si soslaya las malas épocas y las malas decisiones, la izquierda puede sentir que la historia la lleva a hombros, y puede sentirse creadora de historia, una historia que arranca con la autoproclamación de la Asamblea Nacional del 17 de junio y el juramento del Jeu de Paume del 20 de junio de 1789». Se trata, siempre según las palabras de Michel Winock, de una especie de «nostalgia de la utopía revolucionaria»,[595] aunque para los militantes no fuera una utopía sino la pura realidad.

Combatir el fascismo

En su faceta de articulista, Mika Feldman se mantiene fiel a su compromiso y persigue un objetivo claro: espolear el espíritu revolucionario para combatir el fascismo, entonces en plena pujanza, y todas las demás doctrinas políticas que asfixian las libertades del pueblo, como el

---

593/ «París heroico», *Argentina Libre,* n.º 115, 04.07.1942.
594/ M. ETCHEBÉHÈRE: «¡Honor al Heroico Pueblo de Francia!», *Argentina Libre,* n.º 129, 03.12.1942.
595/ M. WINOCK: «La nostalgie révolutionnaire» [debate, 13 de junio de 2012. Disponible en: http://www.lesgrandsdebats.fr/Debats/La-gauche-est-elle-prisonniere-de-son-histoire/La-nostalgie-revolutionnaire (consultado el 29 de mayo de 2013)].

falangismo o el nacionalismo;[596] para ello recurre a ejemplos históricos encaminados a desvelar el alcance real de ciertas ideologías y, en particular, del nazismo, contemporáneo a sus escritos. Denuncia que el régimen nazi defina la mujer, tal como hiciera y hará el franquismo, como «reina del hogar», «mujer generadora de héroes», «proletaria de segunda clase» o «mano de obra barata»,[597] y que la relegue a «las 3 kas»: *Kinder, Kirche, Küche* (niños, iglesia, cocina). La propaganda hitleriana propugnaba que las mujeres debían contribuir a construir una gran Alemania engendrando muchos hijos, el futuro de la raza nazi.

Feldman no duda en reproducir casos que considera absurdos y alejados de la realidad, como un problema de matemáticas para escolares de 10 a 12 años,[598] y retrata episodios y personas relevantes de regímenes dictatoriales que ilustran la crueldad con que actúan militares y políticos. Dedica un artículo al tristemente famoso Vidkun Quislin, que colaboró con los nazis durante la Segunda Guerra Mundial y no vaciló en emplear las armas para sofocar la resistencia del pueblo noruego e instaurar un régimen represivo.[599]

Hay casos en que la mera fecha de publicación del artículo ya propone el tema: el 16 de julio de 1942, nos habla de Madrid y del comienzo de la guerra civil;[600] el 5 de noviembre de 1942, de la Marcha sobre Roma de Mussolini (acaecida el 28 de octubre de 1922)[601] El 12 del mismo mes, su artículo se titula «En el aniversario del putsch de Munich»[602] o «de la Cervecería» del 8 de noviembre de 1923 con el cual Hitler, que ya era dirigente del NSDAP, intentó forzar su llegada al poder; fue arrestado y juzgado, y aprovechó los catorce meses de condena

---

596/   M. Etchebéhère: «Con el oro de los plutócratas», *Argentina Libre,* n.º 46, 23.01.1941.

597/   M. Etchebéhère: «Las madres en el régimen nazi», *Argentina Libre,* n.º 52, 06.03.1941.

598/   Ejercicio 44 sacado de un libro de Karl Pielche y que aparece en el artículo «Las madres en el régimen nazi», *Argentina Libre,* n.º 52, 06.03.1941.

599/   M. Etchebéhère: «Quisling», *Argentina Libre,* n.º 57, 10.04.1941.

600/   M. Etchebéhère: «Madrid, 18 de julio de 1936», *Argentina Libre,* n.º 121, 16.07.1942.

601/   M. Etchebéhère: «Cómo nacen los gobiernos totalitarios», *Argentina Libre,* n.º 125, 05.11.1942.

602/   M. Etchebéhère: «En el aniversario del putsch de Munich», *Argentina Libre,* n.º 126, 12.11.1942.

en Landberg para redactar *Mein Kampf.* Se trata, pues, de las tres fechas clave en la construcción y la evolución del fascismo.

El dibujo que ilustra el artículo sobre Mussolini representa unos soldados armados con puñales, dispuestos a matar, de los que no distinguimos el rostro, como si no fueran humanos y estuvieran desprovistos de sentimientos: el soldado ha mutado en máquina; frente a ellos, un busto colosal de Mussolini coronado de laureles, el atributo triunfal de los emperadores romanos, cuyo poder absoluto era, ante todo, militar.

En su primer artículo sobre Italia, Feldman relata el caso del general Aníbal Bergonzoli y el episodio de Bardia, un frente de guerra en Libia comandado por el militar, y aprovecha para recordar que este mismo oficial y sus tropa se habían enfrentado con anterioridad, en la España de la guerra civil —en Brihuega (Castilla) el 10 de marzo de 1937—, a los italianos de las Brigadas Internacionales. Aunque Bergonzoli hubo de ordenar la retirada, se le alabó por haber evitado así la masacre de sus hombres.[603]

Finalmente, Feldman firma también algunos artículos de temas diversos, siempre dentro de la intención política y de denuncia, como la situación de los niños de la calle en Buenos Aires,[604] el rumbo del partido argentino UCR (Unión Cívica Radical) hacia las democracias,[605] un reportaje sobre una pareja francesa antinazi obligada a exiliarse,[606] o la respuesta a un religioso ofendido de que se rumoreara que había visitado un rabino.[607]

Justo cuando la contienda europea empieza a decidirse a favor de los Aliados, en Argentina triunfa el golpe de Estado militar del 4 de junio de 1943; se prohíben grupos y publicaciones antifascistas, entre ellos *Argentina Libre,* que dejará de aparecer el 15 de julio de 1943. Su reaparición, el 7 de diciembre de 1944, será corta: el quinto número, del 4 de enero de 1945, será el último. Mika Feldman ya no participó

603/ M. Etchebéhère: «El maletín de Bergonzoli», *Argentina Libre,* n.º 45, 16.01.1941.

604/ M. Etchebéhère: «Niños en la calle», *Argentina Libre,* n.º 53, 13.03.1941.

605/ M. Etchebéhère: «La UCR movilizará a las masas populares», *Argentina Libre,* n.º 62, 15.05.1941.

606/ M. Etchebéhère: «De Lisboa a Buenos Aires», *Argentina Libre,* n.º 72, 24.07.1941.

607/ M. Etchebéhère: «íes», *Argentina Libre,* n.º 64, 29.05.1941.

en las siguientes épocas de la publicación puesto que para entonces ya se había instalado definitivamente en Francia.

Desde la perspectiva de género, cabe destacar que los artículos de Feldman no emprenden la defensa específica de la situación de la mujer. La lucha antifascista pasa ante todo lo demás, tal era la consigna general del POUM durante la guerra. Si se erradican las discriminaciones y las diferencias de clase, el fascismo y los regímenes dictatoriales, la discriminación femenina también desaparecerá.

Hay que tener en cuenta el posible efecto catalizador de la guerra civil española sobre el ánimo de las mujeres. Cierto es que, en las décadas anteriores al conflicto, las reivindicaciones femeninas se habían hecho más audibles y, en 1931, la Segunda República había obrado indudables progresos; añadamos a ello que los contextos bélicos, con la consiguiente pérdida de control del poder, favorecen la acción espontánea, intensificada, incluso revolucionaria. La voluntad de cambiar la sociedad española, aspiración que para el POUM iba a la par con la lucha armada, ya no es tan manifiesta a partir de los años cuarenta. Tras la derrota frente al franquismo, y con el auge del fascismo en Europa, se impone pensar en términos de defensa: hay que combatir el fascismo, apoyar las fuerzas aliadas durante la Segunda Guerra Mundial y reorganizar el movimiento obrero antes de poder pensar en una verdadera revolución social. En consecuencia, la identidad y el compromiso antifascistas parecen estar por encima de la identidad y el compromiso feministas.

Actividad en los *casals* o centros catalanes

Los *casals* o centros catalanes organizaron muchas actividades de todo tipo: exposiciones, conferencias, cursos de idiomas, préstamo de libros, excursiones campestres a Éragny sur Oise, Fontaine Sainte-Marie, Orly, Melun o Esbly.

Desde principios de los años cincuenta, Teresa Rebull y su hermana Susana (entonces conocidas por su apellido de solteras, Soler) participan en distintos actos culturales como el Festival Artístico, el 31 de diciembre de 1950, el Festival de Germanor Catalana, el 16 de diciembre de 1951, o la Fiesta de la Primavera, el 12 de abril de 1952; Rebull, que formaba parte del comité organizador de las fiestas, también podía actuar como presentadora de actos, como en la *Revetlla de Sant Joan i de Sant Pere* de 1958 o la *Festa de Germanor* del 14 de febrero de 1959 —sin duda con mucha soltura y originalidad, puesto que se la llegó a calificar de «estrella local»—[608] y continuó participando activamente en los años siguientes.[609] También actuó en obras de teatro como *La mare enamorada* (1949), de Alfons Roure, o *L'hostal de la Glòria* (1931) de Josep Maria de Sagarra, una crítica de los vicios humanos, encarnados por los distintos personajes de la obra. Ambos autores se cuentan entre los más populares y queridos por los catalanes: Alfons Roure i Brugulat (Barcelona, 1889-1962) era un escritor de sainetes y zarzuelas; Josep Maria de Sagarra (Barcelona, 1894-1961), de merecida fama, fue una figura capital del renacimiento de la literatura catalana hasta el final del franquismo.[610] Tales representaciones eran una forma de reivindicar no solo la cultura catalana sino también, y sobre todo, su derecho a existir; en España, bajo el régimen franquista, no podía ni soñarse con llevarlas a escena, y ello hace más significativa su aparición en la programación de los *casals*. Era un modo de afirmar la propia catalanidad, de oponerse a las políticas opresivas y de reforzar los vínculos. Por los mismos años, *Caliu* (boletín interno del Casal de París) anunciaba que uno de los objetivos de la asociación era «asegurar que Cataluña, a pesar de la opresión interior [en España], continúa viviendo».[611]

El discurso catalanista se nutría también de conferencias, como la de Pierre Vilar el 27 de marzo de 1952, sobre las «Originalidades de la historia social catalana» o, en febrero de 1961, la de Francesc Farreras, en torno al anhelo de la juventud catalana por forjar un futuro para su país a pesar de la represión y la persecución franquistas.

La militancia del POUM participaba en su mayoría en las activida-

---

608/   *Caliu, Butlletí d'informació interior,* mayo de 1959.

609/   Ver contenidos de las cajas 35 y 36, «Casal de Catalunya de París», Arxiu de la Corona d'Aragó, Barcelona.

610/   Puede comprobarse el interés de la obra de Josep Maria de Sagarra en la emisión de TVE del 22 de junio de 1976 (en una realización de Jaume Picas. Ver http://www.rtve.es/alacarta/videos/arxiu/arxiu-tve-catalunya-lletres-catalanes-lhostal-gloria/1427801/), o en la de TV3 Catalunya en 1992 (realizada por Josep Montanyès y Jordi Roure). Recientemente ha sido llevada a escena por la compañía de teatro La Corriola Teatre, en La Pobla de Mafumet (Tarragona), en febrero de 2007.

611/   *Caliu,* octubre de 1957.

des del Casal. En París, Antònia Adroher formó parte de la dirección (de 1960 a 1977) y organizó algunos eventos como la Feria del Libro, en 1968, que tuvo invitados de prestigio como Maria Aurèlia Capmany, Josep M. Castellet, Jaume Vidal Alcover o Teresa Rebull.[612] A partir de 1974 Adroher fue también la bibliotecaria del Casal, y en 1977 entró en el consejo de redacción de la revista *Caliu* y en la comisión de cultura, sin dejar por ello su puesto de bibliotecaria.

La gente del POUM en el exilio siguió cultivando el espíritu militante y solidario, como demuestra un hecho que nos relatara Maria Teresa Carbonell: los socios del Casal de Catalunya se dedicaron a reunir cuadros de pintores barceloneses, como Antoni Tàpies o Albert Casamada, de cuya venta saldrían fondos para los camaradas presos en España.[613]

Maria Gispert dirigió el Centre Català de Caracas, punto de reunión, entre otros, de muchos militantes del POUM. Su programa de actividades no era menos variado que el de París:

> El Centre Català era naturalmente el lugar de reunión de los exiliados catalanes en Venezuela, especialmente de los poumistas. Estaba en una gran villa situada en la parte oriental de Caracas. Mis padres y yo íbamos casi cada domingo allí a comer. Había un jardín grande en el que los niños podíamos jugar, y por las noches se hacía cine al aire libre. Tenía una biblioteca considerable. Y a menudo se ofrecían conferencias políticas o culturales. También se organizaban obras de teatro en catalán. Se editaba regularmente un boletín. La mayoría de los miembros del Centre Català (en mi época) eran exiliados políticos y por lo tanto claramente antifascistas [...].[614]

También en Venezuela las actividades procuran difundir la cultura catalana y alimentar el espíritu revolucionario de los asociados. Gispert recuerda haber participado en los Juegos Florales, por los que siente un apego especial, y en buen número de actos conmemorativos en fechas señaladas, como el 14 de abril, aniversario de la proclamación de la Segunda República, el 11 de septiembre, fiesta nacional de Cataluña, o el 15 de octubre, aniversario de la ejecución de Lluís Companys. La militante, que fuera directora y redactora durante la guerra civil del pe-

---

612/ C. Rosa y A. Adroher: *op. cit.*, p. 186.
613/ Entrevista con M. Teresa Carbonell, Fontenay-sous-Bois, 08.01.2009.
614/ Linus Moulines en un correo electrónico a Cindy Coignard, 05.03.2013.

riódico *Impuls* de Sabadell, se hace cargo del boletín del centro, *Senyera*, y participa en el boletín radiofónico «L'hora catalana».

En definitiva, el sentir de la militancia, que pretende mantener la llama de su lucha y salvaguardar sus referentes nacionales mediante las actividades político-culturales, asocia cultura catalana y resistencia antifascista. El exilio modifica inexorablemente los discursos, tanto más si, además de adaptarse a un nuevo contexto espacial y temporal, han de desenvolverse, como en el caso del POUM, en la ilegalidad. Aquí nos interesa dilucidar si, en esas nuevas posturas, existió un tipo de militancia propiamente femenino, y qué fue de los planteamientos feministas en el partido.

Militancia cultural

Es pues principalmente en el plano cultural donde puede articularse el esfuerzo por conservar los lazos entre la militancia, por lo que celebraciones, reuniones, congresos o conmemoraciones pasan a simbolizar la continuidad de la lucha, con el respaldo de una prensa que contribuye a cohesionar a la vez que divulga información política. Como ya hemos apuntado, los temas que mejor propician esa voluntad de no perder el vínculo son el antifascismo y la defensa de la cultura, especialmente la catalana.

Un ejemplo de renovación en la militancia: Teresa Rebull

En Francia (y a partir de 1947 en París) Teresa Rebull asiste a reuniones clandestinas del POUM, entra en la Resistencia, colabora con el maquis y lucha contra el nazismo; no es hasta mucho más tarde, a los 50 años de edad, cuando abrazará la actividad que la dio a conocer: la canción. La elección de esta forma de expresión artística contrasta con la de la mayoría de la militancia en el exilio, que opta por continuar la lucha política clandestina asistiendo a reuniones y mítines, o en ámbitos como la prensa o la literatura. Tal giro, sin ser incongruente —puesto que el canto es una de las formas más inmediatas de expresión de una cultura—, sorprende por producirse al cabo de treinta años de exilio.

Teresa Rebull participó activamente en las actividades de aquel Casal de Catalunya en París tan volcado en hacer revivir un ambiente catalán y mitigar la añoranza de los exiliados catalanes en Francia a la par que crear un enclave de salvaguarda de la propia cultura.[615]

En el marco de la *Festa del llibre* de 1968, el Casal programa un recital de canción. No es un año cualquiera: en España se suceden las movilizaciones estudiantiles contra el gobierno, y una serie de artistas se solidarizan con ellas, como el cantante Raimon, uno de los representantes más significativos de la Nova Cançó. Su actuación despierta la vocación artística de Teresa Rebull, que recobrará, por el derrotero de los sentimientos, su espíritu revolucionario y las ganas de luchar activamente.[616]

Ya apuntábamos el carácter universal del canto, «uno de los medios de comunicación popular más generalizado» en palabras del crítico y periodista Jordi García Soler, cuya actividad profesional giró durante doce años en torno a la canción catalana.[617] Para Rebull, la canción es el instrumento, el arma incluso, con que defenderá su lengua, «pisoteada, maltratada y prohibida por el régimen de Franco».[618] Es posible que, si el dictador no se hubiera mantenido en el poder, Rebull no habría optado por este tipo de compromiso; pero, como ella misma dice, incluso en el exilio había que actuar y reaccionar, y «porque el grito de Raimon me emocionó, cogí la guitarra de mis hijos y, con los pocos acordes que sabía, me puse a decir "no" a mi manera».[619] La sociedad había ido evolucionando y el cambio generacional propició una apertura y una mayor permeabilidad hacia los fenómenos culturales: «En la Cataluña del Sur cantábamos las urgencias que imponía la dictadura; en aquel tiempo la profesionalidad no estaba en la orden del día».[620]

Teresa Rebull se incorpora pues a la corriente de la Nova Cançó Catalana, un movimiento musical en el que predomina la canción de denuncia política, contestación y reivindicación nacionalista, y que,

---

615/   T. Rebull: *En chantant.* Baixas, 2005 (traducción de André Vinas del libro *Tot cantant.* Barcelona: Columna, 1999), p. 159.

616/   T. Rebull: *op. cit.,* pp. 171-172.

617/   J. García Soler: *La nova cançó,* Barcelona, 1976, p. 11.

618/   T. Rebull: *op. cit.,* p. 175.

619/   T. Rebull: *op. cit.,* p. 172.

620/   T. Rebull en el folleto del doble CD «Teresa Rebull, Cançons 1969-1992», Nord-Sud music, Pyrénées Orientales, 2004.

cantando en lengua catalana, expresa los anhelos de recuperar y rea-firmar una lengua y una cultura. El catalizador es el artículo de Lluís Serrahima «Ens calen cançons d'ara» (Necesitamos canciones de ahora) publicado en *Germinabit* en 1959: en él, el autor apela a los músicos catalanes para que, aun en una época difícil marcada por la represión, escriban canciones en la lengua que es la suya.[621] Serrahima sueña con nutrir un nuevo fenómeno en la cultura catalana mediante la canción, uniendo música y literatura para vehicular un mensaje actual y dar voz a las preocupaciones del momento.

Dentro de la diversidad de estilos y personalidades, los artistas de la Nova Cançó persiguen los mismos objetivos: crear un instrumento artístico que contribuya a la popularización de la lengua y la cultura catalanas en un contexto sociopolítico claramente hostil; recuperar una identidad colectiva; y denunciar la situación de opresión nacional.[622]

El fenómeno de la Nova Cançó fue único por ser el primer movimiento de cultura popular en lengua catalana que funcionó realmente y que alcanzó a su público tras la guerra civil. Fue uno de los mejores instrumentos en la lucha por la supervivencia y el renacimiento de una lengua y una cultura sistemáticamente reprimidas y prohibidas, primero bajo la dictadura de Primo de Rivera, y luego bajo el régimen franquista. En palabras del escritor y periodista catalán Josep Maria Espinàs (citadas por Jordi García Soler), la cultura catalana de los años cuarenta era una cultura reducida al silencio y proscrita de la vida pública; tras ese período de «supervivencia heroica y silenciosa», en los años cincuenta se inicia una lenta y difícil resurrección —se publican algunos libros en catalán, se difunden algunas canciones—; ya en los años sesenta se produce la eclosión definitiva de la cultura catalana, eclosión a la que contribuye muy especialmente una Nova Cançó que nace y se afianza rápidamente:[623] en 1962 empiezan a cristalizar las esperanzas de artistas catalanes como los componentes del colectivo denominado Els Setze Jutges que, sin abandonar todavía los conciertos-reunión en círculos reducidos, actúan cada vez más en público. La consagración llega en septiembre de 1963, en el Festival de la Canción Mediterránea

---

621/   L. Serrahima: «Ens calen cançons d'ara», *Germinabit,* n.º 15, enero de 1959.
622/   J. García Soler: *op. cit.,* p. 104.
623/   J. García Soler: *op. cit.,* p. 23.

de Barcelona, retransmitido por Televisión Española: allí se presenta por primera vez (y gana el primer premio) una canción en catalán, *Se'n va anar*, interpretada por Raimon y Salomé. Hay que subrayar que, en España, 1962 y 1963 son años agitados, marcados por huelgas y manifestaciones (prohibidas por el régimen), primero en las minas de carbón de Asturias, luego en el País Vasco, Andalucía y Cataluña, y finalmente por todo el país.

El fenómeno de la Nova Cançó solo se entiende en el contexto histórico, que es consustancial a su nacimiento, y que posiblemente sin dictadura no se habría producido, puesto que era la respuesta cultural al trato discriminatorio que recibían las distintas idiosincrasias culturales de España. Cataluña fue el territorio que más se comprometió en reivindicar su existencia y su riqueza histórica, en el plano puramente cultural primero, luego ya con carácter político, con tal ahínco que rebasó las fronteras catalanas para convertirse en auténtica bandera de reivindicación de todas las culturas negadas por la España franquista.[624]

Es obvio que Rebull se interna en la canción a título de aficionada y de manera totalmente autodidacta, y que en ningún caso desea hacer carrera en este ámbito. Pone su arte al servicio de un mensaje y unos anhelos, desea servir de vínculo entre las personas y explicar qué es Cataluña.[625] En 1969 organiza en La Guingueta d'Ix una semana de la Nova Cançó que alcanza un éxito extraordinario. Acuden los mejores representantes del movimiento, como Lluís Llach, Raimon o Francesc Pi de la Serra y, por primera vez en el escenario, Teresa en persona.

La canción como arma de resistencia

Letras y melodías ofrecen marcadores identitarios a individuos y comunidades a través de aquello que los cohesiona: la lengua (la catalana), las referencias culturales (poetas catalanes como Joan Salvat-Papasseit, Josep-Sebastià Pons o Maria Mercè Marçal) o algunos sucesos históricos (guerra civil y exilio). En lo tocante a la afición por el poema musicado, el investigador español Luis Torrego Egido señala en su *Canción*

624/   C. Aragüez Rubio: «La nova cançó catalana: génesis, desarrollo y trascendencia de un fenómeno cultural en el segundo franquismo», *Pasado y memoria: Revista de historia contemporánea*, n.°5, 2006, pp. 81-98.
625/   T. Rebull: *op. cit.*, p. 166 y 176.

de autor y educación popular (1999) que la voluntad de «contribuir a la divulgación de la obra de los poetas» y «acercar la literatura al pueblo» ha guiado a la mayoría de los cantautores,[626] opinión compartida por Fernando González Lucini, autor de varias obras sobre la canción en España, y convencido de la conveniencia de reconciliar el pueblo con el lenguaje de los poetas, su sensibilidad y su sentir.[627] Según el investigador Roberto Torres Blanco, que parte del trabajo de ambos autores, la querencia de la Nova Cançó —y de la «canción protesta» en general— por los poetas tanto clásicos como contemporáneos no es un detalle intranscendente, sino deliberada intención cultural para reivindicar una lengua, una cultura y ciertos referentes identitarios.[628]

Los temas que Rebull aborda —en sus letras y en los textos a los que pone música— giran en torno a la guerra y el exilio, el mundo obrero, la tierra natal y el amor.

El amor

Rebull abunda en el tema del amor —hacia su marido Josep, hacia la clase obrera, Cataluña, la revolución o el POUM—, que considera el motor de la vida. Una de sus más hermosas canciones es *Visca l'amor*, de Joan Salvat-Papasseit (1894-1924), poeta barcelonés y figura imprescindible de la literatura catalana, gran defensor del derecho a la educación y a la cultura, que hizo del amor y el erotismo el rasgo más distintivo de su obra. No sorprende que fuera el autor preferido de Rebull, quien, en la reseña de su recopilatorio de canciones, afirma que «escribía sobre el amor sin tabús, lo que en aquella época era una revolución, exalta el cuerpo del hombre y de la mujer [...] Sus poemas de amor constituyen una invitación constante a la exaltación de la carne, a medio camino entre un socialismo un tanto mesiánico y un anarquismo apasionado que vive románticamente». La letra de *Visca l'amor* es muy corta, como ocurre en muchas de las canciones de amor cantadas por Rebull, cosa que propicia la memorización y la transmisión de su

---

626/   L. Torrego Egido: *Canción de autor y educación popular.* Madrid, 1999, p. 35.
627/   F. González Lucini: *Veinte años de canción en España (1963-1983)*, vol. 2, Madrid, 1984, p. 176.
628/   R. Torres Blanco: «Canción protesta: definición de un nuevo concepto historiográfico», *Cuadernos de Historia Contemporánea*, vol. 27, 2005, p. 237.

mensaje. La melodía, compuesta en modo menor, se cierra sin embargo con un acorde mayor, una tercera de Picardía que infunde a la pieza una luminosidad inesperada, como un despertar del alma, y realza su carga emocional. También en *Mestier d'amor* la música arropa el poema y le confiere una atmósfera particular: es una música lenta, lánguida y tersa con un sencillo acompañamiento de guitarra y violín que transmite una ligereza muy acorde a los sentimientos amorosos. También esta canción —y *Sota el meu llavi,* y *Epitelamic filme*— está en modo menor, un modo que evoca tristeza y melancolía; pero Rebull compuso igualmente canciones de amor en modo mayor, preferentemente de ritmo ternario, más alegre y saltarín. A través de la música, Rebull evoca tanto el amor pasional o lánguido como el amor henchido de alegría y vitalidad; las letras se refieren gustosamente al cuerpo —senos, pecho, labios, boca— y a los sentidos —el olor de la miel o del azahar, el frescor (*Visca l'amor, Si la despullava, Mocador d'olor, Epitelamic filme, Sota el meu llavi, Angelina, Jo per tu*). Cantar sobre el amor es encumbrar la pasión y los sentimientos, pero también puede llevar a expresar claramente el deseo de liberar el cuerpo y a clamar contra los tabús y la moral franquista y eclesiástica que lo encorsetan y oprimen. *Mestier d'amor* es una invitación a entregarse al amor, sí, pero también a relaciones más carnales.

Según Anne-Gaëlle Regueillet, cuya tesis versó sobre la sexualidad en el primer franquismo, «la relación entre sexos, ya fuese amorosa, sexual o amistosa, estaba al parecer determinada y condicionada por la moral dominante, la católica». Se trata de un período político mayoritariamente definido como una fase de «represión sexual» impuesta por la Iglesia, que elimina todo discurso sobre el sexo y, en especial, su vertiente educativa —habría que esperar la llegada de la democracia para recuperarlo—, que únicamente toleraba y consideraba normal la actividad sexual procreadora dentro del matrimonio canónico, tildando de «aberración» o «perversión» toda otra forma de sexualidad y asimilándola a los comportamientos sexuales llamados «anormales».[629] Ante tal panorama, la selección de textos de Rebull era necesariamente

---

629/   A-G. Regueillet: «La sexualité en Espagne pendant le premier franquisme (1939-1950), Cahiers de civilisation espagnole contemporaine» [on line], (3|2008, publicado en Internet el 13 de enero de 2009, consultado el 13 de mayo de 2013; http://ccec.revues.org/2516; DOI: 10.4000/ccec.2516

consciente y reflexionada y equivalía a denunciar el menoscabo de las libertades humanas.

Aunque sus canciones no estén explícitamente vinculadas a la política del POUM, su actitud de contestación contra la opresión de todo tipo y de exaltación de la libertad del ser humano y del amor la sitúan en la corriente ideológica del POUM y el anarquismo.

La guerra y el exilio

Ambos motivos son frecuentes en sus letras, así como las referencias al mundo que conoció y defendió: el mundo obrero y campesino, oprimido y desilusionado. Quizás la más representativa sea la canción *Paisatge de l'Ebre,* que el escritor Manuel Vázquez Montalbán calificara como una de las canciones más sencillas y emotivas inspiradas por la guerra civil. Como el célebre *Paso del Ebro,* originalmente compuesto en 1808 a raíz de la invasión napoleónica pero popularizado como canto anarquista de la guerra civil, *Paisatge de l'Ebre* parte del escenario de la batalla del Ebro, que se desarrolló entre julio y noviembre de 1938 y acabó con la derrota de las fuerzas republicanas; pero lo que narra la canción de Rebull es el regreso al que fuera campo de batalla y el hallazgo de objetos que pertenecieron a Jaume, un soldado caído en combate. El texto, de Josep Gual (1920-2005), transmite la angustia y la frustración generadas por la experiencia amarga de la guerra y sus consecuencias.

Teresa Rebull también escribió algunas letras de canciones a las que puso música. Es el caso de *Camp del Besós,* una canción que denuncia el fusilamiento de 1.374 prisioneros en el Camp de la Bota (Sant Adrià del Besos, en las afueras de Barcelona) durante la guerra y también en la represión franquista de posguerra. Otra de las canciones escrita, musicalizada e interpretada por Rebull es *L'agressió,* en que describe la irrupción de la policía en los hogares y la detención de militantes, los registros, los interrogatorios, las intimidaciones, los arrestos y encarcelamientos masivos. La letra podría referirse a los Hechos de Mayo de 1937 y a la posterior detención de poumistas en Barcelona, pero también se puede interpretar como una denuncia más general, especialmente en el caso de las detenciones injustificadas y abusivas que sufrieron las militancias marxistas. *Companys,* con texto de Josep Marimon, también trata de los encarcelamientos, en este caso explícitamente de obreros encerrados en calabozos; la música aporta un cierto figuralismo —en el que la música subraya el sentido profundo del texto— con una línea de bajo y una melodía reiterativa que sugieren el desánimo y la postración de los años pasados entre barrotes. En cuanto a *Las clases sociales en Cataluña,* con texto de Josep Marimon (1883-1953), evoca el origen de las luchas sociales durante el desarrollo de la era industrial.

La canción *El meu pais,* con letra de Miquel Martí i Pol, nos habla de las consecuencias de la guerra y las dificultades del exilio. Martí i Pol (1929-2003), hijo de una familia obrera, vivió la guerra de niño y, cuando empezó a escribir, con 16 años, tuvo que hacerlo en castellano. En este poema expresa, tanto por el tema como por la elección de idioma, el lazo afectivo para con las raíces y la tierra catalanas.

Condición obrera y libertad

Rebull dedicó también muchas canciones a la condición proletaria y al deseo de libertad. Puso música a poemas de Maria Mercè Marçal (1925-1998), defensora de las luchas obreras; de Enric Brufau, profesor catalán exiliado; de Josep-Sebastià Pons (1886-1962), poeta francés del Rosellón; y, una vez más, a textos de Joan Gual Lloberes y Joan Salvat-Papasseit.

En *Vint bales* reivindica la memoria del asesinato del abogado Francesc Layret, defensor de los sindicalistas de la CNT; en cuanto a *Primer de Maig 1976,* firmado por la misma Rebull, traduce la rebelión obrera. Su exaltación del mundo obrero y campesino no se circunscribe a Cataluña: *Andalusia, collarets d'ombra* nos transporta a los campos de Lora del Río (Sevilla), y *Àrida* nos enfrenta a la extrema sequía de ciertos paisajes.

En *Llaurador que llaures* canta el ideal de un proletariado emancipado; el compás de cuatro tiempos con marcado acento en el primero, evoca el ritmo del trabajo del campesino, y la modulación del canto, ligeramente parsimonioso, le confiere un toque melancólico. Rebull también asocia en varias canciones el motivo de la naturaleza al de la libertad, como en *El cant dels ocells* (canción de cuna tradicional catalana, con la que el violoncelista Pau Casals solía acabar sus conciertos), donde los pájaros son símbolo de libertad; o *Papallones i més,* que aboga por un ecologismo y un humanismo universales; o también *Aquesta lluna, Pluja* y *El seu nom et diré.*

Así es cómo se articula el compromiso de Rebull en el exilio, un compromiso muy distinto al que asumiera durante la guerra pero no por ello menos sólido, mediante el cual se mantiene fiel a sus ideales y que le valió ser perseguida —la mayor parte de su producción musical y sus giras de conciertos se desarrollan a partir de 1969, todavía en período franquista, y hasta 1992—: en 1973 fue detenida y encarcelada en la prisión de Figueres, por lo que parece a raíz de la canción *És pesat el son de l'ós*. Pero a falta de más datos sobre ese episodio, y considerando que la letra de la canción no parece ser motivo suficiente para enviar una cantante a la cárcel, se podría suponer que era su actividad en general lo que no placía al gobierno.

Extensión a todos los pueblos oprimidos

En 1975, Teresa Rebull ya había actuado en muchas salas, tanto en Francia como en España, Alemania, Argelia, Bélgica, Túnez y Suiza. Más allá del compromiso para con su propia cultura, viaja y canta en defensa de la libertad, del derecho de todo individuo a un trabajo y a la expresión de una lengua y una cultura. Para Rebull, el canto es un vector identitario fundamental.[630] Si en sus actuaciones insiste en explicar los textos que ha de interpretar, es para asegurarse de que el mensaje que quiere transmitir alcanza a su público.[631] Ante todo defiende, en su propia lengua —sin duda uno de los factores determinantes de que la Nova Cançó se ganara un público cada vez más numeroso—, una cultura oprimida; una cultura y una lengua que, por cierto no se circunscriben a Cataluña, aunque allí sea donde ha tenido más fuerza.[632]

Aun sabiendo que la policía no la veía con buenos ojos, los periodistas le brindaron una buena cobertura. Como decía ella misma: «creo que les he servido de catalizador: lo que no se atrevían a decir, me lo hacían decir a mí».[633] Por otro lado, sus ideas e inquietudes le valieron el ser invitada al programa «Mosaicos», dedicado a los exiliados; en Madrid, en 1975, explicó a los madrileños qué era Cataluña, cómo era objeto de represión, y animó a la gente a opinar; y en un concierto en

---

630/   T. Rebull: *op. cit.*, p. 216.
631/   T. Rebull: *op. cit.*, p. 190.
632/   J-J. Fleury: *La nueva canción en España.* Barcelona, 1978, p. 15.
633/   T. Rebull: *op. cit.*, p. 187.

Valladolid, según recuerda, los asistentes «cantaron a voz en cuello, sin complejos, a pesar de las dos lenguas, ya que la poesía, la sed de libertad y fraternidad de los pueblos [los] unían»:[634] en situaciones así, la música está cargada de sentido.

Más allá de la pertenencia política, el rechazo al franquismo une a los pueblos: Rebull cantará, por ejemplo, en Bochum (Alemania) invitada por los exiliados andaluces simpatizantes del POUM, cosa que demuestra que del exilio surgen vínculos nacidos de la conciencia de compartir las mismas penas. El público que se arracima en torno a la Nova Cançó catalana lo hace, a juicio de la cantante, para afirmar su pertenencia a la comunidad catalana o, en su defecto, a las ideas revolucionarias.

En resumen, el fenómeno de la Nova Cançó fue un «movimiento poético y de reacción musical que adquirió una importancia radical como alternativa cultural y como vehículo de toma de conciencia»[635] en un contexto de miedo y represión, de falta de libertades y de urgencia de reivindicarlas. Había que creer en un «nuevo día que vendría a quebrar el largo período de oscuridad, de represión y de carencias vivido [en España] durante los largos años de la dictadura».[636] La Nova Cançó participó «en la lucha cotidiana por la libertad política y la justicia social», por «una Nueva España en marcha», además de querer crear «una nueva cultura y una toma de conciencia que acompañe la toma de conciencia más estrictamente social y política».[637]

En 1992 Rebull recibió la Creu de Sant Jordi, un galardón otorgado por la Generalitat de Catalunya para «distinguir las personas o instituciones que, por sus méritos, han prestado servicios excepcionales a Cataluña en la defensa de su identidad o, más en general, en el plano cívico y cultural». Rebull, que nunca perdió el ánimo revolucionario, consideró que, de haber seguido en activo, «orientaría más bien [su] combate actual contra la mundialización capitalista y [la] sociedad de consumo, que rebasa todos los límites». No es fácil lograr que cambien las cosas; pero, como ella dice: «¡Ya veo que persigo un sueño! Sueño y,

---

634/   T. Rebull: *op.cit.*, p. 210.
635/   F. González Lucini: *Crónica cantada de los silencios rotos: voces y canciones de autor, 1963-1977*. Madrid, 1998, p. 29.
636/   F. González Lucini: *Veinte años de canción, op. cit.*, p. 139.
637/   J-J. Fleury: *op. cit.*, p. 9.

a fin de cuentas, ¡quizás esto es lo que a la gente le gusta de mí! [Al fin y al cabo] cantas para dar un poco de esperanza».[638]

Hay un detalle común en el devenir de las militantes en el exilio que conviene comentar: aunque se consideraban mujeres del partido, sus actividades se llevaron, con pocas excepciones, fuera del marco del POUM, y no se correspondían forzosamente con un militantismo político puro. Es cierto que muchas de ellas se mantuvieron en contacto y que participaron, con mayor o menor continuidad, en las reuniones del POUM; pero ni la redacción de artículos, ni la canción, ni las conmemoraciones y demás actividades de los centros catalanes *(casals catalans)* estaban vinculadas al POUM. La suya es, por decirlo así, una militancia indirecta. Siguen luchando, de modos diversos, contra el antifascismo y en pro de los oprimidos; en cambio, no se pronuncian de forma específica en defensa de la condición femenina.

Otras trayectorias
La escritura como válvula de escape: Mary Low

La trayectoria de la militante anglo-australiana es bastante sorprendente. Comprometida, junto con su marido Juan Breá, con la causa proletaria, participa activamente en la guerra civil española, dejando un rico testimonio ya en 1937 con su *Red Spanish Notebook*. A partir de la ilegalización del POUM y su exilio forzoso en Cuba, reanuda los lazos con el mundo surrealista, que había descubierto gracias a Breá a principios de los años 1930 y que la había llevado a relacionarse con André Breton, Remedios Varo, Benjamin Péret, Óscar Domínguez, Marcelle Ferry, René Magritte o Wilfredo Lam. Tras la guerra, publica principalmente poesía, *collages* e, incluso, una novela. ¿Acaso era para ella una especie de liberación y de sublimación del dolor a través de la escritura? ¿Cabe considerar su arte como una continuidad de su militancia, como la canción lo fue para Teresa Rebull? De entrada, no parece ser así, ya que su producción se mantiene al margen del arte militante o comprometido y entronca decididamente con los principios del surrealismo.

638/   T. Rebull con motivo de un concierto en pro de la infancia. Saint-André, 2 de marzo de 2002. Por J-P. Bonnel: http://frontierescatalogne.chez.com/teresa_rebull. htm (consultado el 16 de enero de 2012).

El surrealismo, surgido en Francia en torno a la figura de André Breton al poco de acabar la Primera Guerra Mundial, es de por sí, por su espíritu de liberación y de creación, una revolución del lenguaje y del arte; nace del deseo de emancipar el ser humano, redefiniendo los mecanismos de la mente, a través del arte y de la revolución social. El arte surrealista busca acceder al inconsciente para crear imágenes metafóricas, a veces irracionales; investiga el campo que media entre la percepción, o la experiencia inmediata, y la representación:[639] entiende que la verdadera plenitud artística emana de nuestros impulsos espontáneos y de la liberación de automatismos para percibir lo maravilloso a través de lo real y hacer que el mundo que nos rodea sea poesía total.[640] Según Breton, el principal teórico del movimiento, la poesía debe sugerir una respuesta particular al dilema de la vida que haga comprensibles las revelaciones del arte; expresando nuestros instintos, puede librarnos de nuestra irremediable inquietud.[641] Y este es, a nuestro entender, uno de los objetivos centrales de Mary Low en su obra: liberarse de una cierta angustia, de inquietudes que le habrían impedido avanzar.

Ya apuntábamos que Low y Breá, al tener que abandonar España, regresan a Cuba; allí Juan Breá muere de tétanos, en 1941, con solo 33 años. Abrumada por esta muerte, Low llegará incluso a intentar poner fin a su vida. Gracias a la poesía y la escritura, y con el apoyo de sus amistades, logra recobrar ánimos para vivir y para recordar. En palabras de Gérard Roche, amigo de Low y actualmente presidente de la Asociación de amigos de Benjamin Péret,[642] «la obra de Mary Low se inscribe en la tradición surrealista, con el amor y lo maravilloso como principales fuentes de inspiración».[643] El amor es uno de sus temas principales. Tras la muerte de Breá, Low publica, en solitario,[644] una primera selección de poesías, que dedica a su difunto esposo,[645] en la que conviven la

---

639/   Fragmento de la entrevista con J. J. Sweeney, *Bulletin du Museum Of Modern Art,* vol. 8, n.º 4-5, Nueva York, 1946, en A. Biro y R. Passeron: *Dictionnaire général du surréalisme et de ses environs,* París, 1982, p. 194.

640/   Y. Duplessis: *Le surréalisme,* Collection Que sais-je, París, 1950, p. 46.

641/   *Ibidem*, p. 51.

642/   www.benjamin-peret.org

643/   Gérard Roche en un correo electrónico a Cindy Coignard, 06.03.2013.

644/   Con Juan Breá, había publicado en 1939 *La Saison des flûtes* (París).

645/   M. Low: «El compañero», Alquimia del recuerdo, La Habana, 1946. Reedita-

expresión de la ternura, el calor del amor y la tragedia de perder al ser amado; destacaremos *Tú vives en mí* y *Hacia atrás,* una invitación a mirar atrás, hacia los recuerdos, como para recuperar lo vivido en una relación truncada. De entre la posterior obra poética de Low, que también incluye el tema del amor, cabe destacar *Sans retour,*[646] una antología de título elocuente («Sin retorno») que reúne poemas y *collages* para revivir los recuerdos que el tiempo le arrebata.[647]

Otros poemas y *collages* de Low hablan de lucha y de guerra. En *A voice in three mirrors,*[648] hay una parte que se titula «Men at arms»; en *Where the wolf sings,*[649] una titulada «Combat and diversions»; pero no se aprecia un vínculo claro entre estos poemas y los sucesos de la guerra en España. El único texto que sin duda ninguna está relacionado con el pasado de Low en España, codo a codo con la militancia del POUM, es un poema dedicado a Andreu Nin que arranca con «la revolución», es decir, el que fuera motor de la política del POUM. Low regresa, para evocar al revolucionario catalán, a sus recuerdos de la Barcelona revolucionaria: *Aquí en tu Barcelona,* donde el empleo del posesivo de la segunda persona del singular y el recurso a humanizar la naturaleza, apesadumbrada por la muerte de Nin, pintan una Barcelona que apoyaba sin fisuras a Nin y a la revolución. La construcción binaria entre el «nosotros» y el «tú», en la primera parte del poema, se refiere sin duda al POUM y a Nin; luego Low pasa a la oposición «yo/tú», mostrando una relación más amistosa y personal. El poema, un homenaje al líder del POUM, justifica el odio hacia el estalinismo contrarrevolucionario y constituye, al mismo tiempo, una invitación a continuar la lucha siguiendo los pasos de los grandes revolucionarios. Los últimos versos demuestran la internacionalidad y la intemporalidad de la revolución: «Más allá de tu Barcelona / y de los confines del adiós / [...] ¡Avanza con nosotros y siempre!».

En una carta a Eugenio Granell, Low escribe que, a pesar de su avanzada edad, «los vínculos del pasado y las persona tocadas por la magia de

---

do en 1986 por Editorial Playor en Madrid con ilustraciones de Wifredo Lam.

646/   M. Low: *Sans retour. Poèmes et collages.* París, 2000.

647/   G. Petitclerc, en el prefacio de la obra *Sans retour.* París, 2000, pp. 7, 8 y 9.

648/   M. Low: *A voice in three mirrors.* Chicago, 1985.

649/   M. Low: *Where the wolf sings.* Chicago, 1995.

la gran aventura me llaman»,[650] cosa que probaría que los lazos contraídos durante la guerra eran importantes y marcaron su vida.

Low realizó también *collages,* otra técnica cara al surrealismo y, sobre todo, a Max Ernst, que ella admiraba. En ellos también es difícil establecer una relación con algún tipo de militancia o de arte comprometido. Recurre a imágenes características del surrealismo y encuentros insólitos de estatuas (de estilo greco-romano pero sobre todo precolombino y moáis),[651] partes del cuerpo humano (manos, ojos, caras), animales (ranas, ratas, vacas, caballos), ruedas o formas de la naturaleza (bosques, cielo, agua), elementos típicos del arte surrealista, símbolos de una nueva visión del mundo más allá de las fronteras de lo real. Algunos *collages* ofrecen una visión insólita asociada a la idea de modernidad, que se explica por la búsqueda de la novedad, de la fascinación y de lo inédito en la creación poética.[652]

El compromiso político no es forzosamente sinónimo de arte comprometido. Parece que algunas líneas directrices del surrealismo —cercanas al comunismo— estaban en sintonía con la ideología del POUM, como el deseo de revolución frente a los valores tradicionales y el orden establecido, los tabús sociales, el predominio de la razón y de la racionalidad. Se trata también de la búsqueda de una sociedad mejor, libre de toda represión, un mundo regido por la poesía, la libertad y el amor. Estudiar la obra entera de Mary Low requeriría sin duda un análisis más específicamente artístico que sociopolítico. Hay que recordar, en resumen, que más que describir una realidad social a través de su contenido político, quiso sublimarla en el acto poético gracias a la mezcla

650/   Carta de Mary Low a Eugenio Granell, Miami, 15 de marzo de 1982. Publicada en E. Fernández Granell, N. Fernández Segarra: *Correspondencia con sus camaradas del POUM (1936-1999).* La Coruña, 2009, p. 492.

651/   El acercamiento a la cultura amerindia es característica del movimiento surrealista. América representa para los surrealistas una tierra de exilio, de encuentros, de mitos y de revoluciones. A esta atracción contribuyó sin duda la dimensión chamánica de las artes amerindias: el artista aspira a crear en estado de trance, y el arte aparece entonces como la concretización visionaria de un sueño. O. Speer: «Le voyage initiatique des surréalistes au Mexique», *Jeu de Paume,* revista online, 20.10.2012. Consultado el 24 de junio de 2013. http://lemagazine.jeudepaume.org/2012/10/olivia-speer-le-voyage-initiatique-des-surrealistes-au-mexique/.

652/   Los *collages* de Mary Low pueden consultarse en las obras publicadas por la autora: *A voice in three mirrors, Where the Wolf Sings, Chanteloup, Sans retour.*

de lo real y lo onírico, de imaginación lírica e invención poética. Tal vez sean sus poemas expresión de libertad, aquella libertad a la que aspiraba, en compañía de Breá y también en su amistad por el POUM. Así pues, Mary Low opta por un camino que la aleja de la militancia activa, pero en el fondo no reniega de sus ideas revolucionarias, que siguen alimentándola. Por ende, paralelamente a su producción literaria, firmó algunos artículos en un periódico de tendencia anarquista, *Guangara Libertaria*.

Retorno a las actividades de origen

En el exilio muchas militantes tuvieron que empezar por buscar empleo para poder sobrevivir. De las que hemos podido rastrear, son bastantes las que se incorporaron a la enseñanza, campo en el que no pocas ya tenían formación profesional antes de la guerra. Por añadidura, la mayoría de ellas dominaba dos o tres lenguas. Así, no pocas dieron clases de español durante más o menos tiempo, o hicieron traducciones, como Antònia Adroher en París, Mary Low en Estados Unidos —en su caso, como profesora de latín—, Júlia Serra durante la Ocupación en Toulouse —antes de aprender el oficio de peluquera—, Mika Feldman —que en París fue traductora de subtítulos—, Pilar Santiago —que continuó enseñando en México durante casi treinta años en el Colegio Madrid—, o Pepita Reimundi, que volvió a la enseñanza tras la dictadura de Franco. Por fortuna para algunas de estas mujeres, incluso cuando la militancia del POUM estaba perseguida en Francia les fue posible enseñar en instituciones privadas.

Algunas se dedicaron, además, a la literatura, como Mary Low o Maria Gispert i Coll, periodista durante la guerra y, ya en el exilio, directora del Casal Català de Caracas. Gispert firmó dos novelas, *Quan desperten els sentits* (1953) y *Ombres i Llum* (1960), cuyas tramas no transcurren durante la guerra civil pero que incorporan elementos inspirados en la propia vida de la militante. La primera nos sitúa en tiempos de la monarquía de Alfonso XIII y el exilio catalán a América, un exilio distinto al que conoció Gispert pero que la autora parece reconstruir gracias, en parte, a sus propias experiencias.[653] El recuerdo que

---

653/   M. Gispert Coll: *Quan desperten els sentits*. Barcelona: Edicions Proa, 1953,

la madre y el padre de la protagonista conservan de Cataluña desde el exilio y transmiten a su prole es poco menos que paradisíaco: la vida diaria, la misa, los bailes, las fiestas tradicionales, el trabajo cotidiano, sus primeros amoríos... La evocación del terruño y las perspectivas de retorno impregnan el texto y los diálogos: «Y pronto retomaron el tema agradable para todos: el posible retorno a Cataluña».[654] Otro motivo relacionado, que se desarrolla en las cartas de Marta, es la dificultad, para quienes se quedan, de soportar la partida de seres amados.[655]

Su segunda novela nos introduce en la vida de cinco protagonistas, cinco hombres —Carles, Marià, Julià, Jordi y Xèspir— que acostumbran a hacer tertulia en un café de Barcelona y reflexiona sobre los vínculos entre individuos, los intercambios de ideas sobre el ser humano, los sentimientos, las relaciones de amistad y de amor, la vida o la muerte.

Los textos de Maria Gispert, más que una simple obra literaria, parecen transcribir, a través de una voz anónima, algunas experiencias de la vida compartidas así por la escritora y su público.

Poumismo y feminismo (1970-1977)

En definitiva, la presencia femenina en el POUM es todavía menor en el exilio que durante la guerra. Algunas militantes se orientaron, como hemos visto, hacia una militancia principalmente cultural, pero ¿qué fue de la lucha por la emancipación femenina?

En la diversidad de opiniones sobre las consecuencias del llamado «Mayo del 68» se perfila que fue, entre otros, acelerador de la lucha por la liberación femenina, cuyo resurgimiento en Francia se hace patente dos años más tarde, el 26 de agosto de 1970, cuando un grupo de nueve militantes feministas deposita un ramo de flores bajo el Arco de Triunfo en memoria a «la mujer del soldado desconocido»;[656] después surgirá

---

p. 21.

654/ *Ibidem*, p.180.

655/ *Ibidem*, pp.264-265.

656/ J. TRAT: «Mai 68 et les mouvements femmes des années 1970 en France», web *Internet d'Europe Solidaire et Sans Frontières,* 01.04.2008, http://www.europe-solidaire.org/spip.php?article10209 (consultado el 24 de junio de 2013).

el MLF, Movimiento de Liberación de la Mujer. En Mayo del 68, son muchas las mujeres que se movilizan, que se declaran en huelga en empresas, escuelas y universidades; pese a ello, carecen de una auténtica expresión feminista, sin duda porque «para las jóvenes estudiantes que han cursado toda su escolaridad en los institutos femeninos, el carácter mixto de las reuniones y de las luchas se vive como una liberación. Además en los grupos políticos de extrema izquierda domina la idea de que la lucha de clases es prioritaria, ya que todas las demás opresiones encontrarán solución en la revolución».[657]

Panorama feminista en la España de los años sesenta y setenta

En el período correspondiente a la Segunda Guerra Mundial, el franquismo sigue apoyándose en la Iglesia católica y en una ideología contrarrevolucionaria. En cuanto a la cuestión femenina, el régimen nacional-católico instaura un aparato jurídico ansioso de derogar las disposiciones tomadas a favor de las mujeres durante la República (matrimonio civil, divorcio, aborto; en 1944 se reintroducen en el Código Penal artículos discriminatorios sobre el adulterio y los crímenes pasionales; etc.) y se esfuerza en cimentar las relaciones de género basadas sobre el modelo patriarcal. Ya la política de natalidad del régimen relega a la mujer al papel de madre en el hogar, y la legislación es claramente restrictiva y discriminatoria hacia las mujeres, como lo es la obligatoriedad de recabar la autorización del marido para ocupar un puesto de trabajo.

La Sección Femenina de la Falange, dirigida por Pilar Primo de Rivera, tenía por objetivo moldear a las mujeres según la ideología franquista. Controlaba el Servicio Social, ya en vigor durante la guerra civil, obligatorio para las mujeres de entre 17 y 35 años, pero también y sobre todo, gran parte de la educación escolar,[658] basada en la segregación de

657/ *Ibidem.*
658/ Para una síntesis sobre la Sección Femenina de la Falange y su evolución entre 1934 y 1977, ver M.-A. Barrachina: «La Section féminine et ses paradoxes, 1934-1977», en M.-A.Barrachina, D. Bussy Genevois y M. Yusta (coord.): *Femmes et Démocratie. Les Espagnoles dans l'espace public (1968-1978)*. Nantes, 2007, pp. 147-173. Ver también A. Cenarro: «Trabajo, maternidad y feminidad en las mujeres del fascismo español» en A. Aguado, M. T. Ortega: *op. cit.,* pp. 229-252.

sexos. El franquismo deseaba, de ese modo, instaurar un arquetipo de mujer para la Nueva España.[659]

La década de 1960 estará marcada por el auge de la música pop, el cine y la televisión, que introducirán en el país, pese a la censura vigente, la modernidad y los usos y costumbres del extranjero.[660] La apertura de las fronteras y la entrada de miles de turistas será otro factor determinante, pues permitirá la confrontación directa con otras mentalidades. La Ley sobre Derechos Políticos Profesionales y del Trabajo de la Mujer del 22 de julio de 1961, que entra en vigor el 1 de enero del 1962, significa un paso adelante pues flexibiliza la prohibición del trabajo femenino; ello no impide que las mujeres sigan estando excluidas de muchos empleos, especialmente en la función pública. En 1963, el desarrollo económico de España y el consiguiente aumento en la demanda de mano de obra, masculina y femenina, propician una cierta liberalización.

Durante los años sesenta y setenta el desgaste del poder se traduce por el auge de la oposición política y la multiplicación de las protestas obreras, estudiantiles, regionalistas e, incluso, de las clases medias. Mary Nash ve en el antifranquismo una pieza clave para el desarrollo del feminismo español de aquellos años porque dio lugar a nuevos modelos de género como «réplica a la mujer franquista sumisa y subordinada».[661]

En los años sesenta nace el Movimiento para la Liberación de la Mujer, y el debate sobre la cuestión femenina vuelve a la palestra, con temas tan diversos como el patriarcado y los orígenes de la opresión de la mujer, el papel de la familia, la división sexual del trabajo y el trabajo doméstico, la sexualidad, la reformulación de los espacios público y privado, la vida cotidiana, etc. La dinámica asociativa propició el desarrollo de una conciencia feminista y la creación de grupos y movimien-

---

659/   M. Nash: «La construcción de una cultura política desde la legitimidad feminista durante la transición política democrática», en A. Aguado, M. T. Ortega: *op. cit.*, pp. 286-289, y A. Moreno: *Mujeres en lucha.* Barcelona, 1977, p. 21.

660/   M.-A. Larumbe: «Feminismo y Transición democrática: logros y cuentas pendientes», en M.-A. Barrachina, D. Bussy Genevois y M. Yusta (coord.): *Femmes et Démocratie. Les Espagnoles dans l'espace public (1968-1978).* Nantes, 2007, p. 210.

661/   M. Nash: «La construcción de una cultura política desde la legitimidad feminista durante la transición política democrática», en A. Aguado, M. T. Ortega: *op. cit.*, pp. 285 y 289.

tos,[662] entre los que destacó el Movimiento Democrático de Mujeres, vinculado al PCE, creado en 1965 con el objetivo expreso de promover en las españolas el impulso a organizarse y el interés, paralelamente a los temas propiamente femeninos, por las cuestiones que afectaban el país. En los años setenta nacieron más asociaciones, como la Asociación de Mujeres Españolas Juristas (1970), la Asociación Española de Mujeres Separadas Legalmente (1974) o la Asociación de Mujeres Divorciadas (1976, Barcelona), a menudo aquejadas por la falta de visibilidad en el espacio público. Por lo demás, no podemos olvidar que también hubo organizaciones feministas de derechas, como la Organización de Mujeres Independientes (1977), vinculada al partido Alianza Popular, que luchaba contra las discriminaciones sociales y legales y pedía, entre otras cosas, la creación de centros de ayuda a las mujeres.

En 1975 España entra en una nueva etapa, no solo por la muerte del general Franco (el 20 de noviembre), sino también por la declaración, por parte de las Naciones Unidas, del Año Internacional de la Mujer, que origina numerosos eventos en torno a la cuestión femenina. Del 6 al 9 de diciembre de 1975 tienen lugar en Madrid las Jornadas Nacionales para la Liberación de la Mujer, primer encuentro feminista de carácter nacional celebrado en España, al que asisten unas quinientas mujeres de diferentes regiones, y para el que el MDM había elaborado un programa todavía más ambicioso que el de 1971: enseñanza obligatoria, gratuita, laica y mixta; acceso de las mujeres al trabajo e igualdad de salarios en empleos equiparables; protección social en caso de maternidad; matrimonio civil; divorcio; legalización del aborto y de los contraceptivos; supresión de la legislación relativa a los derechos del marido sobre su esposa; patria potestad conjunta; mayoría a los 21 años; protección de los hijos legítimos e ilegítimos; protección para las madres solteras; separación Iglesia-Estado y equipamientos sociales colectivos (guarderías, lavanderías, etc.). Poco más tarde, en mayo de 1976, se celebran en Barcelona las primeras Jornadas Catalanas de la Mujer, a las que asisten unas 4.000 mujeres. El *Moviment de Dones Catalanes*, creado en 1975 y deseoso de desmarcarse del MDM de Madrid,[663] reivindica más o menos las mismas cosas pero con algún extra, como la

---

662/ *Ibidem.*
663/ El MDM en Cataluña existió de 1963 a 1969.

abolición del Servicio Social. Ambos congresos impulsaron sensiblemente la expansión del movimiento feminista en España.

El mundo editorial se hará eco de los nuevos tiempos que corren, desde la reaparición, en 1964, de la revista *Mujeres Libres* hasta *Vindicación feminista,* publicada de 1976 a 1979 y culminación del movimiento social que luchaba por la liberación de la mujer.

En diciembre de 1976, las Cortes aprueban la Ley de Reforma Política que genera las condiciones necesarias para convocar elecciones democráticas. Para los primeros comicios, celebrados el 15 de junio de 1977, prácticamente todos los programas de los partidos políticos contemplan la cuestión de la mujer, reclaman la igualdad total entre mujeres y hombres en el dominio jurídico, profesional y familiar, y propugnan un sistema igualitario en la enseñanza. Algunas feministas como Lidia Falcón propusieron que las mujeres crearan sus propias organizaciones políticas para las elecciones, con sus programas específicos y sus estrategias particulares, y se creó el Partido Feminista Español.

La consolidación definitiva de la transición política se selló con la aprobación de la nueva Constitución española, el 29 de diciembre de 1978; en ella se ratifica la igualdad entre mujeres y hombres.[664]

Reivindicaciones en el seno del POUM

En los periódicos del POUM en el exilio, o más exactamente en *La Batalla* —único órgano de prensa que mantiene una cierta regularidad de publicación en París— se tratan varios temas relativos a la cuestión femenina: liberación de la mujer, divorcio, aborto, violencias ejercidas sobre las mujeres, maternidad deseada. Las reivindicaciones son casi las mismas que las defendidas por el POUM de los años treinta. Queda por ver si, en su forma y contenido, los argumentos han cambiado.

El tema de la liberación de la mujer en general fue objeto de varios artículos en *La Batalla* de los años setenta. «Las mujeres en la izquierda organizada»,[665] un artículo de autoría anónima expone la situación de desigualdad y discriminación que sufren todas las mujeres en España;

664/   Artículo 14, Constitución española de 1978. Consultada en: http://www.boe.
es/legislacion/enlaces/documentos/ConstitucionFRANCES.pdf
665/   «Las mujeres en la izquierda organizada», *La Batalla,* n.º 195, abril de 1978.

señala que, en un momento en que se intuye el declive del caudillo, los partidos políticos se organizan activamente elaborando programas que incluyen la cuestión femenina, pero observa una cierta discordancia entre la teoría y la práctica. Por ello insiste en la necesidad, pasadas las elecciones, de respetar por encima de todo el compromiso y perseverar en la resolución de la cuestión femenina: «Debemos hacer que el punto de la mujer deje de ser un complemento a un programa».[666] Un detalle interesante es que se pronuncie en contra de la creación de una organización femenina autónoma, por lo menos en el POUM, ya que los problemas de las mujeres no las atañen solo a ellas.[667] El debate de fondo, pues, gira en torno al papel de las mujeres en las organizaciones políticas y denuncia un razonamiento basado en relaciones de género.[668]

Martine Vidal, simpatizante del POUM desde que conociera en Francia al militante poumista Albert Masó, nos narra un episodio, que nos parece bastante revelador, sobre las diferencias que todavía existían en el POUM de los años setenta:

> Recuerdo que había una reunión en Sevilla, era Navidad, y los hombres, Vega, Fernando y toda esa gente, no sé si Pelai [Pagès] estaba, en todo caso, querían hacer los estatutos del POUM, querían dar obligatoriamente responsabilidades a las mujeres y nosotras lo rechazamos. Dijimos que no era porque fuésemos mujer que teníamos que estar en el Comité Central, o aquí o allá. Sí queríamos, si nos elegían, de acuerdo, si teníamos cosas que decir [...].[669]

Amparo Moreno subraya que en la sociedad española de los años setenta faltaba un análisis avanzado de la problemática femenina y que, en ocasiones, incluso en los partidos políticos se reproducían las usuales discriminaciones hacia las mujeres. Teóricamente había igualdad de oportunidades, pero en la práctica, la implicación femenina activa siempre desvelaba la existencia de prejuicios.[670]

En enero de 1980 *La Batalla* publica un artículo titulado «El divor-

---

666/ «Y nosotras, ¿qué?», *La Batalla*, n.º 200, enero de 1979.
667/ «Las mujeres en la izquierda organizada», *La Batalla*, n.º 195, abril de 1978.
668/ *Ibidem.*
669/ Entrevista con M. Vidal Masó (en presencia de su hija Dominique), París, 05.03.2010.
670/ A. Moreno: *op. cit.,* p. 37.

cio de la mujer» que toma el pulso a varias reivindicaciones: el divorcio por libre decisión de un solo cónyuge, sin declaración de causas, como criterio principal; gratuidad y facilidad en los trámites; seguridad económica garantizada por los poderes públicos para la mujer divorciada y derecho de esta, en caso de desacuerdo con el marido, a tener a su cargo los hijos menores de 10 o 12 años de edad que así lo deseen.[671] Más allá de las reivindicaciones publicadas en el artículo, lo más interesante es quizás el título, que nombra una sola de las partes, la de la mujer, en caso de divorcio. Está claro que al articulista le importan, ante todo, las ventajas que la posibilidad legal del divorcio supone para ella y los derechos que en dicho trámite le corresponden.

No será hasta 1981, o sea, cuarenta y cinco años después de la promulgación de la primera Ley del Divorcio (en 1932), cuando en España vuelva a ser posible poner fin de manera legal a los matrimonios.

También el aborto es tema de un artículo, que denuncia las muertes debidas a abortos provocados sin condiciones higiénicas en los países de América Latina, y las 3.000 anuales que se contabilizan en España por la misma causa, para proponer una serie de mejoras: una educación sexual sana, información sobre los métodos contraceptivos, centros de información. Cuando hablamos con Martine Vidal, que tenía relación con algunas militantes del POUM en España, nos confirmó que la falta de educación sexual era flagrante:

> Las chicas españolas... lo que hacía aquella píldora... Recuerdo [que] las mujeres de militantes —habíamos organizado una pequeña fiesta de Navidad— decían que si tomaban la píldora perdían las ganas de hacer el amor. Había un montón de prejuicios sobre el tema.[672]

En torno a la misma cuestión, una tal «Julia» publica en diciembre de 1978 el artículo «Por una maternidad libre», en que defiende el derecho de las mujeres a decidir plenamente sobre su cuerpo y el momento de ser madres.[673] En cambio, la lucha contra la prostitución, que había sido uno de los caballos de batalla del POUM durante la guerra civil,

---

671/ «El divorcio de la mujer», *La Batalla,* n.° 206, enero de 1980.

672/ Entrevista con M. Vidal Masó (en presencia de su hija Dominique), París, 05.03.2010.

673/ Julia: «Por una maternidad libre», *La Batalla,* n.° 199, diciembre de 1978.

no motiva ni un artículo en *La Batalla* del exilio. Martine sí que se refirió a ello durante nuestra entrevista: «Las mujeres del POUM querían a cualquier precio fraternizar con las prostitutas. La cosa no funcionó muy bien. Es que las prostitutas consideraban que... es que no tenían ningunas ganas de ser revolucionarias».[674]

Al contrario, el problema de las mujeres maltratadas deja de ser un tabú y se expone sin tapujos. «Julia», autora de varios artículos sobre las mujeres, denuncia el papel de los medios de comunicación en la difusión de la imagen tradicional de la mujer. Pretende, además, romper el silencio sobre las violaciones cotidianas, con agresión física, torturas y a veces muerte, y refuta el tópico que asimila el violador al enfermo mental, explicación poco o nada creíble en la mayoría de los casos. Acaba abogando por la creación de casas para mujeres maltratadas, siguiendo el modelo de Inglaterra, Alemania, Holanda y Estados Unidos.[675]

Por último, hay un artículo sobre la cuestión de la enseñanza,[676] un tema muy reputado en el POUM. Recordemos que durante la guerra fueron muchas las militantes profesoras. En el exilio, es Martine Vidal, maestra, quien firma el artículo en cuestión, con fecha de 20 de septiembre de 1978. En él reclama, en nombre del POUM, el derecho a una escuela gratuita, laica, pública a la vez que independiente de los partidos, del gobierno y de la Iglesia, y enumera las consabidas carencias —aulas sobrecargadas, falta de profesorado, coste de los libros y falta de establecimientos— que obligan las familias a pagar costosas escuelas privadas.

Aunque la sociedad española ha experimentado una innegable evolución, las reivindicaciones siguen siendo las mismas que en época de la guerra civil. Cierto es que los cuarenta años de dictadura y su política de carácter tradicional habían significado un claro retroceso respecto a las grandes reformas conseguidas por la Segunda República en materia de derechos de las mujeres y en enseñanza, y habían dejado el país muy por detrás de otros países de Europa.

674/   Entrevista con M. Vidal Masó (en presencia de su hija Dominique), París, 05.03.2010.
675/   Julia: «La mujer: basta de agresiones, no más violaciones», *La Batalla,* n.º 191, 15.11.1977.
676/   *La Batalla,* n.º 200, enero de 1979.

Además de los artículos publicados en *La Batalla,* hemos encontrado un documento sobre la doble explotación de la mujer asalariada realizado por el Secretariado Femenino del POUM. Se trata de un pequeño folleto de cuatro páginas, sin fecha, pero cuyo estilo —del texto y de la iconografía que lo ilustra, concretamente un dibujo humorístico firmado por Núria Pompeia—[677] permite situarlo de los años setenta en adelante. Las ideas que defiende son las mismas que hallábamos en *La Batalla:* la mujer, por el simple hecho de serlo, sufre discriminación respecto a sus homólogos masculinos y es considerada indefectiblemente mano de obra de sustitución o de reserva. El documento también denuncia aquellos casos de agresión sexual en que las mujeres se ven obligadas a soportar ciertos abusos si quieren conservar su trabajo. La solución que propone se ajusta a la ideología comunista: las labores domésticas deberían ser asumidas por la sociedad mediante guarderías colectivas, lavanderías, etc.

La mención del «Secretariado de Mujeres del POUM» en el folleto es sorprendente y denota una cierta contradicción: como ya hemos visto, una idea recurrente en los documentos del partido en el exilio es que las mujeres, lejos de organizarse de forma autónoma, deben hacer frente común con los hombres para dirimir conjuntamente la cuestión femenina y, ante todo, para combatir en aras de la liberación del proletariado; pero algunos artículos —y este documento— parecen considerar necesario que las mujeres se organicen, no forzosamente al margen del partido pero sí en grupo, y que como tales se afilien a sindicatos y asociaciones.

Este indicio de disensión se entenderá mejor intentando determinar la autoría de los artículos y las publicaciones del POUM del momento.

Autoría de los artículos

Los artículos sobre la problemática femenina a que nos hemos referido iban firmados por una tal «Julia», mientras que el que versa sobre

677/   Dibujante humorística y periodista catalana nacida en 1931. Denuncia, entre otras cosas, el machismo que reina en la sociedad. También firmó dibujos en la revista feminista *Vindicación Feminista.* La Universidad de Zaragoza puso en línea una versión digitalizada de la revista: http://www.unizar.es/gobierno/vr_institucionales/observatorio/vindicacion/

la enseñanza se debía a Martine Vidal. Investigando para identificar a «Julia», supimos que se trataba de un pseudónimo utilizado por algunos hombres del POUM. La declaración de Fernando Hevia, que formó parte del equipo de redacción de *La Batalla* durante la transición democrática, deja poco margen a la duda: «Hasta donde yo sé, no está redactado por una mujer sino por Albert Masó, que solía firmar como Julio Gil»,[678] y la estructura del escrito parece corroborarlo. Siempre según Hevia, el artículo sobre el divorcio era de Baltasar Palicio. En cuanto al artículo «Las mujeres en la izquierda organizada», cuyo contenido estaba en perfecta sintonía con los textos programáticos del POUM (de octubre de 1977) en pro de un reagrupamiento de los marxistas revolucionarios, Hevia no vacila en asegurar que la parte dedicada a la liberación de la mujer, a partir del decimocuarto punto y aparte, fue redactado por Albert Masó, con una participación en el segundo párrafo del propio Hevia. Por lo demás, ese fragmento escrito a dos manos se publicó tal cual en el n.º 192 de *La Batalla* el 1 de enero de 1978.

Así pues, la voluntad del POUM de dotar a la cuestión femenina del mismo rango de importancia que otros puntos de su programa parece tener que recurrir a ciertas «imposturas» en sus publicaciones. ¿Por qué? Tal vez por escasez de mujeres en el partido, y porque aun participando algunas de ellas —especialmente en Barcelona— en la elaboración de ideas, los hombres intervenían igualmente en el debate sobre la mujer. O bien, sencillamente, las mujeres del POUM no tenían ni grupo ni órgano de prensa propios —contrariamente a lo que pasaba en otros partidos, como el PC— porque entendían el partido como un «codo a codo» con los hombres. De ahí quizás el pseudónimo de «Julia» que, creando una complicidad «de mujer a mujer», sería más capaz de sensibilizar a las lectoras.

El POUM durante la transición democrática y las elecciones de 1977

El período de la transición democrática no fue fácil para el POUM. Uno de los dilemas que se le plantearon era el de las profundas diferencias entre las posiciones de quienes participaron en la guerra y las de la nueva militancia, que aspiraba a un POUM en la línea de las organi-

678/ Fernando Hevia en un correo electrónico a Cindy Coignard, 21.04.2010.

zaciones marxistas revolucionarias y pretendía reanudar con el radicalismo político y social que había configurado su historia. En 1968 se produjo una eclosión de movimientos nuevos, mientras que la militancia del interior se retiraba del militantismo político, o bien se orientaba hacia el socialismo, cosa que provocó una crisis ideológica.

En 1974, Màrius Lleget, antiguo militante trotskista —y, en cierto modo, representante de la disensión de la «juventud» frente a Solano y Masó, los más antiguos, que publicaban por su cuenta la revista *Tribuna Socialista*—, entra en contacto con Vicenç Ballester, antiguo miembro del CE de Barcelona, y Emèrita Arbonès, su mujer; ambos publicaban, por aquel entonces, *Alianza Obrera,* órgano de comunicación del Comité de Enlace de la militancia del POUM en Barcelona. Este primer núcleo se aproxima luego a un grupo de las Juventudes del PSOE encabezado por Antonio Ruiz y de tendencias trotskitzantes, y capta simpatizantes —como Pelai Pagès— que, sin haber militado en él, consideran el POUM como una referencia para el futuro.

La muerte de Franco en 1975 es un acicate para intensificar los contactos en vistas a reconstruir el POUM, con militantes como Joan Rocabert, Manuel Alberich, Ramón Fernández Jurado o Enric Adroher. Este último constituye el Secretariado Político del POUM, al margen del grupo de los «jóvenes», y entra en contacto con miembros del CE de París. En 1976, la situación es confusa: además de la ya apuntada división generacional, en el ejecutivo también se perfilan discrepancias en torno a varias personalidades: Pere Bonet, Carmel Rosa y Sancho forman el Secretariado Político; Quique y César Zayuelas pierden las ilusiones ante la fragmentación de la organización; Solano y la izquierda del POUM optan por un marxismo revolucionario real. En medio de todas estas desavenencias, las mujeres no son muy numerosas —además de las que militan en el exilio de París, hay algunas en Barcelona, Madrid y Sevilla— y no cristaliza un auténtico grupo femenino.

En 1977, año de las elecciones, las divisiones internas se acentúan, cosa que no hace presagiar buenos resultados en las urnas. Finalmente, el POUM solo se presentará en las elecciones municipales de 1979 en Sevilla, Alcalá de Guadaira, Dos Hermanas, Castellón y Gandía. En Andalucía el POUM presenta tres mujeres: Carmen Bueno Hinojosa (secretaria proxincial de El Olivo, sindicada en Comisiones Obreras),

María Dolores Movilla Romera (sindicada en la UGT) y Manuela Bergillos Vázquez (sindicada también en CCOO).

Como era de prever, los resultados electorales del POUM fueron desalentadores. Los intentos de reaccionar buscando fórmulas para reagrupar los grupos marxistas revolucionarios y superar la fragmentación interna fracasan debido a las divergencias y tensiones que sigue habiendo entre la militancia. En mayo de 1979 se habla de una posible disolución del POUM; al año siguiente, esta se hace efectiva. El POUM participa por última vez en un acto público en marzo de 1980.

El POUM siempre fue favorable a la emancipación de la mujer, entendida desde la óptica marxista, es decir: una emancipación que emanaría de la del proletariado. El hecho de incluir explícitamente la cuestión femenina en el programa del partido en los años setenta, ¿respondía acaso al deseo de estar al día? Recordemos que eran los tiempos de auge de los movimientos feministas, por lo que no tenerlos en cuenta habría sido un error estratégico, y con más motivo en vísperas de los comicios 1977. Así pues, era estratégicamente importante incidir sobre la problemática femenina y dar voz a las mujeres —recurriendo incluso a algún pseudónimo femenino—. Pero no se trataba únicamente de estrategia electoral: era deseo expreso del partido que las propias mujeres se significaran, dentro de lo posible, en la defensa de sus derechos. En cierta forma, volvió a ocurrir lo mismo que unas décadas antes, durante la guerra: las mujeres no disponían de un grupo independiente del partido, sino de un secretariado femenino que se proponía estudiar más particularmente los problemas que consideraban propios.

Testimonios y transmisión

El papel de los testimonios es primordial en la construcción de la memoria de un partido o de un colectivo, especialmente si se halla en la situación del POUM, cuya militancia testimonió mayoritariamente tras la desaparición oficial del partido. Se podría considerar que la transmisión de la memoria es un acto militante por sí mismo, por lo que conviene comprobar su impacto en la militancia, por un lado, y en la sociedad, por otro.

Reconectar con el propio pasado o cómo preservar la llama militante

En general, todos los y las militantes con quienes hemos tratado directamente no parecían dar demasiada importancia a su acción militante, una actitud que no atribuimos a la simple modestia sino al particular punto de vista sobre el pasado que parecen adoptar los actores de la Historia, que minimizan, incluso banalizan, su recorrido militante como si se tratara de algo normal y necesario: había que hacer la revolución.

Ignacio Iglesias es uno de los que no desean recordar,[679] pero que ha dejado, en mayor medida que otros, testimonios tanto escritos como orales, porque en definitiva «había que soltarlo», poner nombre al sufrimiento y compartirlo para no llevarlo clavado dentro.

A partir de la década de los ochenta han sido varias las mujeres del POUM comprometidas con el trabajo de memoria y difusión de su pasado. Ya hemos mencionado el auge general de la temática femenina y, por tanto, de la historia de las mujeres y del género a partir de principio de los años setenta, cosa que garantizaba un público a sus relatos; a ello se suma, en España, la transición a un régimen democrático, que actuó de acicate para animarse a explicar un pasado imposible o peligroso de mencionar (son numerosas las voces militantes que aseguran no haber testimoniado por miedo) durante la dictadura. Pero ¿qué motivos podían tener los y las militantes para decidirse a revisitar, al cabo de tantos años, un pasado doloroso? No parece descabellado suponer que la memoria ofrece —especialmente en el caso de los vencidos— la oportunidad de reivindicar el pasado y una herencia histórica y cultural comprometida en cambiar la sociedad. Los libros publicados por la militancia del POUM durante los años ochenta se refieren únicamente a la guerra civil, como si lo esencial fuera calibrar la importancia del conflicto para en el país. Publican Víctor Alba (1974, 1975), Mika Etchebéhère (1976), Mary Low y Juan Breá (1979), Pavel y Clara Thalmann (1983), Carmel Rosa (1984), Ramón Fernández Jurado (1987). Obsérvese que los testimonios femeninos provienen de militantes extranjeras que llegan a España con una experiencia previa en movimientos revolucionarios marxistas de otros países, es decir, mujeres con mayor conciencia política y, en consecuencia, con motivos para divulgar sus recuerdos.

679/   I. Iglesias en I. Lorusso: *op. cit.,* p. 40.

El grueso de las autobiografías que nos atañen no se publica hasta entrado el tercer milenio, cuando el proceso de «recuperación» de la memoria ya se ha consolidado. Son obras que en ocasiones abarcan desde la infancia de sus protagonistas hasta el exilio y el presente; así narran su vida Teresa Rebull (1999), Carmel Rosa y Antònia Adroher (2001), Miquel Adillon (2001), Otília Castellví (2003) y Francesc De Cabo (2005). En otros casos, son los hijos quienes publican sobre sus progenitores buscando, en cierto modo, la reparación por la Historia, como ocurre con Antònia Pallach (1989, 1995) o Vicente Muñiz Campos (2006). Por último, muchas de las biografías se deben al trabajo de investigadores, historiadores o instituciones.

La historiadora Geneviève Dreyfus-Armand sostiene que ciertos rituales conmemorativos generados por la República española contribuyeron posteriormente a aglutinar a los actores de la Historia y a mantener una cierta cohesión entre ellos forjando un imaginario colectivo, manteniendo vivos el recuerdo y la presencia republicana en el presente.[680] Los testimonios dan pie a una especie de reparación ante una injusticia histórica, una doble injusticia en el caso del POUM, infligida por el estalinismo tanto como por el franquismo. Los testimonios, por cierto, no siempre fueron espontáneos sino, probablemente, fruto del creciente entusiasmo por la recuperación de la memoria histórica.

Algunos relatos no se redactaron para ser publicados sino que iban dirigidos al entorno familiar, situándose así en el ámbito de la simple memoria y no en el de la Historia. Julia Pabón legó a su familia sus recuerdos en un diario de varios tomos que empieza así:

> ¡Hijos míos! Se me ha metido en la cabeza de explicaros a grandes rasgos mi vida. No tengo la pretensión de interesar a un público erudito, faltándome la cultura para darme la facilidad de la buena expresión escrita. Pero, para que vosotros lleguéis a conocer mejor mi personalidad, será suficiente y me siento animada para ir redactando, poco a poco, las páginas necesarias de la memoria que tengo de esa época de mi vida. ¡Ya hace días que lo pienso! Y aprovechando los pocos ratos que tendré libres, lo voy a poner en práctica. Seguramente encontraré dificultades y me resultará muy difícil saber explicarlo bien. De muy jovencita siempre me había gustado llevar a

680/ G. Dreyfus-Armand: «La mémoire de la Seconde République dans l'exil républicain en France», en M.-C. Chaput y T. Gómez (dirs): *Histoire et mémoire de la Seconde République*. Université Paris-X-Nanterre, 2002, p. 309.

> cabo un diario, contando mis ilusiones, ideales y fantasías. Todo es volver a empezar, y lo voy a hacer ensayando, como introducción, empezar hablando de mis abuelos, a los cuales debo mi existencia. ¿No os parece?[681]

En cuanto al libro de Teresa Rebull, no sabemos si lo escribió para un público familiar o más extenso, pero lo cierto es que ella misma lo consideraba más un «libro de recuerdos» que una obra de Historia.

En el caso de Otília Castellví, nos consta que sus memorias respondían al impulso de transmisión familiar. Empezó a escribirlas durante los años cuarenta, en Venezuela, y acabó el manuscrito una década más tarde. Ya en los años noventa se las enseñó a un amigo de la familia, Enric Larreula, que quedó entusiasmado y le propuso publicarlas. Tras algunas gestiones, la editorial Quaderns Crema editó la obra, en catalán, en 2003.[682]

La militancia del POUM también contribuyó a la recuperación de la memoria histórica interviniendo en actos públicos a los que, probablemente, las más de las veces se les había invitado precisamente para recabar su testimonio y su recorrido de militantes; prueba de ello es que las fuentes documentales remiten a periódicos o a jornadas de estudio. En los archivos también se hallan referencias a intervenciones orales de militantes del POUM en acontecimientos de diversa índole: ya el 13 de marzo de 1977, en el marco de un coloquio en el Casal de Catalunya de París, Antònia Adroher toma la palabra al lado de otras tres mujeres —Maria Rosa Flotats, Victòria Jané y Teresa Gol— para hablar por turnos de la condición femenina en la sociedad en un período histórico concreto —durante la República, bajo el franquismo, en la actualidad— y de los movimientos feministas modernos en Cataluña. Del acto se desprende la idea de una triple lucha —feminista, nacional y socialista— con unas líneas a seguir y reivindicar: derecho a la educación, igualdad de salarios, mejoras sociales (guarderías colectivas, etc.). Más tarde, en marzo de 1985, Adroher participa en la conmemoración del 50 aniversario de la fundación del POUM, organizada por el CEHI (Centre d'Estudis Històrics Internacionals) en Barcelona. Las jornadas tenían como objetivo «acercar los protagonistas de la Historia a las per-

681/   *Diario biográfico de Julia Pabón Garrido. Primer tomo. Época: 1920 a 1938. España.* Archivos privados L. Blanchard-Rubio.
682/   Ulisses Moulines a Cindy Coignard en un correo electrónico del 24.06.2013.

sonas que estudian el movimiento obrero, a fin de conocer aspectos ignorados de la historia del POUM». La intervención de Adroher versa sobre la situación de la mujer en el partido y durante la revolución. ¿Debemos interpretar que los temas se distribuyeron de manera sexuada? Preferimos concluir, tal como proponíamos en la segunda parte de esta tesis, que toda persona se presta más a hablar de lo que mejor conoce. Asimismo, en septiembre de 1985, Antònia Adroher y Teresa Rebull tratan ese mismo tema en unas jornadas organizadas, entre el 25 y el 28 de septiembre de 1985, por la Fundación Rafael Campalans, el CEHI y el Ayuntamiento de Barcelona.

Otras mujeres dejaron también su testimonio, como Emèrita Arbonès, que formó parte de la asociación *Dones del 36* (creada en 1977 y disuelta en 2006 a causa de la avanzada edad de algunas de ellas), por iniciativa de Llum Ventura, entonces concejala del barrio de Ciutat Vella de Barcelona. La asociación tenía por objetivo recordar a las generaciones futuras, y especialmente a las mujeres, que muchos de los derechos adquiridos progresivamente a partir de los años setenta ya habían estado vigentes durante la República, y que no todas las reivindicaciones nacieron con la democracia en 1975. Desde una óptica claramente de género, la asociación aspiraba a acercar el pasado a las nuevas generaciones y colmar, en la medida de lo posible, el vacío existente en materia de historia de las mujeres. Su labor de memoria y de difusión fue importante. La principal labor de las asociadas consistía en acudir a las escuelas para testimoniar ante el alumnado, que así podía entender mejor aquella parte de la Historia y, sobre todo, entendía no debía repetirse. Hubo efectivamente alumnos que aseguraron haber abierto los ojos y que, por el conocimiento del pasado, podían aprehender mejor el presente e intentar mejorarlo. Para Arbonès la lucha continuó a través de los testimonios: «Ahora todo lo que se refiere a la política me lo tomo diferente. Ahora mi lucha no es una lucha de acción sino de testimonio».[683]

Los actos conmemorativos pueden servir de lección política para el presente: más allá de rendir homenaje a alguien o a algo, pueden susci-

---

683/ Emèrita Arbonès en D. Serra y J. Serra: *La guerra quotidiana. Testimonis d'una ciutat en guerra (Barcelona, 1936-1939)*. Barcelona, 2003, p. 321.

tar nuevas reivindicaciones.[684] Es lícito pretender recordar, dando a conocer el papel de las mujeres durante la Segunda República, en la guerra civil y en el proceso democrático, aquello por lo que el partido —el POUM u otro— había militado: el sufragio femenino, el matrimonio civil, el aborto, la contracepción... y por consiguiente, aquello por lo que merece la pena volver a luchar.[685]

Testificar con toda humildad

Cuando toman la palabra, las y los militantes muestran una clara tendencia a considerarse «simples» militantes. Las acciones en que tomaron parte, fueran de la índole que fueran, consideradas con género o no, se les antojan «normales»; es decir: las emprendieron por una necesidad, algo intrínsecamente ligado a su trayectoria y a sus convicciones. Es más: como ya hemos visto anteriormente, el «nosotros» primaba sobre el «yo». Dicho de otra manera, el colectivo era más importante que las acciones individuales que, además, no se enfocaban como tales sino como parte integrante del militantismo de un partido entero. Así Emma Roca comentaba a Michael Eaude que se veía a sí misma como «militante de base»;[686] Teresa Rebull aseguraba a Jacky Solé «haber tenido un poco de vergüenza de no haber estado internada en los campos, de no haber sido solidaria de la miseria y la humillación de todos sus compañeros de infortunio»,[687] concediendo una vez más absoluta preferencia al aspecto colectivo y a la voluntad de unión incluso en los peores tragos; las memorias de Maria Sales llevan un título marcadamente humilde: «Anécdotas y peripecias de la vida de una pequeña mujer». En cuanto a las y los militantes con quienes nos hemos entrevistado, la mayoría declararon en algún momento no tener gran cosa a explicar,

---

684/   D. Bussy Genevois: «Mémoire du vote des femmes 1931-1981: une réappropriation», en M.-C. Chaput y T. Gómez (dirs): *Histoire et mémoire de la Seconde République*. Université Paris-X-Nanterre, 2002, p. 460.

685/   *Ibidem*.

686/   Emma Roca a Michael Eaude en el artículo publicado el 23 de noviembre de 2004 en *The Guardian*.

687/   Teresa Rebull a J. Solé, en «Teresa Rebull: de l'artiste engagée à l'art comme engagement», 1999/2000, tesina en Historia de las Artes, bajo la dirección de Michel Cadé, p. 11.

o nada que pudiera interesarnos, lo que evidentemente no era el caso. Esta actitud, observada en las militantes, podría explicarse por el estatus de segunda que se les adjudicó durante décadas, si no resultara que los hombres del POUM mostraron la misma tendencia; baste recordar a Ignacio Iglesias cuando dice que «tuve siempre una vida normal, como la de tantos otros, era un militante de base, un obrero, un comunista».[688]

Es moneda corriente que la gente anónima subestime su historia, ya que durante mucho tiempo, como afirma Mercedes Yusta, «la Historia ha sido la de las "personalidades", de quienes la han "hecho" (generales, políticos...), dejando a la gente de a pie al margen de los relatos grandilocuentes en los que aparece, como mucho, como "la masa" o "el pueblo"».[689] Así, continúa la historiadora, cuando «estos testimonios toman la palabra, a menudo por primera vez, [...] en la mayoría de los casos vinculan la iniciativa de ponerse a escribir con un proceso militante vertebrado por una reivindicación común: la recuperación de su dignidad de combatientes antifranquistas, que el discurso oficial les había confiscado».[690] Se trata, pues, de dar a conocer el pasado pero también, como suelen formular los testimonios, de influir sobre la actualidad —una voluntad de enlazar con la actualidad que a veces aflora de modo más bien intempestivo justo en medio de un fragmento del pasado—. Maria Teresa Carbonell, por ejemplo, incide varias veces en comparar presente y pasado cuando se refiere al estatus de los exiliados políticos en Francia o, también, a la condición femenina;[691] Júlia Serra, al ser entrevistada, insiste en que la prostitución sigue siendo hoy en día un problema tan grave como lo era por aquel entonces.

Para la militancia es fundamental que su lucha, pese a la derrota militar y a la clandestinidad durante el exilio, haya servido para algo. Emèrita Arbonès quiere «creer que la sociedad ha mejorado, pero también desearía que se llegara a aquello por lo que lucharon hasta dejarse la piel; esos mismos ideales [que ella], en silencio, ha llevado siempre en el corazón».[692]

688/   I. Iglesias a I. Lorusso: *op. cit.,* p. 73.

689/   M. Yusta: «L'historien et le témoin...», *op. cit.,* p. 206.

690/   *Ibidem,* p. 210.

691/   M. T. Carbonell a C. Coignard en «Entrevista a Wilebaldo Solano y Maria Teresa Carbonell», Fontenay-sous-Bois, 08.01.2009.

692/   I. Olesti: *op. cit.,* p. 144.

Cada memoria individual es un punto de vista sobre la memoria colectiva,[693] y a veces hace falta que otra gente te dé motivos para recordar, para «despertar» los recuerdos. Estas memorias individuales permiten reconstituir una memoria de grupo, basada no solo en los hechos y las fechas históricas sino también en las impresiones y en la atmósfera del momento, tanto psicológica como social. Si la Historia suele presentarse como una serie de acontecimientos y, a veces, se diría que no ha pasado nada entre uno y otro, la memoria conserva sobre todo los cambios, las diferencias, los sucesos que nos marcaron; y lo principal es, a fin de cuentas, la suma, el cómputo final de estos detalles.

Consecuencias psicológicas de la guerra

Aunque analizar los hechos históricos es indispensable, conviene preguntarse también sobre el papel de la memoria —en nuestro caso, referida a la guerra civil— y sus posibles repercusiones sobre los individuos. Dicho de otra manera: ¿qué queda de la memoria, cómo operan los criterios (conscientes e inconscientes) de selección en los testimonios posteriores, datados a menudo varias décadas después de los sucesos? Citando las palabras de Michelle Perrot, «la Historia se construye sobre el olvido», es decir, en nuestra memoria opera una selección de determinados elementos y una especie de rechazo de otros sobre los que merece la pena indagar. Simultáneamente es necesario examinar el papel de la memoria en la construcción y en la personalidad de las personas implicadas.

Las fuentes que hemos utilizado y que constituyen los dos vectores de la transmisión de esta memoria son, por un lado, los testimonios escritos por los protagonistas en persona y, por otro, lo que se suele denominar la memoria oral. En otros términos, la que definiríamos como memoria «reelaborada» y la memoria más «espontánea».

Avatares de la memoria: entre precisiones y lagunas

En el relato *Carnets de la Guerre d'Espagne* de Mary Low y Juan Breá, algunas indicaciones de lugar y fecha son muy exactas —«Eran las cua-

---

693/   M. Halbwachs: *La mémoire collective.* París, 1997 (1.ª edición, PUF, 1950), p. 94.

tro de la tarde pero no nos fuimos hasta las nueve de la noche»—,[694] cosa que se explica sin duda por la inmediatez de la redacción, ya que la primera versión del libro data de 1937, en pleno apogeo de la guerra. El momento de la redacción es, pues, uno de los primeros elementos que hay que tener en cuenta. A menos distancia de los sucesos, más abundantes, detallados y, sobre todo, exactos serán los detalles; pero incluso en publicaciones posteriores —que son la mayoría— hay datos sorprendentemente precisos, como por ejemplo los sucesos del año 1934 tal como los narra Teresa Rebull.[695] Cierto es que se trata de sucesos políticos de primera magnitud, por lo que no le habría sido imposible consultar otras fuentes, además del propio recuerdo, para contextualizar, completar o ilustrar ciertas afirmaciones. Sin llegar a concluir nada, apuntaremos que la exactitud en fechas y sucesos puede provocar dudas sobre el carácter espontáneo de sus recuerdos, teniendo en cuenta que, además, Rebull era por aquel entonces una adolescente de 14 años. Podría deducirse, pues, que hubo una cierto trabajo de documentación e investigación sobre los acontecimientos políticos que sirven de telón de fondo a su relato.

En los recuerdos personales, más difíciles de verificar y a veces más lejanos, los datos revisten mayor imprecisión. Así por ejemplo, en el libro de la barcelonesa Otília Castellví, *De les txeques de Barcelona a l'Alemanya nazi,* publicado en catalán en 2003,[696] menudean las expresiones como «un domingo de verano de 1932»,[697] «algunos días más tarde»,[698] «hacía algunos días»;[699] o, en el libro de Rebull, «mi madre tuvo que esconderse durante un tiempo».[700] Ello no resta valor documental a estos relatos, que ofrecen, incluso décadas después de la guerra, profusión de

---

694/   M. Low, J. Breá: *Carnets de la Guerre d'Espagne.* Ginebra, 1997 (título original: *The red spanish notebook.* Londres: Secker and Warburg, Londres, 1937), p. 93.

695/   T. Rebull: *En chantant.* Baixas, 2005 (traducción de André Vinas del libro *Tot cantant.* Barcelona: Columna, 1999), p. 53.

696/   Se publicó una segunda edición en castellano: *De las checas de Barcelona a la Alemania nazi.* Barcelona, 2008.

697/   O. Castellví: *De les txeques de Barcelona a l'Alemanya nazi.* Barcelona, 2003, p. 17.

698/   *Ibidem,* p. 30.

699/   *Ibidem,* p. 35.

700/   T. Rebull: *op. cit.,* p. 53.

detalles impresionantes, prueba de que todo ello marcó profundamente a nuestras protagonistas.

Los testimonios orales adolecen de mayor inexactitud, con lagunas o, incluso, anacronismos. La historia oral plantea a menudo las mismas dudas: ¿Hasta dónde alcanza la credibilidad de un testigo requerido a explicar sucesos que quedan ya muy lejos en el tiempo? ¿Cómo asegurarse de la validez de sus afirmaciones? Pero como por lo general las mujeres son las grandes ausentes en la Historia, cuyo relato —la escritura de los hechos y los acontecimientos— responde a un punto de vista androcéntrico y como, además, las mujeres brillan igualmente por su ausencia en las fuentes escritas, la recuperación y salvaguarda de esta otra memoria pasa necesariamente por recoger los testimonios orales.

En sus trabajos, Denyse Baillargeon, profesora del departamento de Historia de la Universidad de Montreal y especialista en historia de las mujeres y de la familia, subraya que muchos autores, como Paul Thompson o Alessandro Portelli —pioneros de la historia oral— se han esmerado en demostrar que lo escrito no es más objetivo que lo oral puesto que, siendo a menudo el resultado de una transcripción de este, incorpora la percepción del autor respecto a los hechos.[701] Los testigos a los que se pregunta tendrán tendencia a evocar aquellos sucesos que, retrospectivamente, conservan para ellos un significado particular, ya sea en razón de su valor intrínseco, ya sea porque están asociados a sucesos exteriores memorables.[702] Las fuentes orales, pues, nos permiten acceder simultáneamente a los hechos y a la relevancia que sus actores les atribuyen.

Los testimonios de las mujeres del POUM suelen evocar la infancia y referirse luego a la actualidad para volver seguidamente a la época del conflicto armado. Mientras que los testimonios escritos pueden ser objeto de correcciones, de revisiones y de mejoras, en las entrevistas las respuestas son más espontáneas, tanto si las preguntas habían sido presentadas de antemano como si no era así, cosa que explica que su discurso pueda resultar algo deslavazado, incompleto y titubeante. Por ello es recomendable entrevistar, en la medida de lo posible, varias veces a la misma per-

701/ D. Baillargeon: «Histoire orale et Histoire des femmes: itinéraires et points de rencontre», en *Recherches féministes,* vol. 6, n.° 1, 1993, p. 56.
702/ *Ibidem,* p. 58.

sona; así se corrigen, se rectifican o se perfeccionan algunos elementos. Sin embargo, aquellas respuestas que parezcan subjetivamente confusas no deben eliminarse inmediatamente: es precisamente aquí donde interviene el historiador, que indagará la veracidad de los discursos, tanto si nos parecen verosímiles como si no. La conversación que mantuvimos con Júlia Serra sobre la composición de las células de militantes es buen ejemplo de ello:[703] la militante afirmaba, sin estar segura del todo, que las células estaban constituidas por seis o siete personas, y que en Girona había una veintena de ellas. Consultando numerosas obras y artículos sobre el POUM, y también entrevistando a Wilebaldo Solano, pudimos confirmar que, efectivamente, las células estaban normalmente constituidas por seis militantes; por otro lado, los militantes registrados en Girona totalizan cerca de ciento cincuenta, de modo que nuestro cálculo —veinticinco células— se aproxima mucho a lo afirmado por Serra más de setenta años después del inicio de la guerra.

En la tarea de recuperar la memoria oral son habituales los cambios de tema sin que medie transición alguna. Ello queda patente en la entrevista realizada a Luisa Cortezón, originaria de Santander. A una pregunta concreta sobre el POUM —«¿Era el POUM numeroso en la región?»—, respondió lo siguiente:

> [El POUM] era bastante numeroso. No era una cosa grande, grande, porque muchos no sabían lo que era y había muchos fascistas, o más bien gentes de derechas, un poco más templados que fascistas. Y muchas veces, en Astillero... Hay un puente arriba, y desde allí se subían chavales y nos apedreaban —mi padre estaba en la cárcel—, nos insultaban y nos decían que teníamos al padre con pena de muerte. Para que todo el mundo se enterara. Y muchas veces no podíamos salir de casa, porque te apedreaban. O bien, ibas a buscar pan y te decían que para nosotros no había pan. Un panadero que habíamos conocido toda la vida: «Para los Cortezón no hay pan». «¿Los Cortezones? No hay pan.»[704]

La entrevistada no responde a la pregunta, cosa que no parece deberse a no haberla entendido —aunque también pudiera ser— ni a que le falle la memoria; el cambio abrupto de tema parece obedecer más bien a la súbita emergencia de un recuerdo. Así las cosas, ¿cómo interpretar los

---

703/   Entrevista con Júlia Serra, por C. COIGNARD, Toulouse, 2007.
704/   Entrevista con Luisa Cortezón, Vitry-sur-Seine, 04.12.2008.

repentinos saltos de un tema a otro en plena conversación? La respuesta es de pura lógica: se trata de recuerdos más poderosos, que han dejado más marca, y son, por lo general, más dolorosos; un elemento de la frase los ha reavivado y colocado en primer plano. Así, a Luisa Cortezón es seguramente la mención de Astillero lo que la lleva a recordar una parte del pueblo que asocia a un desagradable suceso de su infancia.

Algo similar sucede en una conversación con Serra. La pregunta era: «Así pues, en el POUM Antònia Adroher era quien organizaba las mujeres. ¿Qué hacia usted?».

> El papel de las mujeres fue enorme. Durante la guerra se ocuparon sobre todo de la atención a los niños. Los niños, ese fue el gran problema durante la guerra civil, y me han dicho que es así en todas las guerras civiles. Y yo lo viví, ese problema. Nos llegaban por ejemplo de Andalucía, de Málaga sobre todo, que ha pasado a ser tristemente célebre en la historia.[705]

El tema de la atención a la infancia, y de los niños de Málaga en particular, será algo recurrente en los testimonios de las militantes de Girona; a Serra parece haberla marcado profundamente. Al preguntarle sobre las funciones de la Comisión Femenina en apoyo de las milicias, contestó justificando su anterior respuesta y volviendo a mencionar los niños refugiados:

> Hacía falta un envés político: era la guerra. Y hay que decir que, cuando la guerra, las mujeres procedentes del POUM se comportaron magníficamente. Hicieron un gran esfuerzo de colaboración. A nosotras nos llegaban los pequeños de Málaga, vuelvo a ello porque es la imagen que más me marcó de la guerra y después de la guerra. Málaga, de las imágenes de totas las guerras civiles, es la imagen más desgraciada que existe. Sobre todo los niños. Mal alimentados, estaban totalmente desnutridos. Llegaban sucios, los pobres ¿Qué hicimos nosotras, las maestras, las mujeres de la escuela? Los hombres estaban todos movilizados. Así es que me acuerdo de una intervención que hice. Dije: «Escuchad, en vez de discutir, hablemos del *donar de menjar*». ¿Me entiende? Había que pensar en darles de comer. Era lo primero; lo demás, ya se vería.[706]

En la misma tónica, Antònia Adroher, militante, maestra, primera mujer en ocupar, como ya hemos visto, un cargo en el Ayuntamiento

---

705/   Entrevista con Júlia Serra, Toulouse, 2007.
706/   *Ibidem.*

de Girona —fue regidora de Cultura— y responsable del CENU del 21 de octubre de 1936 al 16 de febrero de 1937, regresa repetidamente al problema de los niños en relación, más específicamente, con la escuela. Otro de sus temas favoritos es el proyecto de la Escola Prat de la Riba —que preveía la construcción de una escuela nueva, laica, bilingüe y gratuita para todos y que, desgraciadamente, nunca se realizaría a causa de la victoria de las tropas rebeldes el 1 de abril de 1939, como ya hemos comentado—, proyecto en el que participó activamente.[707]

De la memoria individual a la memoria colectiva

Todas las militantes nos han referido su entrada o su adhesión al partido y la cohesión que reinaba entre militantes de ambos sexos; algunas, como Maria Teresa Carbonell, originaria de Barcelona y compañera de Wilebaldo Solano, habla del partido como de una familia —«Todo el mundo era simpático» y «un partido es como una familia [...] En realidad, el domingo, si haces algo, si haces fiesta, pues [la haces] con la gente del partido, y te sientes siempre como en familia»—[708] mientras que a Mika Feldman ello la lleva a plantearse, en su libro *Ma guerre d'Espagne à moi* (1975),[709] cuestiones de la causa femenina. Anotemos, por otro lado, que los relatos de milicianas muestran cierta tendencia a la generalización, especialmente cuando tocan temas de envergadura como la guerra civil, la política del POUM, la represión estaliniana, etc., como intentado justificar la derrota, o para traducir sus penas o esperanzas pasadas y destruidas. En cierto modo, aprovechan la ocasión para re-pensar y rehacer una historia que no se desarrolló como ellas esperaban; un buen ejemplo de ello se halla en Antònia Adroher.[710] Este tipo de discurso puede interpretarse como una especie de emplazamiento a la colectividad para que se preste atención a lo que pasó, se

---

707/ A. Adroher: «Record d'un projecte d'escola», s/d.

708/ Entrevista con Wilebaldo Solano y Maria Teresa Carbonell, Fontenay-sous-Bois, 08.01.2009.

709/ Citado por Luis Portela en «Mika Etchebéhère: una heroica y desconocida combatiente de nuestra guerra civil», 2000, artículo publicado en la revista *Historia y Vida* en febrero de 1977. www.fundanin.org/mika.htm

710/ A. Adroher: «Treball d'investigació: Antònia Adroher». Girona, 1992, pp. 23-24.

contemple el verdadero cariz de ciertos regímenes (en este caso, fascistas) y se extraigan del pasado las lecciones necesarias para construir un futuro mejor.

La recuperación de la memoria es, a nuestro entender, una tarea esencial e ineludible, muy particularmente porque se trata de contrarrestar la tendencia tan propia de ciertos regímenes —las mujeres del POUM la experimentaron tanto en relación con el franquismo como con el estalinismo— de esmerarse en borrar la historia o, cuanto menos, de maquillarla, de confundir las huellas, de transformarlas y seleccionar ciertos hechos para confeccionar una historia parcial en ambos sentidos de la palabra.

En esta última parte hemos podido ver que la militancia de las mujeres del POUM continuó en el exilio, aunque bajo otras formas que durante la guerra civil. A pesar de las dificultades que entrañó pasar a la clandestinidad, la militancia (en Francia, en España y en América Latina) mantuvo los vínculos y continuó pugnando por un mundo nuevo y más justo. En este contexto se inscriben las diversas actividades desempeñadas por algunas, así como la continuidad de la lucha por la emancipación femenina, paralelamente a la del mundo obrero.

En la actualidad, la lucha del POUM y su mensaje revolucionario y democrático hallan en cierto modo continuidad en la Fundació Andreu Nin, que se declara heredera del partido, y en el trabajo de investigadores e historiadores que contribuyen a enriquecer su historia.

CONCLUSIÓN

La segunda mitad del siglo XIX marcó un giro en la historia de las mujeres o, en todo caso, en la historia de las relaciones de sexo, a consecuencia de una creciente toma de conciencia que desembocaría, en las primeras décadas del siglo XX, en un proceso real de emancipación. Una de las claves de los primeros esbozos de la emancipación femenina fue el desarrollo de un movimiento educativo y el progresivo acceso de las mujeres a la alfabetización y, por ende, a nuevas profesiones. No olvidemos la aportación del pensamiento krausista, introducido en España por Julio Sanz del Río y una de las fuente de inspiración para la pedagogía anarquista y el pensamiento del POUM, un partido que defendía ardientemente el acceso universal a la educación, considerada fundamento de toda emancipación, y que siempre deseó la participación activa de las mujeres en la construcción de la sociedad, reconociendo que habían sido mantenidas al margen de las actividades político-sociales durante demasiado tiempo. Una cosa parece segura: la Segunda República española permitió a las mujeres construirse una identidad real, incluso una cultura democrática. Fue una época de concretización de utopías anteriores, desarrolladas al final del siglo XIX.[711] En todo caso, a partir de los años treinta, la implicación de las mujeres del POUM en este sentido es ya un fenómeno consolidado.

A tal proceso de maduración sociopolítica femenina concurrieron diversos factores, como la profunda huella del proceso de socialización durante la infancia, que propició que tomaran conciencia en temas como la situación del proletario y de la mujer, o las circunstancias de la Segunda República y la Revolución de Octubre de 1934. La guerra civil sería el catalizador de la movilización femenina: con los hombres en el frente, las mujeres pudieron ocupar el espacio público.

711/   A. AGUADO, ponencia en el coloquio «Femmes et cultures politiques. Espagne XIX-XXIème siècles». Université Paris-X, 10, 11 y 12 de enero de 2008.

La mayoría de las mujeres del POUM entraron en el partido por tener relación con un militante. Algunas aseguran que, antes de su ingreso en el POUM, la política no les interesaba en absoluto, pero que les importaban las injusticias y las discriminaciones sociales, aunque no se comprometieran políticamente. Una vez en el partido, se emplearon en cuerpo y alma, y las militantes más activas que hemos citado enriquecieron su cultura política.

La emancipación por la que luchaban las mujeres del POUM se inscribía en una lucha más general, la de la emancipación del proletariado. No obstante, también existía una lucha específica de las mujeres que se desarrollaba dentro del mismo partido y no en un órgano autónomo e independiente.

Según Joan Scott, «hay que analizar en su contexto cómo opera toda oposición binaria, derribando y desplazando su construcción jerárquica en vez de aceptarla como algo real, algo inapelable o algo que está en la naturaleza misma de las cosas».[712] Para las mujeres del POUM, este giro se produce con la guerra civil. Los conceptos normativos adoptados por la sociedad, aun a falta de antecedentes históricos que lo certifiquen, sitúan tradicionalmente a la mujer en una posición de inferioridad. Siempre según Joan Scott, los cambios radicales han de operarse de forma masiva para que los viejos órdenes engendren unos nuevos; ello justifica sin duda la voluntad del POUM de hacer la revolución al mismo tiempo que la guerra; tal vez sirva también para explicar por qué las mujeres del POUM se organizaron dentro del partido y no en una estructura independiente: ciertamente las militantes crearon su propio órgano de prensa y asumieron ciertas reivindicaciones que las atañían directamente, pero siempre militaron en una óptica global de lucha. Dicho de otra manera, las mujeres tenían que luchar por la emancipación del proletariado porque ello revertiría en su propia emancipación, del mismo modo que el partido tenía que luchar por la emancipación del proletariado español, pero también por el internacional. Este posicionamiento se halla en el núcleo de las luchas del POUM. Es por ello que, aun existiendo luchas más específicas de un grupo, estas eran siempre las del partido. Las mujeres del POUM tomaron elementos de la

---

712/ J. Scott: «Genre, une catégorie utile d'analyse historique»: *op. cit.*, p. 54.

cultura comunista y/o anarquista pero no desarrollaron ni construyeron una cultura propia.

Hallamos mujeres del POUM en centros de sociabilidad femenina de diversa índole. Muchas trabajaron en la fábrica o en medios obreros, cosa que favoreció su toma de conciencia. Para muchas el POUM mismo fue el centro motor de la reflexión sobre la problemática de la discriminación ejercida sobre las mujeres y sobre el proletariado en general. En el exilio, y a falta de un órgano de prensa femenino, la militancia de las mujeres se mantuvo en torno a los *casals* y centros catalanes, cuyas actividades constituyeron un vector importante de unión y de identificación para muchas mujeres, con el antifascismo como denominador común de su lucha.

En el exilio, la expresión de su militantismo evoluciona; se aleja de la acción propiamente dicha pero sigue siendo palabra: las militantes se expresan a través de la prensa, de la literatura, de la canción y de las entrevistas.

Podemos afirmar que el POUM favoreció la emancipación femenina, aun sin llegar a erradicar los comportamientos diferenciados según el género (enfermeras de guerra, trabajo femenino en la retaguardia, defensa de las ciudades, abastecimiento, espacios reservados a las mujeres en la prensa). Este posicionamiento, más antropológico que histórico, guió las acciones de las mujeres en el conflicto armado.

Hemos podido observar ciertas diferencias, en términos cuantitativos y de acción, según las zonas. Las ciudades de Girona, Barcelona, Tarragona, Reus y Sabadell contaban con una militancia más nutrida, una superioridad numérica que se explica sin duda por la importancia de estas poblaciones, las tres primeras por ser capitales de provincia o, en el caso de Sabadell, por tratarse de una ciudad industrial con mayor influencia del medio obrero.

Las actividades variaron en función de las competencias de las militantes: claramente orientadas hacia la educación en Girona, más diversificadas en Barcelona, seguramente debido a la mayor presencia de militantes extranjeras y por estar más cerca de los frentes de guerra. No obstante, se observa entre todas ellas una cohesión en la medida en que siguen la línea política del POUM y se complementan mutuamente.

Hemos observado una recurrencia en los testimonios (escritos u orales), tanto en Girona como en Madrid o Barcelona, a saber: la expresión de un sentimiento de pertenencia a un grupo —al partido y al grupo «mujeres»—. Las mujeres del POUM traban indisociablemente su memoria personal e individual a la memoria colectiva, caracterizada en los relatos por el uso del «nosotros».

A pesar de la represión —en el caso del POUM, la doble represión franquista y estalinista— y el sufrimiento que se desprende del testimonio de las militantes, no se observan sentimientos de cólera ni de venganza. Lo que destaca es un simple análisis de la situación, un esfuerzo de clarificación destinado, como hemos enunciado anteriormente, a informar y revelar cosas hasta entonces incompletas o que no se habían dicho; es lo que, en *Los abusos de la memoria*, Tzvetan Todorov llama, atendiendo a la utilización que de ella se hace en el presente, una «memoria ejemplar». Se trata de «salir del yo para ir hacia el otro». Aunque cada acontecimiento sea único, a tenor del lugar y la época, siempre es posible encontrar paralelismos con otras situaciones. Así pues, y siguiendo a Tzvetan Todorov, los testimonios son a menudo el resultado de la mezcla de la memoria literal y la ejemplar. Este parece ser el caso de las mujeres del POUM. Por otro lado, tal y como hemos intentado demostrar con su ejemplo, el hecho es que, a partir de los testimonios individuales, se puede reconstruir una historia colectiva. Cada relato, sin perder sus singularidades y sus particularidades, es una pieza más en la recuperación de una memoria colectiva común a un grupo de individuos.

Los militantes y simpatizantes del POUM tuvieron un papel relevante en la emancipación femenina, pero lo cierto es que a fecha de hoy todavía existen, y no solo en España, desigualdades entre mujeres y hombres.

Volviendo a ese anhelo por hacerse partícipe, impulso que los actores de la historia comparten con investigadores e historiadores, quisiera acabar con una cita de Jacques Le Goff que, además de ilustrar uno de los beneficios de la recuperación de la memoria, se ajusta a lo que eran y siguen siendo las expectativas del POUM y de sus antiguos militantes: un partido y unas personas con la mano siempre tendida hacia los demás y que desean, hoy como ayer, que su historia sea útil a otros.

La memoria solo quiere salvar el pasado para servir al presente y al futuro. Hagamos de modo que la memoria colectiva sirva a la liberación y no al sometimiento de las personas. [713]

713/   Citado por T. TODOROV en *Les Abus de la mémoire*. París, 2004.

ANEXOS

1)   Número de artículos firmados por mujeres militantes, clasificados por periódico y según la fecha de publicación

	Oct. 1936	Nov. 1936	Dic. 1936	Ene. 1937	Feb. 1937
Avançada	0	0	0	1	1
La Batalla	0	0	0	1	1
Emancipación	x	x	x	x	7 (n°1)
L'Espurna	x	10	20	8	10
Front (Terrassa)	0	0	1	2	4
Front (Sitges)	1	0	0	3	1
Impuls	x	x	x	2	5
Combat	0	0	1	1	x
Total	**1**	**10**	**22**	**18**	**29**

	Mar. 1937	Abr. 1937	May. 1937	Jun. 1937	**Total**
Avançada	0	1	1	x	**4**
La Batalla	1	1	1	0	**5**
Emancipación	?	8 (n°4)	18 (n°5)	?	**33**
L'Espurna	15	18	5	0	**86**
Front (Terrassa)	4	4	5	5	**25**
Front (Sitges)	0	1	1	1	**8**
Impuls	0	3	2	x	**12**
Combat	x	x	x	x	**2**
Total	**20**	**36**	**33**	**6**	**175**

2)   Artículos sobre las temáticas « mujeres » así como « niño y enseñanza » publicados en los periódicos del POUM.

	La Batalla	L'Espurna	Combat	Acció	Avançada	Front (Sitges)	Front (Terrassa)	Impuls	**Total**
Artículos sobre mujeres	42	30	17	0	11	12	28	3	**143**
Artículos sobre niño y enseñanza	13	45	18	2	0	0	7	0	**85**
Número de artículos por periódico (1936-1937)[1]	1721	931	966	30	125	297	1380	170	**5620**

1/   Las cifras son aproximativas. Contabilizamos la media de los artículos presentes en un número, y eso, en una muestra de 5 a 10 números para cada periódico. Además, no tomamos en cuenta las notas, noticias breves o escritos sobre hechos de guerra, sino más bien artículos de fondo y de reflexión.

3)   Número de artículos escritos por mujeres militantes, por tema y periódico

	Mujeres	Educación	Política	Religión	Retaguardia	Arte y cultura	Total
Avançada	4	0	0	0	0	0	4
La Batalla	4	0	1	0	0	0	5
Emancipación	21	1	9	1	1	0	33
L'Espurna	19	11	36	2	16	2	86
Front (Sitges)	6	0	2	0	0	0	8
Front (Terrassa)	16	1	2	0	2	4	25
Impuls	2	0	8	0	1	1	12
Combat	2	0	0	0	0	0	2
Total	74	13	58	3	20	7	175

FUENTES Y BIBLIOGRAFÍA

Fuentes hemerográficas

Lista de los principales periódicos estudiados:
Avançada, Puig Alt de Ter, 31/10/1936-01/05/1937, semanal, 25 números, 8 páginas por número (a partir del 27/02/1937, el periódico pasa a 4 páginas); *La Batalla,* Barcelona, 04/08/1936-27/05/1937, 214 números, diario, 4 a 8 páginas; *Combat,* Lérida, 161 números. 4 páginas; *Emancipación,* órgano bimensual femenino del POUM, Barcelona, 3 números (n.° 1, 20/02/1937, 4 páginas, n.° 4, 24/04/1937, 4 páginas, n.° 5?, 29/05/1937, 8 páginas); *L'Espurna,* Girona, 16/11/1936-05/06/1937, diario (excepto los domingos), 133 números, 4 páginas cotidianas; *Front,* Terrassa, 24/07/1936-18/06/1937, 230 números, diario, 4 páginas; *Front,* Sitges, 25/10/1936-13/06/1937, semanal, 33 números, 4 páginas; *Impuls,* Sabadell, 22/01/1937-28/05/1937, semanal, 17 números, 8 páginas (números 1 a 9; 22/01/1937-19/03/1937) luego 4 páginas (números 10 a 17; 26/03/1937-28/05/1937).

Documentos audiovisuales

GORDON, J.: Documental *Doblemente olvidadas: las mujeres del POUM,* 2011.

THALMANN, C. y SOUCHY, A: Documental *Die lange Hoffnung. Erinnerungen an ein anderes Spanien,* 1985.

GENOVÉS, M.-D.: *Operación Nikolaï.* Disponible en Internet: http://www.youtube.com/watch?v=zLAfmtlCgTU (consultado en 2013).

LOACH, K.: *Tierra y Libertad* (Land and Freedom), 2005.

ARMENGOU, M., BELIS, R.: «POUM: una vida per la utopia», documental televisado en *Trenta Minuts,* TV3 Catalunya, 2005.

Correspondencias y entrevistas

Archivos personales: Antònia Adroher (documentos no publicados, sin fecha), Salomó Marqués, Michel Martí, L. Blanchard Rubio.

Dolores Bosch de Ros. Entrevista realizada por Enriqueta Tuñón, PHO/10/94, Sección: Exilio español en México, AGGC, Salamanca, 1988.

Carme Bahí de Parera. Entrevista realizada por Enriqueta Tuñón, PHO/10/89, Sección: Exilio español en México, AGGC, Salamanca, diciembre de 1987 y enero de 1988.

Correspondencias electrónicas con Ulisses Moulines, Teresa Rebull, Gérard Roche, Pelai Pagés, Pepe Gutiérrez, Pello Erdociain, Silvia Ortiz Nin, Cristina Simó, Ondina Ballester, Esther Llorenç, Andreu de Cabo, Dolores Pla, Pilar Domínguez Prats, Fernando Hevia (2007-2013).

Entrevistas entre 2008 y 2010: Teresa Rebull, Guy Prévan y Ded Dinouard, Júlia Serra, Luisa Cortezón, Wilebaldo Solano y Maria Teresa Carbonell, Antonia Fontanillas, Blanche Marcellan, Martine Vidal Masó, Joan Calmó, Pere Oliver, Amada Rousseaud.

El BOC, la ICE y el POUM
Monografías

ADROHER, A., ROSA, C.: *La llavor dels somnis.* Girona, 2001.
ALBA, V.: *El marxisme a Catalunya, 1919-1939,* vol. I: «Història del B.O.C.» y vol. II: «Història del P.O.U.M.». Barcelona, 1974.
__________: *L'aventura del militant.* Barcelona, 1994.
__________: *Histoire du POUM.* París, 1975.

__________:*La revolución española en la práctica: documentos del POUM*. Madrid, 1978.

__________: *Sísifo y su tiempo. Memorias de un cabreado (1916-1996)*. Barcelona, 1996.

BARRULL, J.: *Les comarques de Lleida durant la Segona Republica*. Barcelona, 1986.

__________: *El BOC (Lleida, 1919-1937)*. Lleida, 1990.

BEBEL, A.: *La femme dans le passé, le présent et l'avenir*. Ginebra, 1979 (1.ª edición, 1891).

BROUÉ, P.: *Staline et la révolution. Le cas espagnol*. París, 1993.

BROUÉ, P., TÉMIME, E.: *La révolution et la guerre d'Espagne*. París, 1961.

CASTELLVÍ, O.: *De les txeques de Barcelona a l'Alemania nazi*. Barcelona, 2003.

CASTERAS ARCHIDONA, R. (autor y editor): *La juventud del POUM. Una juventud de la guerra civil española (1936-1937)*. Barcelona, 1983.

CHRIST, M.: *Le POUM: Histoire d'un parti révolutionnaire espagnol 1935-1952*. París, 2005.

CLAVERÍA, A.: *Maurín. De Huesca a Nueva York. La revolución interrumpida*. Huesca, 2010.

DE CABO VIVES, F.: *Nuestros años treinta: recuerdos de un militante del POUM*. Madrid, 2005.

DEHNY, Y.: *Les femmes du POUM*. Tesina bajo la dirección de Pierre Broué y Jean-Paul Joubert. Grenoble, 1985-1986.

DURGAN, A.: *Trotsky, el POUM y la revolución española*. Barcelona, 2008 (1.ª edición, 2006).

__________: *BOC 1930-1936 (El Bloque Obrero y Campesino)*. Barcelona, 1996 (nueva edición: *Comunismo, revolución y movimiento obrero en Catalunya, 1920-1936. Los orígenes del POUM*, 2016).

ETCHEBÉHÈRE, M.: *Ma guerre d'Espagne à moi*. París, 1976.

FERNÁNDEZ JURADO, R.: *Memòries d'un militant obrer (1930-1942)*. Barcelona, 1987.

GARCÍA, N.: *Le POUM: de septembre 35 à juin 37*. Tesina bajo la dirección de Jacques Droz, Université Paris-I, 1975.

GORKIN, J.: *Les communistes contre la révolution espagnole*. París, 1978.

GROSSI MIER, M.: *La insurrección de Asturias*. Gijón, 1978 (texto original de 1935).

GUILLAMÓN, A.: *Documentación histórica del trotskismo español (1936-1948)*. Madrid, 1996.

GUTIÉRREZ-ÁLVAREZ, P.: *Retratos poumistas*. Barcelona, 2006.

__________: *Un ramo de rosas rojas y una foto. Variaciones sobre el proceso del POUM*. Barcelona, 2009.

HALL, C.: *Not just Orwell*. Barcelona, 2009.

HINOJOSA DURÁN, J.: «Un episodio original en el movimiento obrero extremeño: el núcleo trotskista de Llerena durante la II República (1931-1936)», en *Actas de la I Jornada de Historia de Llerena*, Junta de Extremadura, 2000, pp. 233-253.

HORN, G.-R.: *Letters from Barcelona. An American woman in Revolution and Civil War*. 2009.

LANDAU, K.: *Los verdugos de la revolución española (1937-1938)*. Málaga, 2007.

LORUSSO, I.: *Spagna '36. Voci dal POUM*. Roma, 2009.

LOW, M.: *Sans retour, poèmes et collages*. París, Collection Les Archipels du Surréalisme, 2000.

LOW, M., BREÁ, J.: *Carnets de la Guerre d'Espagne*. París, 1997 (título original: *Red spanish notebook. The First Six Months of the Revolution and the Civil War*, City Lights Books, 1979).

__________: *Cuaderno rojo de Barcelona*. Barcelona, 2001.

MAURÍN, J.: *Revolución y contrarrevolución en España*. París, 1966.

__________: *Hacia la segunda revolución. El fracaso de la República y la insurrección de Octubre*. Barcelona, 1935.

MOLINA I REQUENA, P.: *Antònia Adroher i Pascual: aproximació biogràfica*. Barcelona, 2002.

NIN, A.: *Los problemas de la revolución española (1931-1937)*. Prefacio y compilación de Juan Andrade, París, 1971 (2.ª edición, Barcelona, 1977).

ORWELL, G.: *Hommage à la Catalogne*. París, 1982 (título original: *Homage to Catalonia*. London, 1938).

OSORIO, E.: *La Capitana*. París, 2012.

PAGÈS, P.: *El movimiento trotskista en España (1930-1935)*. Barcelona, 1977.

__________: *Andreu Nin. La revolución española (1930-1937)*. Madrid, 2007.

__________: *Aquella guerra tan llunyana i tan propera (1936-1939)*. Lleida, 2003.

PALLAS I FERRER, P.: *Vides truncades: memòries d'un quinto del POUM*. Girona, 2005.

REBULL, T.: *En chantant*. Baixas, 2005 (traducción de André Vinas del libro *Tot cantant*. Barcelona, 1999).

RIAZANOV, D.: *Comunismo y matrimonio*. Barcelona, Publicaciones del SFPOUM, 1937.

RIOTTOT, Y.: *Joaquín Maurín. De l'anarco-syndicalisme au communisme (1919-1936)*. París, 1997.

ROSA, C.: *Quan Catalunya era revolucionària*. Salt, 1986.

SOLANO, W.: *Le POUM : révolution dans la guerre d'Espagne*. París, 2002.

__________: *Biografía breve de Andreu Nin*. Madrid, 2006.

THALMANN, P. y THALMANN, C.: *Combats pour la Liberté. Moscou-Madrid-Barcelone-Paris*. París, 1997 [1983].

TOSSTORFF, R.: *El POUM en la revolució española*. Barcelona, 2009.

TROTSKI, L.: *La revolución española*, vol. 1, Barcelona, 1977.

Artículos

ADROHER I PASCUAL, A.: «Records de joventut: la República i la guerra civil», en *La guerra civil a les comarques gironines (1936-1939)*. Jornades d'Estudi commemoratives del cinquantenari: 3 i 4 d'Abril de 1986, Girona, Cercle d'Estudis Històrics i Socials de Girona, 1986, pp. 5-22.

__________: «Dones: la llarga lluita per la igualtat», *Revista de Girona*, n.º 201, julio-agosto de 2000, p. 50.

ANGUERA NOLLA, P.: «Notes per a la història del BOC/POUM al Baix Camp», en *Quaderns d'Història tarraconense*. Tarragona, 1987, pp. 101-118.

CASCIOLA, P.: «Virginia Gervasini (1915-1993)», en *Quaderni Pietro Tresso*, n.º 15, Florencia, enero de 1999, pp. 4-11.

CLARA, J.: «Antònia Adroher: la primera dona consellera de l'ajuntament de Girona», *Presència*, n.º 546, marzo de 1981, pp. 23-25.

EISENSCHITZ, E.: «A German Communist in the Spanish Civil War», en *What Next?*, n.º 13, 1999.

Fabre, J., Huertas, J.-M.: «Enric Adroher Gironella, vuitanta anys de lluita», *Revista de Girona*, n.º 126, 1988, p. 13-22.

___________: «Antònia Adroher: una gironina del POUM», *L'Avenç*, n.º 32, noviembre de 1980, pp. 15-18.

Fábrega, J.: «Antònia Adroher, record d'una Girona en combat», *Punt Diari*, 10 de noviembre de 1979, p. 5.

Fundación Andrés Nin: Dosier «El P.O.U.M. i la problemàtica de la dona». Barcelona (sf).

Herrmann, G.: «The voice of the vanquished milicianas del 36», en *The Volunteer*, n.º 1, vol. XXII, 2000, pp. 11-14.

Pagès, P.: «El POUM durant la transició democràtica», en *Working Paper*, n.º 156, Barcelona, 1998.

Planas, X.: «Antònia Adroher: la mestra revolucionària», *Revista de Girona*, n.º 159, julio-agosto de 1993, pp. 24-28.

Secretariat Femení del POUM: *La mujer ante la revolución*. Barcelona, 1937.

Soler, J.: «Entrevista a Antònia Adroher», *Presència*, n.º 1.240, del 26 de noviembre al 2 de diciembre de 1995, pp. 38-39.

Soler i Gironella, J.: «El partit obrer d'unificació marxista de Girona durant la guerra civil», en *La guerra civil a les comarques gironines (1936-1939)*. Jornades d'Estudi commemoratives del cinquantenari: 3i 4 d'Abril de 1986. Girona, 1986, pp. 89-108.

Vincle: Publicación mensual patrocinada por el Casal de Catalunya de París, 1952-1956.

Sitio electrónico (consultado entre 2007 y 2013): www.fundanin.org

HISTORIA DE LAS MUJERES, HISTORIA DEL GÉNERO
Monografías

Ackelsberg, M.: *Mujeres Libres, El anarquismo y la lucha por la emancipación*. Bilbao, 1999. Título original: *Free Women of Spain, Anarchism and the Struggle for the emancipation of women*. Indiana University Press, 1991.

Aguado, A., Ortega, T. (dir.): *Feminismos y antifeminismos. Culturas políticas e identidades de género en la España del siglo xx*. Valencia, 2011.

BALLARÍN, P.: *La educación de las mujeres en la España contemporánea (siglos XIX y XX)*. Madrid, 2001.

BISBILLIAT, J., VERSCHUUR, C.: *Le genre: un outil nécessaire. Introduction à une problématique*. Cahiers genre et développement, n.º 1, París, 2000.

BIZCARRONDO, M.: *Octubre del 34. Reflexiones sobre una revolución*. Madrid, 1977.

BEBEL, A.: *La femme dans le passé, le présent et l'avenir*. Ginebra, 1979.

BUSSY GENEVOIS, D., BARRACHINA, M.-A., YUSTA, M. (coord.): *Femmes et démocratie: Les Espagnoles dans l'espace public (1868-1978)*. Nantes, 2007.

BUSSY GENEVOIS, D. (dir.): *Les Espagnoles dans l'histoire. Une sociabilité démocratique, XIXe - XXe siècles*. Saint-Denis, 2002.

BUTLER, J.: *Défaire le genre*. París, 2006.

__________: *Trouble dans le genre : pour un féminisme de la subversion*. París, 2005 (*Gender Trouble, Feminisme and the Politice of Subversion*. Routledge, 1990).

CREUS, J.: *Dones contra Franco*. Badalona, 2007.

CUEVA FERNÁNDEZ, I.: *¡La retaguardia nos pertenece! Las mujeres de izquierdas en Asturias (1936-1937). Su lucha por autodefinirse*. Gijón, 2000.

DELPHY, C.: *L'ennemi principal. 2. Penser le genre*. París, 2001.

DOMINGO, C.: *Nosotras también hicimos la guerra*. Barcelona, 2006.

DOMÍNGUEZ PRATS, P.: *De ciudadanas a exiliadas. Un estudio sobre las republicanas españolas en México*. Madrid, 2009.

GUEREÑA, J.-L.: *La prostitución en la España contemporánea*. Madrid, 2003.

HÉRITIER, F.: *Hommes, femmes, la construction de la différence*. París, 2005.

KOLONTÁI, A.: *Marxisme et révolution sexuelle*. Presentación y traducción de Judith Stora Sandor. Bibliothèque Socialiste. París, 1973.

LAZO, G.: *La reglamentación de la prostitución en el Estado español. Genealogía jurídico-feminista de los discursos sobre prostitución y sexualidad*. Universidad de Barcelona, 2007. Tesis bajo la dirección de Encarna Bodelón y José Ignacio Rivera Beiras.

LÉNINE, V.: *Sur l'émancipation de la femme*. Moscú, 1966.

LLONA, M.: *Entre señorita y garçonne. Historia oral de las mujeres bilbaínas de clase media (1919-1939)*. Málaga, 2002.

LORENZO, A., LLORENÇ, E.: *Dones republicanes.* Girona, 2006.

MANGINI, S.: *Recuerdos de la resistencia. La voz de las mujeres de la guerra civil española.* Barcelona, 1997.

MARTÍNEZ, J.: *Exiliadas. Escritoras, Guerra Civil y memoria.* Barcelona, 2007.

MORANT, I. (dir.): *Historia de las mujeres en España y América Latina: del siglo XX a los umbrales del XXI.* Madrid, 2006.

NASH, M. (coord.): *Ciudadanas y protagonistas históricas. Mujeres republicanas en la II República y en la Guerra Civil.* Madrid, 2009.

__________: *Rojas: las mujeres republicanas en la guerra civil.* Madrid, 2006.

__________: *Història de les dones als països catalans al segle XX.* Valencia, 2003.

__________: *Mujer y movimiento obrero en España, 1931-1939.* Barcelona, 1981.

OLESTI, I.: *Nou dones i una guerra.* Barcelona, 2005.

PERROT, M.: *Les femmes ou le silence de l'Histoire.* Malesherbes, 2001.

QUIÑONERO, L.: *Nosotras que perdimos la paz.* Madrid, 2005.

THÉBAUD, F. (dir.): «Pas d'histoire sans elles: ressources pour la recherche et l'enseignement» en *Histoire des femmes et du genre.* Rendez-vous de l'Histoire, Les guides pédagogiques, n.º 1, 2004.

VINCENT, B. (coord.): «Lutte des sexes et lutte des classes». *Revue Agone: Histoire, Politique et Sociologie,* n.º 28, 2003.

VVAA: *Les dones del 36: un silenci convertit en paraula, 1997-2006.* Barcelona, 2006.

YUSTA, M.: *Madres Coraje contra Franco. La Unión de Mujeres Españolas en Francia, del antifascismo a la Guerra Fría (1941-1950).* Madrid, 2009.

Artículos

AGUADO, A.: «Fer història del gènere, escriure història de les dones», en *Afers,* n.º 33/34, 1999, pp. 517-530.

BARGEL, L.: «La socialisation politique sexuée: Apprentissage des pratiques politiques et normes de genre chez les jeunes militant-e-s», en *Nouvelles Questions Féministes,* vol. 24, n.º 3/2005, pp. 36-49.

CLARA, J.: «La reraguarda. Vida de reraguarda durant la guerra civil. Per una moral nova», en *Revista de Girona,* n.º 130, 1998, pp. 20-26.

LOBATO, E.: «Construyendo el género: la escuela como agente coeducador», Universidad de Oviedo (artículo consultado el 06.11.2009 en web.educastur.princast.es).

TRAT, J.: «Mai 68 et les mouvements femmes des années 1970 en France», artículo en línea en la página web de «Europe Solidaire Sans Frontières», 1.º de abril de 2008, http://www.europe-solidaire.org/spip.php?article10209

YUSTA, M.: «Témoins, historiens et mouvement pour la "récupération de la memoria histórica": une nouvelle mise en récit de la guerre d'Espagne», en CORRADO, D. y ALARY, V.: *La Guerre d'Espagne en héritage. Entre mémoire et oubli (de 1975 à nos jours)*. Clermont Ferrand, 2007, pp. 57-68.

__________: «Género e identidad política femenina en el exilio "Mujeres Antifascistas Españolas" (1946-1950)». *Pasado y memoria: revista de historia contemporánea*, n.º 7, 2008, pp. 143-163.

«El marxismo y la emancipación de la mujer», *El Militante,* Madrid, Voz del Socialismo Marxista y la Juventud, 2001, 23 p.

HISTORIA DE ESPAÑA
Monografías

AISA, F.: *El laberint roig.* Lleida, 2005.

ARÓSTEGUI, J., GODICHEAU, F. (eds.): *Guerra Civil. Mito y Memoria.* Madrid, 2006.

BACHOUD, A., DREYFUS-ARMAND, G. (eds.): *Exils et migrations ibériques au XXème siècle. Témoignages d'exils entre parole et silence: regards et points de vue,* n.º1, Nanterre, 2004.

BERNILS I MACH, J. M.: *La Guerra Civil a Figueres.* Figueres, 1986.

BENNASSAR, B.: *La Guerre d'Espagne et ses lendemains.* París, 2004.

BONAVENTURA, J.: *Diari de guerra i postguerra. Sitges (1936-1942).* Sitges, 2002.

BORRAS I BOLERA, M.: *Refugiats/des (1936-1939).* Girona, 2000.

BUSSY GENEVOIS, D., MAURICE, J., MAGNIEN, B. (coll.): *Peuple, mouvement ouvrier, culture dans l'Espagne contemporaine.* Saint-Denis, 1990.

CASTELLS, A.: *Guerra i revolució 1936-1939.* Sabadell, 1982.

FEIXA, C.: *La ciutat llunyana. Una història oral de la joventut a Lleida (1931-1945)*. Lleida, 1992.

FRASER, R.: *Recuérdalo tú y recuérdalo a otros. Historia oral de la Guerra Civil española*. Badalona, 2 tomos, 1979 (título original: *Blood of Spain. The experience of civil war 1936-1939*. Londres, 1979).

GINARD I FÉRON, D.: *El moviment obrer de Mallorca i la Guerra Civil (1936-1939)*. Barcelona, 1999.

GODICHEAU, F.: *La guerre d'Espagne: République et Révolution en Catalogne 1936-1939*. París, 2004.

——————: «Répression politique, mobilisation politique et violence dans une institution pénale: la *Cárcel Modelo* de Barcelone pendant la guerre civile espagnole», *Crime, Histoire & Sociétés / Crime, History & Societies* [en línea], vol. 8, n.° 1, 2004, puesto en línea el 25 de febrero de 2009. URL: /index511.html

GRIMAU, C.: *El cartel republicano en la guerra civil*. Madrid, 1976.

JOU I ANDREU, D.: *La Guerra Civil de 1936 a 1939 a Sitges: tres conferències*. Sitges, 2001.

KAMINSKI, H-E.: *Los de Barcelona*. Barcelona, 2002 (primera edición, Ediciones del Cotal, 1976; título original: *Ceux de Barcelone*, 1937).

MALEKAFIS, E.: «El problema agrario y la República», en *La II República. Una esperanza frustrada*. Actas del congreso Valencia Capital de la República (abril de 1986). Valencia, 1987.

MARTÍNEZ DE SAS, M-T., PAGÈS, P.: *Diccionari biògrafic del moviment obrer als països catalans*. Barcelona, 2000.

MAYMÍ, J.: *La Girona convulsa. Entre la il·lusió i el desencís (1923-1939)*. Girona, 2004.

LORENZO, A., LLORENÇ, E.: *República, Guerra Civil, repressió franquista. Història gràfica*. Girona, 2007.

PAGÈS, P.: *La presó model de Barcelona. Història d'un centre penitenciari en temps de guerra (1936-1939)*. Barcelona, 1996.

PÉREZ, J.: *Histoire de l'Espagne*. París, 1996.

PÉREZ LEDESMA, M., SIERRA, M. (dir.): *Culturas políticas. Teoría e historia*. Zaragoza, 2010.

PIQUÉ, J., SÁNCHEZ CERVELLÓ, J.: *Guerra civil a les comarques tarragonines (1936-1939)*. Tarragona, 2000.

PIQUÉ, J.: *La crisi de la reraguarda. Revolució i guerra civil a Tarragona (1936-1939)*. Publicacions de l'Abadia de Montserrat, 1998.

SAGUÉS, J.: *Una ciutat en guerra: Lleida en la guerra civil espanyola (1936-1939)*. Barcelona, 2003.

SALVADOR I ANDRÉS, LL. DE: *Tarragona sota les bombes: crònica d'una societat en guerra, 1936-1939*. Tarragona, 2005.

SEMPRÚN MAURA, C.: *Révolution et contre-révolution en Catalogne*. París, 2002 (1.ª edición, París, 1974).

SERRA, D., SERRA, J.: *La guerra quotidiana. Testimonis d'una ciutat en guerra (Barcelona, 1936-1939)*. Barcelona, 2003.

TUÑÓN DE LARA, M.: *La España del siglo XX, 2. De la segunda República a la Guerra Civil (1931-1936)*. 2.ª edición, Barcelona, 1977.

___________: *La España del siglo XX, 3. La Guerra Civil (1936-1939)*. 2.ª edición, Barcelona, 1977.

VIDAL, C.: *Recuerdo mil novecientos treinta y seis... una historia oral de la guerra civil española*. Madrid, 1996.

VILAR, P.: *La Guerra Civil española*. Barcelona, 1986.

VILLAROYA I FONT, J.: *Revolució i guerra civil a Badalona 1936-1939*. Badalona, 1985.

LOS MEDIOS DE COMUNICACIÓN: PRENSA Y RADIO
Monografías

BALSEBRE, A.: *Historia de la radio en España*. Madrid, 2001.

DÍAZ SANCHEZ, L.: *La radio en España 1923-1997*. Madrid, 1997.

FRANQUET I CALVET, R.: *Historia de la ràdio a Catalunya al segle XX (de la ràdio galena a la ràdio digital)*. Barcelona, 1.ª edició, 2001.

GIL BONANCIA, M.: *50 anys de Ràdio Girona*. Figueres, 1990.

VENTÍN PEREIRA, J.-A.: *La guerra de la radio 1936-1939*. Barcelona, 1986.

Artículos

CLARA, J.: «Art i guerra civil (1936-1939). L'exemple de Girona», en *Annals de l'Institut d'Estudis Gironins,* vol. XLIII, Girona, 2002, pp. 263-281.

Cornella i Roca, P.: «La premsa gironina en el context de la guerra», en *Revista de Girona,* n.º 116, mayo-junio de 1986, pp. 38-43.

Espinet i Burunat, F.: «La ràdio com oralitat a l'estiu del 1936 a Catalunya». Universitat de Barcelona, 2006.

EDUCACIÓN Y ENSEÑANZA
Monografías

Chaput, M.-C., Gómez, T. (dir.): *Histoire et mémoire de la Seconde République.* Université Paris-X-Nanterre, 2002.

Cortada Andreu, E.: *Escuela mixta y coeducación en Cataluña durante la 2.ª República.* Madrid, 1988.

Fernández Soria, J.-M.: *Educación y cultura en la Guerra Civil.* Valencia, 1984.

Ferrer i Guàrdia, F.: *L'escola moderna.* Vic, 1990.

Fontquerni, E., Ribalta, M.: *L'ensenyament a Catalunya durant la Guerra Civil - El CENU.* Barcelona, 1982.

Luis Martín, F.: *La FETE en la Guerra Civil española 1936-1939.* Barcelona, 2002.

Marqués, S.: «L'escola a Girona durant la "República dels professors" (1931-1939)», en *Segona República i Guerra Civil a Girona (1931-1939).* Girona, 2006, pp. 63-86.

Marqués, S., Portell, R.: *Els mestres de la República.* Badalona, 2006.

Monés, J.: *El pensament escolar i la renovació pedagògica a Catalunya (1833-1938).* Barcelona, 1977.

Navarro, R.: *L'educació a Catalunya durant la Generalitat 1931-1939.* Barcelona, 1979.

Pérez Galán, M.: *La enseñanza en la segunda república española.* 2.ª edición corregida, Madrid, 1977.

Pettini, A.: *Célestin Freinet y sus técnicas.* Salamanca, 1977.

Puigbert, J.: *La Normal de Girona: el Magisteri públic (1914-1936).* Girona, 1994.

Safón, R.: *La educación en la España revolucionaria 1936-1939.* Madrid, 1978.

Standing, E. M.: *La revolución Montessori en la educación.* México, 1986.

Artículos

BARRULL, J.: «Les comarques de Lleida durant la Segona República», en *L'Avenç*. Barcelona, 1986, pp. 130-132.

GINARD I FÉRON, D.: «A l'entorn de l'oposició socialista balear durant el franquisme. El POUM, el Moviment Socialista balear i la UGT (1942-1967)», en FONT AGULLÓ, J. (coord.): *Història i memòria: el franquisme i els seus efectes als Països Catalans*. València-Banyoles, 2007, pp. 107-131.

CULTURA, ARTES

ARAGÜEZ RUBIO, C.: «La *Nova Cançó* catalana: génesis, desarrollo y trascendencia de un fenómeno cultural en el segundo franquismo», en *Pasado y Memoria. Revista de Historia Contemporánea*, n.° 5, 2006, pp. 81-97.

BUTON, P. (dir): *La guerre imaginée*. París, 2002.

DÍAZ-PLAJA, F.: «La caricatura española en la Guerra Civil», *Tiempo de Historia*, Año VII, n.° 73, 01.12.1980.

ELORZA, A.: *Luis Bagaría. El humor y la política*. Barcelona, 1988.

FLEURY, J.-J.: *La nueva canción en España*, 2 vols. Barcelona, 1978.

GERVEREAU, L.: *Un siècle de manipulation par l'image*. París, 2000.

__________: *Montrer la guerre? information ou propagande*. París, 2006.

GUILLAMÓN, J.: *El dia revolt. Literatura catalana de l'exili*. Barcelona, 2008.

SOLER, J.: *La nova cançó*. Barcelona, 1976.

ZAPPONI, N.: *Il fascismo nella caricatura*. Roma, 1981.

EXILIO Y MEMORIA

BAILLARGEON, D.: «Histoire orale et Histoire des femmes: itinéraires et points de rencontre», en *Recherches féministes*, vol. 6, n.° 1, 1993, pp. 5-68.

BUNK, B. D.: «La Novia de España»: Aída Lafuente, juventud y género en la memoria de la revolución de 1934», en *Memoria e identidades*,

VII Congreso da Asociación de Historia Contemporánea. Santiago de Compostela-Ourense, 21-24 de septiembre de 2004, p. 13.

Folguera, P.: *Cómo se hace historia oral.* Madrid, 1994.

Friedmann, G.-C.: «Alemanes antinazis e italianos antifascistas en Buenos Aires durante la Segunda Guerra», *Escuela de Historia,* vol. 1, n.º 5, 2006, pp. 159-188.

Halbwachs, M.: *La mémoire collective.* París, 1997 (1.ª edición, PUF, 1950).

Hernández Holgado, F.: *Mujeres encarceladas en la prisión de Ventas: de la República al franquismo, 1931-1941.* Madrid, 2003.

Laurens, S., Roussiau, N.: *La mémoire sociale. Identités et représentations sociales.* Rennes, 2002.

Llombart, M.: *Les exilés catalans en France, histoire d'une résistance culturelle (1939-1959).* Université Paris-VIII, n.º 33, 2006.

Martinez, O.: «Écritures filmiques du passé: archives, témoignages, montages», *Matériaux pour l'histoire de notre temps,* 89-90, enero-junio de 2008, pp. 94-100.

__________: «L'Espagne aux prises avec son passé: les trajets douloureux et ambigus de la mémoire», en Mink, G., Neumayer, L. (dir.): *L'Europe face à ses passés douloureux.* París, 2007.

Mogin Martin, R., Caplan, R. (coord.): *La mémoire historique. Interroger, construire, transmettre.* Presses Universitaires d'Angers, 2006.

Nora, P.: «Entre mémoire et Histoire. La problématique des lieux», en Nora, P. (dir.): *Les Lieux de la Mémoire,* vol. 1, París, 1997, pp. 23-43.

Pigenet, P.: *Le Casal de Paris: première approche de l'exil Catalan.* Mémoire de DEA sous la direction de Pierre Milza, Institut d'Etudes Politiques de Paris, septiembre de 1993.

Schmitt, J.-P.: *La socialisation,* 2.ª edición (1.ª edición 2002). Rosny sous-bois, 2008.

Tartakowsky, D.: *Les premiers communistes français: formation des cadres et bolchevisation.* París, 1980.

Todorov, T.: *Les Abus de la mémoire.* París, 2004.

Torres Blanco, R.: «Canción protesta: definición de un nuevo concepto historiográfico», *Cuadernos de Historia Contemporánea,* vol. 27, 2005, pp. 223-246.

Vinyes, R.: *Presas Políticas.* Colección: Testimonios de la guerra civil. Barcelona, 2006.

ÍNDICE ALFABÉTICO